Geschichtsbilder und Erinnerungskultur
in der Architektur des 20. und 21. Jahrhunderts

Kai Kappel, Matthias Müller (Hg.)

Geschichtsbilder und Erinnerungskultur in der Architektur des 20. und 21. Jahrhunderts

SCHNELL + STEINER

Umschlagabbildung:
Kolumba in Köln, Foto: Kai Kappel, Berlin

Bibliografische Information der Deutschen Nationalbibliothek:
Die Deutsche Nationalbibliothek verzeichnet diese Publikation in der Deutschen Nationalbibliografie;
detaillierte bibliografische Daten sind im Internet über <http://dnb.dnb.de> abrufbar.

1. Auflage 2014
© 2014 Verlag Schnell & Steiner GmbH, Leibnizstr. 13, D-93055 Regensburg
Umschlaggestaltung: Anna Braungart, Tübingen
Satz: Vollnhals Fotosatz, Neustadt a. d. Donau
Druck: Erhardi Druck GmbH, Regensburg.
ISBN 978-3-7954-2800-6

Weitere Informationen zum Verlagsprogramm erhalten Sie unter:
www.schnell-und-steiner.de

INHALT

DANKSAGUNG

Die Tagung „Geschichtsbilder und Erinnerungskultur in der Architektur des 20. und 21. Jahrhunderts", eine Kooperationsveranstaltung der Humboldt-Universität zu Berlin und der Johannes Gutenberg-Universität Mainz, fand am 8. und 9. November 2012 im Deutschen Architekturmuseum in Frankfurt/M. statt.[1] Um diese und die nun vorliegende Publikation der Tagungsbeiträge realisieren zu können, bedurfte es der Unterstützung durch Institutionen und Personen, denen wir vorab unseren herzlichen Dank aussprechen möchten.

Hier ist zunächst der Fritz Thyssen Stiftung zu danken, die Tagung und Tagungsband finanziell großzügig gefördert haben. Auf der Suche nach einem passenden Tagungsort erwies sich für uns die Bereitschaft der beiden Direktoren des DAM, Peter Cachola Schmal und Wolfgang Voigt, die Tagung in den Räumen des Museums durchzuführen, als ein wirklicher Glücksfall. Die besondere Atmosphäre des von Oswald Matthias Ungers gestalteten Vortragssaals, dessen strenge, kontemplative Ästhetik den klaren, rationalen Gedanken wie das emphatisch gesprochene Wort fördert, haben alle Beteiligten als eindrückliches Erlebnis empfunden, was auch für die mit ebensolcher Klarheit von Ungers gezeichneten Sitzgelegenheiten gilt. Danken möchten wir unseren geschätzten Sektionsleiterinnen und -leitern Gabi Dolff-Bonekämper, Hauke Horn, Matthias Schirren, Kerstin Wittmann-Englert und Tina Zürn, Oliver Elser als routiniertem Moderator der Podiumsdiskussion zum Thema „Geschichtskonstruktion durch Rekonstruktion", allen unseren Referentinnen und Referenten und dabei ganz besonders Wolfgang Pehnt für seinen meisterlichen, ebenso weit blickenden wie herausfordernden Abendvortrag über den Städtebau des Zitierens. Unser Dank gilt auch den wissenschaftlichen Mitarbeiterinnen und Mitarbeitern, studentischen Hilfskräften und Sekretariaten der Humboldt-Universität zu Berlin und der Johannes Gutenberg-Universität in Mainz, die das Tagungsgeschehen organisatorisch umsichtig begleitet haben.

---

1   Vgl. Christian Katschmanowski, Gebaute Erinnerungen. Geschichtsbilder und Erinnerungskulturen in der Architektur des 20. und 21. Jahrhunderts. Tagung am Deutschen Architekturmuseum Frankfurt a. M., 8./9. November 2012, in: Kunstchronik 66 (2013), Heft 2, S. 67–71.

Bis auf den Beitrag Kerstin Wittmann-Englerts und die Roundtable-Statements von Uta Hassler und Carsten Ruhl vereint der Band alle vorgesehenen beziehungsweise gehaltenen Referate der Tagung. Um die redaktionelle Bearbeitung der aus den Vorträgen hervorgegangenen Aufsätze haben sich Tina Zürn (Berlin) und Sascha Köhl (Mainz) verdient gemacht. Der Verlag Schnell und Steiner, dem wir für die Aufnahme des Tagungsbandes in sein Verlagsprogramm danken, hat die redigierten Manuskripte unter Leitung von Simone Buckreus schließlich in eine ansehnliche publizistische Form gebracht, die dazu beitragen möge, dass der Inhalt des Bandes die gewünschte kritisch-konstruktive Resonanz finden wird.

Kai Kappel
(Institut für Kunst- und
Bildgeschichte der Humboldt-
Universität zu Berlin)

Matthias Müller
(Institut für Kunstgeschichte
und Musikwissenschaft der
Johannes Gutenberg-
Universität Mainz)

Kai Kappel und Matthias Müller

Einleitung

Die Aura des Gewesenen.
Reflexivität in der modernen und zeitgenössischen Architektur

Geschichtsbilder und Erinnerungskultur in der Architektur des 20. und 21. Jahrhunderts: Die Themenstellung der Tagung wurde angeregt von den jüngeren kulturwissenschaftlichen Diskursen über die räumliche Gebundenheit gesellschaftlich-kultureller Prozesse („spatial turn"[1]), Ort, Identität und Erinnerung. Dass Orte eine Kraft zur Erinnerung ausüben, wussten bereits antike Autoren wie Cicero. 1849 bekannte der Kunstkritiker und Architekturtheoretiker John Ruskin: Ohne Baukunst könne man leben, auch beten, aber sich erinnern, das könne man ohne sie nicht.[2] Grundlage für den Erinnerungsdiskurs unserer Tage sind langjährige, interdisziplinäre Forschungen der 1920er-Jahre. Zu selten erwähnt wird Aby Warburgs kulturhistorische Beschäftigung mit dem europäischen Kollektivgedächtnis, als dessen zentrales Medium dieser das Zeiten und Räume durchquerende Kunstwerk verstand (Tradierung antiker Pathosformeln, Bilderatlas Mnemosyne).[3] Hingegen gilt der französische Soziologe Maurice Halbwachs als „best remembered founding father of memory studies".[4] In seinen Forschungsarbeiten postulierte Halbwachs den Zusammenhang zwischen individueller Erinnerung und Gruppengedächtnis, prägte dieser für das durch kommunikativen Austausch stabilisierte Gemeingut einer Gruppe den Begriff „kollektives Gedächtnis" (*mémoire collective*).[5] Seit Ende der 1980er-Jahre wurde das Gedächtnis „zu einem Leitbegriff kulturwissenschaftlicher Neuorientierung

1   Michael C. Frank u.a. (Hg.), Räume = Zeitschrift für Kulturwissenschaften Heft 2/2008; Doris Bachmann-Medick, Cultural Turns. Neuorientierungen in den Kulturwissenschaften, Reinbek ³2009, S. 284–328.

2   „We may live without her, and worship without her, but we cannot remember without her": John Ruskin, The Seven Lamps of Architecture, London o. J. [1920], S. 186 (Erstauflage: London 1849). Für die folgenden Gedanken s. auch Kai Kappel, Einführung, in: Kai Kappel/Matthias Müller/Felicitas Janson (Hg.), Moderne Kirchenbauten als Erinnerungsräume und Gedächtnisorte (Bild – Raum – Feier, 9), Regensburg 2010, S. 9–18, hier S. 9f.

3   Ernst H. Gombrich, Aby Warburg. Eine intellektuelle Biographie, Frankfurt a. M. 1981; Martin Warnke (Hg.), Aby Warburg. Der Bilderatlas Mnemosyne, Berlin 2000.

4   Astrid Erll/Ansgar Nünning/Sara B. Young, Cultural Memory Studies. An International and Interdisciplinary Handbook (Media and Cultural Memory, 8), Berlin/New York 2008, S. 8.

5   Insbesondere: Maurice Halbwachs, Les cadres sociaux de la mémoire, Paris 1925 (in deutscher Übersetzung: Das Gedächtnis und seine sozialen Bedingungen, Frankfurt a. M. 1985); vgl. auch Jean-Christophe Marcel/Laurent Mucchielli, Maurice Halbwachs's mémoire collective, in: Erll/Nünning/Young 2008 (wie Anm. 4), S. 141–149.

und darüber hinaus zu einem transdisziplinär anschlussfähigen Paradigma".[6] Das von dem Historiker und Publizisten Pierre Nora zwischen 1984 und 1992 entwickelte Konzept der *lieux de mémoire* Frankreichs unterschied die materielle, funktionale und symbolische Dimension eines Erinnerungsortes;[7] in der Folge zeitigte es zahlreiche ambitionierte Untersuchungen zu den Erinnerungsorten anderer europäischer Nationen, wobei in jüngster Zeit die konkreten räumlichen Dimensionen der Erinnerung, der Zusammenhang von Raum und Identitätskonstruktion sowie die gesamteuropäischen Aspekte verstärkt in den Blick gerieten.[8] Nicht zuletzt durch die Einbeziehung der Hirnforschung wurde deutlich, dass zum Gedächtnis auch Verdrängen und Vergessen gehören. Dies wiederum führt uns mitten in die Problematik des kollektiven Umgangs mit dem Nationalsozialismus und der Schoah seit 1945.

„Erinnern" und „gedenken" werden in der deutschen Sprache oft synonym verwendet. Will man differenzieren, bezeichnet „erinnern" einen verkörperten, an ein lebendiges Bewusstsein und an eine Gegenwart gebundenen Akt; „Gedächtnis" ist hingegen zweierlei: die allgemeine Anlage und Disposition zum Erinnern, aber auch ein überpersonaler Speicher, der Informationen aus ihrer Zeitlichkeit herausholt und gewissermaßen auf Dauer stellt.[9] Was das kollektive Gedächtnis betrifft, bleibt die Unterscheidung Jan und Aleida Assmanns zwischen dem kommunikativen Gedächtnis (informelle, gruppengebundene, drei bis vier Generationen während Weitergabe) und dem kulturellen Gedächtnis (durch beständige Einübung beförderte, institutionalisierte Mnemotechnik, eine ferne Vergangenheit betreffend)[10] grundlegend.

Auch wenn wiederholt, insbesondere durch Nora, ein Gegensatz von Geschichte und Gedächtnis postuliert wurde,[11] tragen auch historisch Forschende zum kulturellen Gedächtnis bei; wie Marion Wohlleben zu Recht betonte, sind wir dabei nicht distanzierte BeobachterInnen, sondern AkteurInnen von Erinnerung.[12] Auch wir tragen eine mehr

---

6   Aleida Assmann, Einführung in die Kulturwissenschaft. Grundbegriffe, Themen, Fragestellungen (Grundlagen der Anglistik und Amerikanistik, 27), Berlin [2]2008, S. 183.

7   Pierre Nora (Hg.), Les lieux de mémoire, 3 Bde., Paris 1984–1992; vgl. Astrid Erll, Kollektives Gedächtnis und Erinnerungskulturen. Eine Einführung, Stuttgart/Weimar 2005, S. 24.

8   In überzeugender Weise vorgeführt in: Erll/Nünning/Young 2008 (wie Anm. 4).

9   Assmann 2008 (wie Anm. 6), S. 184; vgl. Erll 2005 (wie Anm. 7), S. 7 („erinnern" als Prozess, „Erinnerungen" als dessen Ergebnis und „Gedächtnis" als eine Fähigkeit oder eine veränderliche Struktur zu konzipieren).

10   Jan Assmann, Das kulturelle Gedächtnis. Schrift, Erinnerung und politische Identität in frühen Hochkulturen, München 1992; Aleida Assmann, Erinnerungsräume. Formen und Wandlungen

des kulturellen Gedächtnisses, München 1999. Aleida Assmann bringt das weltweite Interesse an den Themen Gedächtnis und Identität mit der Erfahrung und Anerkennung von traumatischen Brüchen in Verbindung: Aleida Assmann, Geschichte im Gedächtnis. Von der individuellen Erfahrung zur öffentlichen Inszenierung, München 2007, S. 22. Das Assmann'sche Modell blieb nicht unwidersprochen und wurde zwischenzeitlich diversifiziert; hierzu zuletzt im Überblick und mit Akzentsetzungen auf das Thema Erinnerung in der Migrationsgesellschaft wie auf transnationale Perspektiven Aleida Assmann, Das neue Unbehagen an der Erinnerungskultur. Eine Intervention, München 2013.

11   Pierre Nora, Zwischen Geschichte und Gedächtnis, Berlin 1990, S. 13.

12   Marion Wohlleben, Bauten und Räume als Träger von Erinnerung. Gedanken zur Einführung,

oder weniger große Verantwortung dafür, dass Künstler- und ArchitektInnenviten, Theorien, Bauleistungen und Artefakte nicht dem Vergessen anheimfallen. Dies gilt insbesondere für Baudenkmale und Kunstwerke, die im Zuge der Ideologien- und Gewaltgeschichte des 20. Jahrhunderts disloziert, zerstört oder mit einer *Damnatio memoriae* belegt worden sind.

Gerade weil die Aneignung von Geschichte immer aus einer jeweiligen Gegenwart heraus erfolgt, sind Orte als Verkörperungen von Kontinuität und Dauer für die Konstruktion von Erinnerungsräumen von herausragender Bedeutung.[13] Dabei können Erinnerungsorte materieller wie immaterieller Natur sein und werden als besondere, symbolische Orte in einem realen, sozialen, kulturellen oder politischen Raum verstanden.[14] Weil seit alters her Kirchen durch die dort gefeierte Liturgie und ihre Ausstattung Orte des Gedenkens sind, wurde das Forschungsfeld der *Memoria* bereits früh und mit großer methodischer Präzision von historischen und kunsthistorischen Mediävisten erschlossen. Genannt seien hier nur die Forschungen von Otto Gerhard Oexle seit den 1970er-Jahren und der einschlägige Band von Michael Borgolte, Cosimo Damiano Fonseca und Hubert Houben.[15] Geprägt von dem oben beschriebenen Erinnerungsdiskurs, erschien schließlich 2011 ein Sammelwerk zu den Erinnerungsorten an das Mittelalter; wenig überraschend, reicht der Bezugsrahmen des Werkes bis tief in das 20. Jahrhundert.[16]

Es ist für unsere Themenstellung nicht zwingend, mit langen Rückblicken in die Geschichte zu beginnen. Seit den 1990er-Jahren hebt die englisch- und deutschsprachige Literatur zur Kunst der Moderne und der Gegenwart in einer Vielzahl von Untersuchungen die Dialektik des Erinnerns und Vergessens hervor. Sie tut dies derart intensiv, dass man fragen darf, ob die verstärkte Beschäftigung mit dem Vergessen eine Reaktion auf den seit den 1980er-Jahren anhebenden, vielleicht zu erschöpfend geführten Erinnerungsdiskurs ist. Oder handelt es sich lediglich um eine zeitbedingte Kritik an der scheinbaren Unveränderlichkeit von Erinnerung. So jedenfalls suggeriert es uns der Berliner Historiker Michael Borgolte: „Memoria wird also in der gegenwärtigen Öffentlichkeit, insbesondere

in: Hans-Rudolf Meier/Marion Wohlleben, Bauten und Orte als Träger von Erinnerung. Die Erinnerungsdebatte und die Denkmalpflege (Veröffentlichungen des Instituts für Denkmalpflege an der ETH Zürich, 21), Zürich 2000, S. 9–19, hier S. 11.

13 Winfried Nerdinger, Ort und Erinnerung, in: Ders. (Hg.), Ort und Erinnerung. Nationalsozialismus in München, Salzburg/München 2006, S. 7–9, hier S. 8.

14 Etienne François/Hagen Schulze, Einleitung, in: Dies., Deutsche Erinnerungsorte, 3 Bde., München 2001, Bd. 1, S. 9–24, hier S. 17f. Vgl. Béatrice von Hirschhausen, Zwischen lokal und national: Der geographische Blick auf die Erinnerung, in: Kirstin Buchinger/Claire Gantet/Jakob Vogel

(Hg.), Europäische Erinnerungsräume, Frankfurt a. M./New York 2009, S. 23–32, hier S. 23f.

15 Otto Gerhard Oexle/Dieter Geuenich (Hg.), Memoria in der Gesellschaft des Mittelalters (Veröffentlichungen des Max-Planck-Instituts für Geschichte, 111), Göttingen 1994; Michael Borgolte/Cosimo Damiano Fonseca/Hubert Houben (Hg.), Memoria. Ricordare e dimenticare nella cultura del medioevo. Memoria, Erinnern und Vergessen in der Kultur des Mittelalters (Jahrbuch des italienisch-deutschen historischen Instituts in Trient, 15), Bologna/Berlin 2005.

16 Johannes Fried/Olaf B. Rader (Hg.), Die Welt des Mittelalters. Erinnerungsorte eines Jahrtausends, München 2011.

in den Diskursen der Intellektuellen, durchaus als problematisch erfahren, und Vergessen erscheint weniger als Verhängnis, denn als Chance zum Überleben".[17]

Geschichtsbilder und Erinnerungskultur in der Architektur des 20. und 21. Jahrhunderts: Das Thema der Tagung war absichtsvoll weit gesteckt, denn es liegen gerade für die Baukultur dieses Zeitraumes wenige einschlägige Untersuchungen vor. Dabei sind größere Bereiche dieser Architekturgeschichte von Geschichtskonstruktionen geprägt: eindeutigen historischen Referentialitäten bis zur Antike, zum Frühchristentum und zum Mittelalter, aber auch durchaus verborgenen Bezügen, die sich durch ostentatives Beschweigen zu erkennen geben. Zumindest in der Architektur der Moderne war ein offener Dialog mit der Geschichte hoch problematisch; selbst bei Traditionalisten war dieser nur durch eine kraftvolle Absetzung von dem als geistlos-unschöpferisch empfundenen Historismus möglich. Wolfgang Pehnt drückte dies 1989 weitaus vorsichtiger aus: „Nach dem Historismus des 19. Jahrhunderts ist eine neue Etappe erreicht, die man Historismus nicht mehr nennen möchte".[18]

Die gebaute Realität war und ist vielschichtig. Man denke nur an die Verbeugungen der frühen Reformarchitekten vor den Bauleistungen „um 1800" und ihren Lobpreis von Goethes bescheidenem Gartenhaus. An die Mittelaltersehnsucht der Expressionisten, der traditionalistischen Moderne, ja sogar des frühen, esoterischen Bauhauses. Andere, wie Bruno Taut, sahen die Geschichtsbezüge im Fernen Osten: *Ex oriente lux*. Erwähnenswert wäre die Selbststilisierung der Bauhäusler zur leitenden Instanz der Architekturavantgarde, dies unter absichtsvoller Ausklammerung anderer zeitgenössischer Schulen und Strömungen des *Modern Movement*. Zu reden wäre von den Geschichte implizierenden Konstrukten einer *neuen Tradition* (Hermann Muthesius) beziehungsweise eines *neuen Regionalismus* (Sigfried Giedion), zu denen später, seit den frühen 1980er-Jahren, der *Kritische Regionalismus* (Alexander Tzonis, Liane Lefaivre) trat.[19] Auch die Architektur des Nationalsozialismus kam bekanntlich nicht ohne manifeste Geschichtsbezüge aus, wobei aus ideologisch-politischen Gründen das Griechentum, die deutsche Romanik und der Klassizismus besonders gesucht wurden. Man könnte diese Aufzählung fortführen – von den Rom- und Abendlandträumen der Architekten in der „Trümmerzeit" nach 1945 über das Streben nach einer Anknüpfung an die „nationale Bautradition" in der frühen DDR bis hin zu den „Baugeschenken" der westlichen und östlichen Besatzungsmächte. Damit wäre lediglich ein Teil des deutschen Schauplatzes umrissen. Was von der kraftvollen Manifestation eines vermeintlich voraussetzungslosen künstlerischen Neuanfangs, einer *Creatio ex nihilo,* zu halten ist, hat Reinhart Koselleck überaus deutlich benannt: „Jugendstil, Expressionismus, Kubismus, abstrakte Kunst, Dada, Bauhaus, atonale Musik und wie die Stich-

17 Michael Borgolte, Zur Lage der deutschen Memoria-Forschung, in: Borgolte/Fonseca/Houben 2005 (wie Anm. 16), S. 21–28, hier S. 25.

18 Wolfgang Pehnt, Die Erfindung der Geschichte. Aufsätze und Gespräche zur Architektur unseres Jahrhunderts, München 1989, S. 8.

19 Paul Sigel, Konstruktionen urbaner Identität, in: Paul Sigel/Bruno Klein (Hg.), Konstruktionen urbaner Identität. Zitat und Rekonstruktion in Architektur und Städtebau der Gegenwart, Berlin 2006, S. 13–31, hier S. 22.

worte alle lauten. [...] Die Herausbildung jeder dieser Richtungen zehrt mehr noch als zuvor von dem neuzeitlichen Vorgebot geschichtlicher Reflexion, die sich nie in der Wahrung der Tradition erschöpft hat."[20]

Auch nach der Postmoderne, in der Architektur unserer Tage, finden sich manifeste Geschichtsbezüge und baugeschichtliche Referentialität. In Teilen sind diese Ausdruck nationaler oder lokaler Identitätskonstruktionen, die gerade im Kontext einer zunehmend globalisierten Welt stabilisierend erscheinen. Das Spektrum reicht vom Aufgreifen lokaler Bautraditionen und handwerklicher Techniken (herausragend hierfür ist das 2008 eingeweihte Museum Wang Shus in Ningbo/China) über den Dialog mit der Geschichte im Kontext des Bauens im Bestand (so 2011 beim San Telmo Museum in San Sebastián), das Einnisten in und die ressourcenschonende Sanierung von Altbauten (*Reduce/Reuse/Recycle* war ein Kernthema der Architekturbiennale 2012), die Verräumlichung von Zeit[21] bis hin zur Geschichtskonstruktion durch Rekonstruktion (jüngst praktiziert bei den Schlössern in Potsdam, Berlin und Vilnius, letzteres ein offenkundig unentbehrlicher Erinnerungsort für das unabhängig gewordene Litauen).

Die Rede ist hier nicht allein von Solitären. So konstatierten Paul Sigel und Bruno Klein 2006: „In keiner Gattung spielt das ‚kollektive Gedächtnis' eine so große Rolle wie in den beiden am stärksten sozial gebundenen Künsten, nämlich in Architektur und Städtebau. Selbst im konsequent modernen Städtebau fand sich mitunter eine subkutane historische Tiefendimension."[22] Auf den gesamten Raum oder zumindest auf das Zentrum einer Stadt richten sich Erwartungen an das „Typische" und Identitätsstiftende, zugleich unterliegen gerade diese anhaltender Überschreibung und Umdeutung. Der Stadtraum ist daher mehrfach als ein Palimpsest charakterisiert worden.[23] Es ist Thema gegenwärtiger kunsthistorischer Forschung, inwiefern die einschlägigen stadttheoretischen Schriften eines Camillo Sitte oder Albert Erich Brinckmann für die Ausgestaltung konkreter urbanistischer Planungen wirkmächtig gewesen sind. Das Gleiche gilt für die Gartenstadt-Schemazeichnungen von Ebenezer Howard oder für die Stadtkronen-Visionen Bruno Tauts. Der im Folgenden abgedruckte Beitrag Wolfgang Pehnts handelt auch und gerade von Städten als Nachbildern von Städten. Fragen wir nach Geschichtskonstruktionen und ihrer medialen Verbreitung, ist Architektur(geschichte) im Buch noch immer ein relativ wenig erforschtes Gebiet.

Unser Thema ist auf besondere Weise anschlussfähig. Dies gilt gerade auch für den gegenwärtigen Diskurs über Transkulturalität, die Wahrnehmung des Eigenen, Anderen,

---

20 Reinhart Koselleck, Begriffsgeschichten. Studien zur Semantik und Pragmatik politischer und sozialer Sprache, Frankfurt am Main 2006, S. 143, zit. nach Werner Durth/Paul Sigel, Baukultur. Spiegel gesellschaftlichen Wandels, Berlin 2009, S. 13.

21 Hans-Georg Lippert (Hg.), Verräumlichte Zeit. Geschichtskonstruktionen und Kanonisierungs-konzepte in der Architektur des 20. Jahrhunderts, Dresden 2009.

22 Paul Sigel/Bruno Klein, Vorwort, in: Sigel/Klein 2006 (wie Anm. 20), S. 7.

23 Exemplarisch: Yvonne Northemann, Zwischen Vergessen und Erinnern. Die Nürnberger Klöster im medialen Geflecht, Petersberg 2011, S. 11.

Fremden. So ist etwa zu fragen, ob sich in einer Welt voller rastloser *Non-Locals* unsere Geschichtsdeutungen von der Bindung an konkrete historische Räume zu lösen vermögen. Zweifellos wird die zunehmende Migration nach Europa die hiesige Erinnerungskultur um neue Perspektivierungen bereichern. Eine weitere, wichtige Facette: Nicht nur in der westlichen Hemisphäre ist die Gedenkkultur längst in der virtuellen Welt angekommen. Wir dürfen gespannt sein, wie sich durch diese Entwicklungen die theoretisch-inhaltlichen Parameter verändern werden.

Kai Kappel

ERINNERUNGSKULTUR OHNE ARCHITEKTUR? ZU EINEM PARADOX IN DER MODERNE UND AUSWEGEN SEIT DER POSTMODERNE

Was wäre die Erinnerungskultur ohne die Architektur? Seit Menschengedenken gehört sie zu den wichtigsten Medien, mit deren Hilfe die Mächtigen ihren Platz in der Geschichte zu definieren und für ihre Gegenwart wie ihre Nachwelt dauerhaft vor Augen zu führen versuchten. Schon die Antike, deren Bewertungsmaßstäbe uns durch Autoren wie Vitruv oder Plinius d. Ä. überliefert sind, schätzte dabei vor allem die medialen, auf die Beeindruckung der Augen zielenden Eigenschaften der Baukunst, mit deren Hilfe selbst dann glanzvolle Ruhmesfassaden errichtet werden konnten, wenn die eigentliche historisch-materielle Wirklichkeit sehr viel dürftiger ausgesehen haben mag. In jedem Fall diente das visuelle Erleben eines historischen Bauwerkes immer schon als eine Art Echtheitssiegel, dessen Vorhandensein den mündlich oder schriftlich überlieferten historischen Ereignissen erst zu rechter Glaubwürdigkeit verhilft. Ganz dieser Tradition verpflichtet, schreibt daher auch der Florentiner Humanist, Architekt und Theoretiker Leone Battista Alberti 1435 in seiner „Vorrede" zu den „Zehn Büchern über die Baukunst": „Wieviel aber die Baukunst zum Ansehen des Latinischen Reiches und Namens beigetragen habe, darüber will ich nicht mehr sagen, als daß ich aus Grabstätten und Überbleibseln der alten Herrlichkeit, die wir überall sehen, vieles den Geschichtsschreibern zu glauben gelernt habe, was vielleicht sonst mir weniger glaublich schiene." Mit dem griechischen Historiographen Thukydides billigt er „die Klugheit der Alten, die ihre Stadt mit jeder Art von Gebäuden derart ausschmückten, daß sie weit mächtiger schienen, als sie waren".[24] Direkt anschließend spricht Alberti das Motiv des Fürstenruhms an und stellt die rhetorische Frage: „Und welchen gab es unter den mächtigsten und weisesten Fürsten, der nicht unter die vornehmsten Mittel, seinen Namen und Nachruhm zu verbreiten, die Baukunst gezählt hätte?"[25]

---

24 Leon Battista Alberti, Zehn Bücher über die Baukunst. Ins Deutsche übertragen, eingeleitet und mit Anmerkungen und Zeichnungen versehen durch Max Theuer, Wien/Leipzig 1912, S. 13.

25 Ebd.

Diese Wertschätzung der Architektur als das wohl eindrucksvollste und nachhaltigste Medium zur Vergegenwärtigung von vergangener und gegenwärtiger historischer Bedeutung, Macht und Größe, aber auch zur materiell greifbaren Veranschaulichung von historischer Kontinuität genauso wie von radikalen Kontinuitätsbrüchen ist selbst in der Moderne des 20. Jahrhunderts nicht aufgegeben worden. Im Gegenteil: Das von Philipp Johnson und Henry-Russel Hitchcock 1932 in New York anlässlich der epocheschreibenden Ausstellung „International Style" ausgerufene Ende regionaler, kulturgeschichtlich differenzierter Bauformen und die Proklamation eines internationalen, kulturenübergreifenden Baustils der „White Cubes" kann als eine besonders starke und polemische Reaktion auf die auch in der Moderne weiter wirkende Kraft historischer Architektur gewertet werden. Über diese Kampfansage des „International Style" gegenüber der die architektonische Form bestimmenden Macht der Geschichte ist weitgehend unbeachtet geblieben, dass gerade die Hauptprotagonisten einer „modernen" Architektur, Le Corbusier und Mies van der Rohe, in ihrem theoretischen Denken wie in ihren architektonischen Entwürfen die Bedeutung des historischen Moments bzw. die Bedeutung des geschichtlichen Erbes für die moderne Gesellschaft in den Mittelpunkt ihrer Überlegungen stellten. In beiden Fällen haben wir es – nach dem Stand der Forschung zu urteilen – allerdings weniger mit einem auf die Ereignisgeschichte bezogenen Denken als vielmehr mit einem sowohl geschichtsphilosophisch als auch spirituell-esoterisch konturierten Denken zu tun, dessen Orientierungspunkte einerseits bei Thomas von Aquin, Georg Wilhelm Friedrich Hegel oder Romano Guardini und andererseits in der Theosophie eines Henry Provensal oder Edouard Schuré verankert waren. Gemeinsam ist den Denkansätzen und Vorstellungen von Mies van der Rohe und Le Corbusier, mit ihrer Baukunst und den sich darin spiegelnden mathematisch-kosmischen Ordnungsprinzipien dem menschlichen Geist eine neue Orientierung geben zu wollen, da in ihren Augen eine von Technik und Ökonomie bestimmte moderne Welt Gefahr lief, ihre tradierten kulturellen Orientierungen und damit ihren gemeinschaftlichen Halt zu verlieren.

Besonders interessant, ja spektakulär waren in dieser Hinsicht die Erkenntnisse über Le Corbusier, die die Kunsthistorikerin Elisabeth Blum 1988, vor mehr als 20 Jahren, in ihrer Studie über „Le Corbusiers Wege. Wie das Zauberwerk in Gang gesetzt wird" vorlegte. Denn Elisabeth Blum lieferte nicht nur zusätzliche Argumente für eine metaphysische, religiöse Sensibilität im Denken und Handeln Le Corbusiers, den sie mit Maximilien Gauthier als einen Poeten mit religiöser Seele („poète à l'âme religieuse"[26]) charakterisiert, sondern darüber hinaus den Beweis, dass Le Corbusiers Weltanschauung in zentralen Bereichen dem esoterisch-spirituellen Gedankengut der Theosophie und Anthroposophie nahestand. Weite Teile von Le Corbusiers sprachlicher Diktion und seiner Formulierungen in seinen Vorträgen und Aufsätzen lehnen sich eng an die Begrifflichkeit der Texte der

---

26 Elisabeth Blum, Le Corbusiers Wege. Wie das Zauberwerk in Gang gesetzt wird (Bauwelt Fundamente, 73), Basel u. a. 1988, S. 15, mit Anm. 14.

Abb. 1: Kathedrale von Chartres

beiden französischen Theosophen Henry Provensal und Edouard Schuré an, deren Schriften Le Corbusier nachweislich kannte und schätzte und die er sogar teilweise selbst besaß. Für Le Corbusier hatte die Auseinandersetzung mit Henry Provensal, der selbst Architekt war, und Edouard Schuré aber nicht nur zur Folge, dass er die Architektur als materielle Umhüllung von Räumen verstand, in denen sich spirituell-geistige Vorgänge ereigneten, sondern darüber hinaus als Umhüllung von Orten, an denen sich das Wirken kosmisch-geistiger Kräfte in den Zeitläuften der Geschichte und der Zeitgenossenschaft der Menschen manifestierte. Aus dieser Perspektive interessierte sich Le Corbusier schließlich auch für die materiellen Spuren historischer Prozesse und somit auch für die Zeugniskraft historischer Architektur. Historische Architektur vermochte für ihn die Erinnerung an die geistigen und kulturellen Traditionen eines Ortes und der mit ihm verbundenen mensch-

Abb. 2: Le Corbusier: Wallfahrtskapelle von Ronchamp

lichen Zivilisationen wachzuhalten und das Bewusstsein für die unendliche Kette aus Vergangenheit, Gegenwart und Zukunft anhand der materiell-zeichenhaften Gestalt überlieferter Bauwerke zu schärfen.

Dies gilt in besonderer Weise für die überlieferten Bauwerke der religiösen Kultpraxis. So verkörpert die Kathedrale von Chartres (Abb. 1) für Le Corbusier – hier einer älteren Deutungstradition folgend – eine Kultarchitektur, in deren mittelalterlicher Gestalt die seit Jahrhunderten und Jahrtausenden gültigen metaphysischen Ordnungsbeziehungen mit Hilfe von mathematisch-geometrischen Proportionsverhältnissen zur Anschauung gelangten.[27] Die Kathedrale von Chartres ist damit ein Beispiel für Le Corbusiers Ansicht, dass die „Geschichte der Kultur" gleichzusetzen sei mit der „Geschichte der spirituellen Architektur".[28] Mit dieser Wertschätzung historischer Sakralbaukunst folgt Le Corbusier letztlich unmittelbar der Überzeugung des Theosophen Henry Provensal, der in seinem nachweislich von Le Corbusier gelesenen und geschätzten Buch „L'art de demain" (1904) meinte, „daß [seit den Anfängen der Menschheit bis zur Renaissance] die religiösen Monumente die einzigen Orte sind, durch die sich die menschliche Seele im Laufe der Jahrhunderte zum Ausdruck gebracht hat".[29] Ein solches Gebäude, in dem sich „das religiöse Bewußtsein der Völker aufs neue mitzuteilen vermag",[30] sollte für Le Corbusier die Wallfahrtskapelle von Ronchamp (Abb. 2) werden.

Heute, mehr als 50 Jahre nach diesem Versuch, die Architektur zu einem modernen Tempel der in der Geschichte wirksamen religiösen Kräfte zu erheben, mögen die Ausein-

27 Vgl. Le Corbusier/François de Pierrefeu, La maison des hommes, Paris 1942, S. 110.

28 Le Corbusier, Une maison – un palais, Paris 1928, S. 28.

29 Henry Provensal, L'art de demain, Paris 1904, S. 182.

30 Ebd.

andersetzungen mit dem geschichtlichen Moment in der Architektur nüchterner und weniger pathetisch und mit neuen, anderen Interessensschwerpunkten erfolgen, gänzlich verschwunden ist diese Seite einer Transzendierung von Architektur als Medium historischer Prozesse in der Moderne jedoch keineswegs. Ein prominentes Beispiel hierfür ist Daniel Libeskind, der mit dem ersten von ihm realisierten Großbau, dem Jüdischen Museum in Berlin (Abb. 3), explizit eine Architektur zur Vergegenwärtigung längst unsichtbar gewordener Verbindungslinien zwischen der Lebenswelt der Verstorbenen – hier den Mitgliedern oder Teilhabern der im Dritten Reich ausgelöschten jahrhundertealten jüdischen Kultur in Deutschland – und der Lebenswelt unserer Gegenwart schaffen wollte. Während Mies van der Rohe[31] und Le Corbusier in einer Welt, die unter dem Primat der Technik ihre humanistische Identität zu verlieren droht, mit ihrer Architektur das Bild einer streng rationalen und doch zugleich metaphysisch verstandenen Ordnung zu entwerfen suchten, ist es Libeskinds Bemühen, mit Hilfe seiner expressiven Baukunst in den Trümmern des Holocaust die verschütteten Wege der nachhaltig zerstörten humanistischen Glaubenswelt zunächst wieder freizulegen, um sie sodann in die Zukunft einer neuen, kosmopolitisch wie interkulturell geprägten Welt zu verlängern.

Auch wenn Libeskind immer wieder mit dem Dekonstruktivismus in Verbindung gebracht wird, so fehlt seinem inhaltlichen Konzept jener aufklärerisch-zersetzende Impetus, wie ihn Jacques Derrida auf die Frage, was Dekonstruktion sei, einmal im Bild des Erdbebens zum Ausdruck gebracht hat und wie er sich auch in Bernhard Tschumis Parc de la Villette, jenem technoiden Bild einer total beherrschten und ausgehärteten Natur, widerspiegelt.[32] In Berlin möchte Libeskind mit seiner Architektur für das Jüdische Museum nicht das würdevolle, erhabene Erscheinungsbild der angrenzenden historischen Bauten und die in ihnen artikulierte spezifische Weltsicht „erschüttern", „bis sie ihre strukturellen Schwachstellen zeigen", wie cs Mark Wigley für den philosophischen Ansatz von Derrida und die ihm verpflichteten Architekten konstatiert hat.[33] Bei Libeskind ist die Erschütterung der alten, überkommenen Gesellschaft und ihrer architektonischen Repräsentationsformen bereits vollbracht, ist Geschichte, und die von ihm geschaffenen Architekturformen sollen nunmehr dasjenige wieder freizulegen helfen, was durch das vorangegangene „Erdbeben" verschüttet worden ist. Hierzu gehören in eindringlicher Weise die apokalyptischen Abgründe menschlicher Geschichte, besonders dann, wenn sie den Holocaust umschließen. Libeskind hat sie in Berlin in Form von Leerräumen, sog. *Voids*, zu fassen versucht, riesige turmartige Schächte aus aschegrauem Beton, in

---

31 Siehe hierzu grundlegend Fritz Neumeyer, Mies van der Rohe. Das kunstlose Wort. Gedanken zur Baukunst, Berlin 1986.

32 Derrida wörtlich: „Stellen Sie sich ein großes Erdbeben in Kalifornien vor. Irgendwo in einer Universität zeigt sich ein Riß. Dekonstruktion ist die westliche, literarische, philosophische Form für den wesentlichen Teil des großen menschlichen Erdbebens, das alle Strukturen der Menschheit erschüttert. Ökonomie, soziales Wesen usw." Jacques Derrida, Deconstruction in America: An Interview with Jacques Derrida, in: Critical Exchange 17 (1985), S. 1–33, hier: S. 18, zit. in der Übersetzung von Mark Wigley, Architektur und Dekonstruktion: Derridas Phantom, Basel/Berlin/Boston 1994, S. 61, Anm. 76.

33 Mark Wigley (wie Anm. 33), S. 47.

Abb. 3: Daniel Libeskind: Jüdisches Museum Berlin

denen die verbrannte deutsch-jüdische Kultur Berlins, die zurückgebliebene geistige Leere zu imaginativer Anschaulichkeit gefunden hat.[34]

Mit dieser Inanspruchnahme der geschichtsevozierenden, kulturellen wie spirituellen Abbildungsqualitäten und Inhalte von Architektur steht Libeskind in der zeitgenössischen Architektur keineswegs alleine dar, sondern teilt dieses Denken beispielsweise mit Mario Botta, der eine Reihe von eindrucksvollen Bergkapellen konzipiert hat, oder Peter Zumthor, der mit dem Umbau von St. Kolumba in Köln eine beziehungsreiche dialogische Architektur zwischen dem kriegszerstörten mittelalterlichen Kirchenbau und seinem Museumsneubau geschaffen hat.

Doch es gibt auch andere Ansätze einer Auseinandersetzung mit der Bedeutung der Geschichte in der zeitgenössischen Architektur, die sich weniger für das geschichtsphilosophische, spirituell-transzendente Moment interessieren, als vielmehr in bester dekonstruktivistischer Absicht die sich überlagernden, historisch wie kulturell geprägten Strukturen eines Ortes thematisieren und sezieren und dabei – im Sinne von Reinhart Kosellecks geologisch inspiriertem „Zeitschichten"-Modell – die Sedimente historischer Vorgänge, ihre Überlagerungen, Verwerfungen und Abgründe, mittels Architektur sichtbar machen wollen. Ein führender Architekt dieser Richtung ist Peter Eisenman, der in seinen theoretischen Schriften dieses Konzept einer die vorgefundenen Orte und Strukturen sowohl beschreibenden als auch überschreibenden, rekonstruierenden und rekontextualisierenden

---

Abb. 4: Peter Eisenman: Wexner Center for the Visual Arts in Columbus (Ohio)

Architektur mit den Begriffen der Überlagerung *(Superposition)*, der Dislozierung *(Dislocation)* sowie des Palimpsests verknüpft und mit der Sichtbarmachung von verborgen liegenden bzw. verdrängten *(repressed)* Textelementen einer sich permanent verändernden Bedeutungsgeschichte von Orten vergleicht. Angewendet hat Eisenman dieses Konzept beispielsweise beim Wexner Center for the Visual Arts in Columbus (Ohio) (Abb. 4), für das Eisenman 1989 einen bemerkenswerten, da die topographischen und historischen Bezüge des Ortes sichtbar machenden Entwurf lieferte.

Obwohl also „Historizität" und „Erinnerung" für die moderne und zeitgenössische Architektur eigentlich keine fremden Themen sind, haben sie in der fachlichen Diskussion bislang doch nur eine rudimentäre Beachtung gefunden. Von daher und angesichts der anhaltenden Debatten um die Bedeutung und materielle Ausprägung von „Erinnerungskulturen" ist es an der Zeit, diese Fragestellung auch für die Architektur des 20. und 21. Jahrhunderts stärker als bislang geschehen zu erschließen. In diesem Sinne sollte auch die in Kooperation mit dem Deutschen Architekturmuseum in Frankfurt am Main ausgerichtete Tagung danach fragen, welche Bedeutung „Geschichtsbilder" und „Erinnerungskulturen" für die moderne und zeitgenössische Architektur besitzen und in welcher gestalterischen Weise sie sich in der Architektur manifestieren.

Matthias Müller

Aufbrüche / Traditionalismen im Europa der 1920er-Jahre

Wolfgang Sonne

„HISTORY BUILDS THE TOWN".
PARADOXE BEZIEHUNGEN ZWISCHEN STÄDTEBAU
UND STÄDTEBAUGESCHICHTE IN DER MODERNE

Der moderne Städtebau des 20. Jahrhunderts wird gerne als geschichtsvergessene Bewegung geschildert, die sich nicht für die Erfahrungen früherer Generationen interessiert habe. Tatsächlich lehnten zahlreiche Vertreter avantgardistischer und funktionalistischer Positionen die Aufnahme traditioneller Stadtformen ab und propagierten innovative Modelle. Dennoch erschienen genau in der Blütezeit des städtebaulichen Avantgardismus die großen, oft mehrbändigen Geschichten des Städtebaus von Albert Erich Brinckmann (1920), Pierre Lavedan (1926–1952), Joseph Gantner (1928), Paul Zucker (1929), Lewis Mumford (1938 und 1961), Ernst Egli (1959–1967) und Anton Erwin Gutkind (1964–1972). Mehr noch: Einige dieser Autoren waren glühende Anhänger einer avantgardistischen Position und lehnten die Rezeption historischer Vorbilder und Erfahrungen im Entwurf strikt ab. Signifikant zu greifen ist dies bei Arthur Korn, der einerseits den revolutionären MARS-Plan für London mit seinem Ausradieren der historischen Stadt entwarf und andererseits eine Städtebaugeschichte mit dem überraschenden Titel „History Builds the Town" verfasste.[1]

Wie verhält sich der Städtebau der Moderne mit seinen unterschiedlichen Ausprägungen zur Geschichte? Um diese Frage zu beantworten, ist es notwendig, sich noch einmal genauer das Selbstverständnis der städtebaulichen und stadtbauhistorischen Protagonisten im 20. Jahrhundert anzuschauen.[2] Nachdem es offensichtlich geworden ist, dass selbst die stärksten Verächter des Entwerfens mit historischen Formen oft glühendste Verfechter historischer Forschung waren, muss es also etwas anderes als das schiere historische Faktenwissen sein, das eine Rezeption historischer Vorbilder im Entwurf bewirkt. Die These ist, dass für die Verwendung historischer Formen und Erfahrungen vielmehr das generelle Geschichtsbild des jeweiligen Autors entscheidend ist.

---

1 Arthur Korn, History Builds the Town, London 1953.

2 Michael Hebbert/Wolfgang Sonne, „,History Builds the Town.' On the Uses of History in Twentieth Century City Planning", in: Xavier Monclus/Manuel Guardia (Hg.), Culture, Urbanism and Planning, London 2006, S. 3–19; Wolf-gang Sonne, „,History Builds the Town.' Geschichtsbilder im Städtebau des frühen 20. Jahrhunderts", in: Kritische Berichte. Zeitschrift für Kunst- und Kulturwissenschaften 35 (2007), S. 18–32; Sigrid Brandt, Stadtbaukunst. Eine Studie zu den Methoden ihrer Geschichtsschreibung, Habilitationsschrift, Salzburg 2012.

Mit „Geschichtsbild" ist gemeint, in welcher Weise der Autor den Ablauf der Geschichte konzipiert und welche Art von Bezug auf die Vergangenheit von seiner Gegenwart aus dementsprechend für ihn möglich ist.

Zentral für das Geschichtsbild sind die Zeitmuster, nach denen die Geschichte strukturiert wird. Üblicherweise finden Variationen der vier Grundmuster von Kontinuität, Entwicklung, Wiederholung und Bruch ihre Anwendung und determinieren im Folgenden die Haltung eines Autors zur Geschichte.[3] Vertritt er etwa eine Position historischer Kontinuität mit langfristig gültigen Gesetzen, so kann – ja, muss – er historische Formen rezipieren. Glaubt er an tiefgreifende historische Veränderungen und Brüche, so ist ihm ein Rückgriff auf vergangene Formen gleichsam verboten. Diese Zeitmuster – mit all ihren Varianten und Überlappungen – bestimmen nicht nur zahlreiche Interpretationen unseres Alltagslebens, sie liegen auch wichtigen architektonischen Strömungen zugrunde: So ist der Klassizismus im Wesentlichen vom Glauben an ewige Gesetze geprägt, während der Historismus auf der Idee der Wiederholung basiert; der Traditionalismus gründet auf dem Konzept einer wiederauflebenden Entwicklung, während der Modernismus von der Vorstellung des Bruchs lebt.[4]

Auch im Städtebau des 20. Jahrhunderts lassen sich diese Konzepte nachweisen. Dabei wird sich zeigen, dass selbst für Modernisten historisches Wissen und historische Bezüge eine zentrale Rolle spielten – wenngleich vor allem in ablehnender Hinsicht, da sie dem Geschichtsbild des Bruches folgten. Es scheint, dass selbst die Tabula Rasa-Philosophie der funktionalistischen Planung weniger durch wissenschaftliche Daten der Gegenwart als durch ein spezifisches Verständnis der Vergangenheit gerechtfertigt wurde.

1. Bruch und radikale Veränderung

Das bis heute wirkungsvollste Geschichtsbild stellt die Vorstellung des radikalen Wandels dar, sei es als einmaliger revolutionärer Bruch oder als permanente fundamentale Veränderung. Diese Ideologie der strikten Trennung von Gegenwart und Vergangenheit ist die Grundlage des Avantgardismus und baut zumeist auf der Annahme auf, dass sich mit den allgemeinen historischen Veränderungen auch die Stadtformen verändern müssten: „neue Zeiten – neue Städte" lautet die Rezeptur in Kurzform. In radikal militanter Form war diese Ideologie durch den Futurismus in die Kunstwelt eingetreten, 1914 von Filippo Tommaso Marinetti und Antonio Sant'Elia in ihrem Manifest „L'architettura futurista" auch auf den Städtebau angewandt. Entschieden forderten sie „das futuristische Haus und die futuristische Stadt", die nichts mit der Vergangenheit gemein haben sollten:

---

3 Evelyn Schulz/Wolfgang Sonne (Hg.), Kontinuität und Wandel. Geschichtsbilder in verschiedenen Fächern und Kulturen, Zürich 1999.

4 Wolfgang Sonne, „Gebaute Geschichtsbilder. Klassizismus, Historismus, Traditionalismus und Modernismus in der Architektur", in: ebd., S. 261–330.

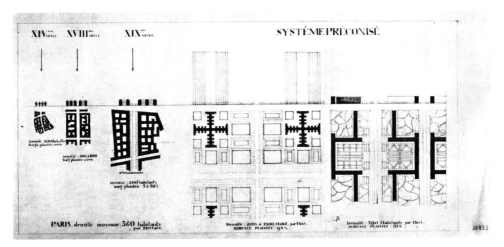

Abb. 1: Le Corbusier, Ville contemporaine, 1922. Nach der kontinuierlichen Entwicklung des Blocksystems über mehrere Jahrhunderte ist Le Corbusiers System als bewusster und radikaler Bruch mit der historischen Entwicklung dargestellt.

> „Es handelt sich darum, das futuristische Haus von Grund auf neu zu schaffen, [...] eine Architektur also, die ihre Daseinsberechtigung einzig und allein aus den besonderen modernen Lebensbedingungen zieht [...]. Diese Architektur kann nicht den Gesetzen der geschichtlichen Kontinuität unterliegen. Sie muss neu sein, wie unser Gemütszustand neu ist."[5]

Obwohl Sant'Elia diese radikal neue Stadtarchitektur in seinen Zeichnungen der „città nuova" von 1914 gänzlich originell zu illustrieren trachtete, sind doch Spuren architektonischer Vorläufer wie Henri Sauvage oder Otto Wagner unübersehbar – auch die radikalste Avantgarde kam nicht ohne Anregungen aus.

In der Folge perpetuierten alle wichtigen Avantgardebewegungen das Zeitmuster des historischen Bruchs – sei es De Stijl in den Niederlanden, ABC in der Schweiz, der Konstruktivismus in der Sowjetunion oder der Deutsche Werkbund der 1920er-Jahre. Für eine modernistische Position im Städtebau wurde Le Corbusier zur einflussreichsten Figur. Seine urbanistischen Ideen der 1920er-Jahre waren von militanter Opposition zu den Stadtformen der Vergangenheit geprägt und gipfelten im Kampfruf „il faut tuer la rue corridor". Diesen radikalen Bruch mit der Vergangenheit illustrierte er signifikant in einem historischen Erläuterungsdiagramm zu seiner Ville contemporaine (1922): Zunächst zeigt eine Serie von Plänen die kontinuierliche Entwicklung des Blocksystems in der Stadt der Vergangenheit, dann folgt als radikaler Bruch Le Corbusiers völlig neues System der freiste-

5 Antonio Sant'Elia, „L'architettura futurista" [1914], in: Hansgeorg Schmidt-Bergmann, Futurismus. Geschichte, Ästhetik, Dokumente, Reinbek bei Hamburg 1993, S. 231–232.

henden Hochbauten (Abb. 1).[6] Die Inszenierung dieses Bruchs in einer realen Stadt leiste-te er dann mit seinem Plan Voisin für Paris (1925). Am eindrücklichsten visualisierte Marcel Lods den Gegensatz von Gegenwart und Vergangenheit bei seinen corbusianischen Wiederaufbauplänen für Mainz (1946). In buchstäblicher Schwarz-Weiß-Malerei stellte er Stadtbilder der Vergangenheit und der Zukunft als Comic Strip gegenüber: Jeder düsteren Altstadtszene entspricht ein lichtes Panorama der Zukunftsstadt (Abb. 2). Plakativer lässt sich das Geschichtsbild des Bruchs nicht darstellen.

Diese radikale Ablehnung historischer Stadtformen bedeutete jedoch keineswegs, dass Avantgardisten historisch ungebildet waren oder Lehren aus der Geschichte für ihren Ent-wurf generell ablehnten. Selbst Le Corbusier hatte bekanntlich seinen Lesern die „leçon de Rome" unterbreitet.[7] Hinzu kommt, dass genau in der Blütezeit modernistischer Stadt-konzeptionen zwischen 1920 und 1970 die großen Erzählungen der Stadtbaugeschichte erscheinen und ein bis dahin ungekanntes historisches Wissen bereitstellten. Und para-doxerweise wurde dieses Wissen oftmals von erklärten Avantgardisten zusammengetragen und präsentiert, darunter Lewis Mumford, Joseph Gantner, Ernst Egli und Erwin Gutkind. Um dieses Paradox zu erklären, werden im Folgenden ausgewählte urbanistische Hand-bücher und Geschichten auf das in ihnen artikulierte Geschichtsbild hin untersucht.

Arthur Korns „History Builds the Town" (1953) zeigte einen dichotomischen Aufbau von historischer Entwicklung und zeitgenössischer Theorie. Geschichte interessierte weni-ger in ihren konkreten formalen Ausprägungen, als vielmehr in ihren vorgeblichen Geset-zen und Strukturen:

> „To master the problems of contemporary town planning it is necessary to understand first what the town is. Therefore the forces which govern its life – its birth, growth and decline – and determine its structure will be examined first. These general laws of growth and structure will then be applied to the formulation of what our contemporary metropolis should be."[8]

Diese historischen Prinzipien und Strukturen der Stadt lagen für den Marxisten Korn nicht in den Bauformen der Städte, sondern einzig in der Gesellschaft: „What is needed is an understanding of the real social forces which throughout the ages have created towns and determined their structure. The town has always been, and must be, the expression of the power-structure of society prevailing at the time."[9] Da sich nun die Gesellschaft radikal gewandelt habe, müsse sich auch die Stadtform radikal ändern. Folgerichtig bricht die his-torische Erzählstruktur des Buches nach drei Vierteln des Textes ab und die Planungen der Gegenwart werden unter der neuen Überschrift „Theory and Practice" behandelt. Parallel zu diesem Bruch im Textverlauf vermittelt auch die Bildsprache die Idee des radikalen

---

6 Willy Boesiger (Hg.), Le Corbusier et Pierre Jeanneret. Oeuvre complète de 1910–1929, Zü-rich 1937.

7 Le Corbusier, Vers une architecture, Paris 1923; vgl. auch Winfried Nerdinger, „From Bauhaus to Harvard. Walter Gropius and the Use of History",

in: Gwendolyn Wright/Janet Parks (Hg.), The History of History in American Schools of Ar-chitecture 1865–1975, New Jersey 1990, S. 89–98.

8 Arthur Korn, History Builds the Town, London 1953, S. 1.

9 Ebd.

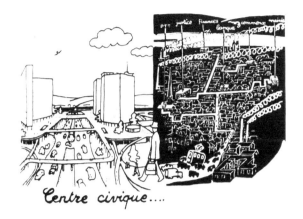

Abb. 2: Marcel Lods, Plan für den Wiederaufbau von Mainz, 1946. Der Kontrast zwischen düsterer Vergangenheit und lichter Zukunft ist als propagandistischer Comic Strip inszeniert.

Wandels: Auf eine Serie von Illustrationen der kontinuierlichen Stadtentwicklung von London folgt der unter Korns Federführung entstandene Plan der MARS Group für London von 1942, der mit der historischen Stadt gleichsam wie bei einer stalinistischen Säuberung verfuhr. Tatsächlich baute auch beim Avantgardisten Korn die Geschichte die Stadt – es war aber nicht die Geschichte der konkreten Stadtformen, sondern die Geschichte der Gesellschaft und mit ihr verbunden das Geschichtsbild des Bruchs.

Nach Pierre Lavedans monumentaler „Histoire de l'urbanisme" (1926–1952) wagte Ernst Egli 1959–1967 erneut den Versuch, eine dreibändige „Geschichte des Städtebaus" vorzulegen. Im Unterschied zum Historiker Lavedan war Egli praktizierender Architekt, der neusachliche Bauten vor allem in Österreich und der Türkei errichtet hatte, bevor er Professor für Städtebau an der ETH Zürich wurde. Dennoch suchte er keine praktischen Lehren aus der Geschichte des Städtebaus zu ziehen, sondern stellte die Vergangenheit als etwas von der Gegenwart Getrenntes vor: „Eines ist gewiss, das Zeitalter der alten Stadt geht zu Ende."[10] Die moderne Stadt sei etwas anderes als die historische Stadt und bedürfe einer besonderen Betrachtungsweise: „Die neue Zeit aber beginnt mit ihren ersten Anzeichen zwischen 1800 und 1850 und führt mitten in alle Gegenwartsentwicklungen. Sie steht schon diesseits der Geschichte und bedürfte einer getrennten und auch andersgearteten Darstellung."[11] Warum nun, wenn er sich schon „diesseits der Geschichte" befand, beschäftigte sich Egli überhaupt mit der historischen Stadt? Nur, um eine abschließende Bilanz zu ziehen und das Vergangene für immer vergangen sein zu lassen: „In diesem Augenblick wenden sich viele all jenem zu, was einstmals als Stadt erschien […]. Dieser Rückblick – eine Geschichte der Stadt – ist gewissermaßen die Ausschau auf das, was war, um sich der Zukunft zuzuwenden."[12] Eglis drei Bände sind nichts als ein Abschiedsblick mit Überlänge, ein Blick zurück im Zorn mit einer Ahnung von Wehmut überzogen – um sich dann endgültig dem Anderen der Zukunft zuzuwenden.

Das Paradox des modernistischen Geschichtsbildes zeigt sich am deutlichsten im Werk von Erwin Gutkind – wegen seiner monumentalen Dimension in geradezu tragischer Weise. Zum einen publizierte er zwischen 1964 und 1972 die „International History of City Development", mit ihren über 4.000 Druckseiten und ungezählten Abbildungen die bis heute umfangreichste Darstellung der Vielfalt historischer Stadtformen. Zum anderen verkündete er 1962 in „Twilight of Cities" den Tod der historischen Stadt, ja das Ende von Städten überhaupt. Auch dieses Werk hatte er mit einer historischen Übersicht begonnen, die er wie folgt einleitete:

> „This historical survey […] intends to describe and interpret the physical layout of cities as the symbolic expression of the ever-renewed religious, social, political and economic ideas that have revolutionized man's environment. Without a knowledge of the development of cities in the past it is difficult to evaluate urban life in the present and chart a course for future action."[13]

---

10 Ernst Egli, Geschichte des Städtebaus, Bd. 1, Die alte Welt, Zürich, Stuttgart 1959, S. 9.

11 Ebd., S. 10.

12 Ebd., S. 9.

13 Erwin Anton Gutkind, The Twilight of Cities, New York, London 1962, S. 1.

Da die Stadtform gänzlich von den sich verändernden historischen Bedingungen abhänge, müsse die Stadt der Zukunft völlig anders aussehen: „it is obvious that we have reached one of the rare turning points in the development of man. Cities as we have known them in the past cannot survive. Something new has to be worked out [...]."[14] Von der Geschichte ließen sich demnach nicht mehr konkrete Formen, sondern nur mehr abstrakte Bedingungsgesetze lernen. Radikal forderte Gutkind die Zerstörung historischer Städte und Straßenzüge, an denen „too long and too persistently" festgehalten worden sei.[15] Die neue Stadt sollte dagegen aufgelockert sein und im Grünen entstehen, was er mit antithetischen Illustrationen verdeutlichte: Am Ort der niedergerissenen alten Stadt solle in Zukunft Grünland sein, umgeben von ländlichen Siedlungen (Abb. 3, 4). Radikaler lässt sich der Bruch mit der Geschichte und der Kultur kaum verbildlichen.

Genau dieses Geschichtsbild des Bruchs beherrschte auch das gigantische Unternehmen seiner „International History of City Development". Die gesamte Geschichte der Stadt war nach geographischen Gesichtspunkten gegliedert, womit die regionalen Traditionen unterstrichen wurden. Die Gegenwart jedoch – „the last 100 years, from about 1850 to the present"[16] – war von diesen regionalen Geschichten abgetrennt und sollte im letzten Band, der nie erschien, gesondert dargestellt werden. Gutkind erklärte diesen konzeptionellen Bruch folgendermaßen: „The role of cities in the history of mankind has generally been a constant one, despite the varying fortunes of each in particular. [...] But I do maintain that [...] the original conception of a city – a conception that has lasted for 5000 years with only minor modifications – is now approaching its end."[17] Dem Bruch in der Darstellung lag also die Vorstellung eines Bruchs in der Geschichte zu Grunde. Nach diesem Bruch und dem Ende der Stadt „it is our task, at once inspiring and terrifying, to begin a new chapter in the history of human settlement."[18] Mit tatsächlich erschreckender Konsequenz zog Gutkind die logischen Schlussfolgerungen aus einer zu abstrakten Entwicklungsgesetzen reduzierten Geschichte und gab „the right answer to the question, ‚Can our cities survive?' They can*not* survive."[19] Dies ist nichts weniger als das Todesurteil für alle bis dahin gebauten Städte, ausgesprochen auf den ersten Seiten eines mehrbändigen Geschichtswerks, das noch einmal die vermeintlichen Todeskandidaten in all ihrer Vielfalt aufzeigt. Dank seines Geschichtsbildes ist Gutkinds „International History of City Development" nicht mehr als Fundus reicher kultureller Erfahrung gedacht, sondern nur mehr als monumentaler Grabstein für die Stadt.

Diesem simplen binären Muster von neu und alt stand ein komplexeres, in seinen Konsequenzen aber gleichartiges modernistisches Zeitmuster zur Seite. Es war die Vorstellung permanenter radikaler Veränderungen in der Geschichte, aufbauend auf dem Konzept der Evolution, dabei aber die Umwälzungen betonend. Seine prominenteste Formulierung fand es als „The Growth of a New Tradition" – dies der Untertitel von Sigfried Giedions

---

14 Ebd., S. 56.
15 Ebd., S. 40.
16 Erwin Anton Gutkind, International History of City Development, Bd. 1, Urban Development in Central Europe, London 1964, S. VI.

17 Ebd., S. 5–6.
18 Ebd., S. 6.
19 Ebd., S. 51.

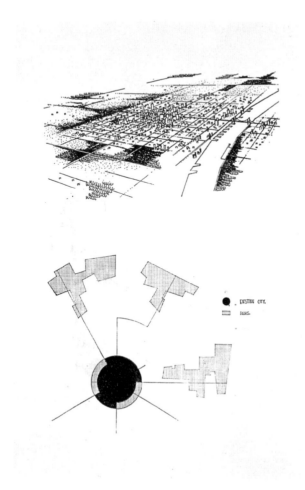

Abb. 3: Erwin Anton Gutkind, The existing city, in: The Twilight of Cities, 1962. Die traditionelle Stadt ist dicht bebaut und vom Land umgeben.

berühmt gewordenen Vorlesungen zu „Space, Time and Architecture", 1941 publiziert. Gleich zu Beginn erläuterte Giedion sein Geschichtsbild:

> „History is not static but dynamic. [...] History is not simply the repository of unchanging facts, but a process, a pattern of living and changing attitudes and interpretations. As such it is deeply a part of our own natures. To turn backward to a past age is not just to inspect it, to find a pattern which will be the same for all comers. The backward look transforms its object."[20]

Geschichte sei nicht einfach das, was sie einmal war; sie sei vielmehr dem verändernden Zugriff der jeweiligen Gegenwart ausgeliefert. Nicht nur Geschichte, auch Geschichts-

---

20 Sigfried Giedion, Space, Time and Architecture. The Growth of a New Tradition, Cambridge, Mass. 1941, S. 5.

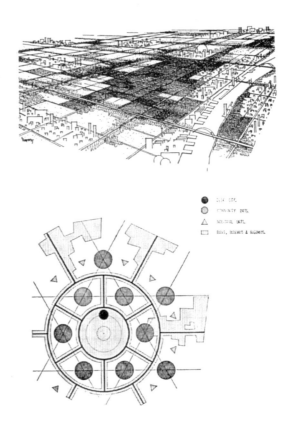

*Abb. 4: Erwin Anton Gutkind, The
future city, in: The Twilight of Cities,
1962. Die Stadt der Zukunft ist ganz
anders: Sie hat die historische Stadt
zerstört und bildet ein Netzwerk
ländlicher Siedlungen*

schreibung wurde hier dynamisch, es kam gleichsam zur Machtergreifung der jeweiligen
Gegenwart über die Vergangenheit. Zu dieser sich stetig verändernden Geschichte gesellte
sich bei Giedion eine ebenfalls verflüssigte Gegenwart: „Our period is a period of transi-
tion."[21] In einer solchen Geschichtskonzeption war folglich weniger Platz für langfristig
nutzbare Stadt- und Architekturformen, dafür umso mehr für Innovationen und Erfin-
dungen. Geschichtsschreibung verfolgte deshalb für Giedion nicht den Zweck, historische
Entwurfserfahrungen fruchtbar zu machen, sondern den einer vagen Bewusstseinserwei-
terung: „One of the functions of history is to help us to live in a larger sense, in wider
dimensions. This does not mean that we should copy the forms and attitudes of bygone
periods, as the nineteenth century did, but that we should conduct our lives against a much
wider historical background."[22]

---

21 Ebd., S. 11.   22 Ebd., S. 8.

Im Rahmen der Städtebaugeschichte hatte dieses Geschichtsbild der permanenten Revolution schon wirkungsvoll mit Lewis Mumfords „Culture of Cities" (1938) Einzug gehalten. Mumford folgte hier ganz der biologistischen Sicht seines Meisters Patrick Geddes und charakterisierte Stadtentwicklung als einen „Cycle of Growth and Decay".[23] Von Geddes übernahm er auch die geistige Beweglichkeit, alles mit jedem in Verbindung zu setzen, so auch die unterschiedlichsten historischen Zeiten in der stets sich entwickelnden Stadt:

> „Cities are a product of time. […] In the city, time becomes visible: […] time challenges time, time clashes with time: […] Layer upon layer, past times preserve themselves in the city […]. By the diversity of its time-structures, the city in part escapes the tyranny of a single present, and the monotony of a future that consists in repeating only a single beat heard in the past."[24]

Mumford vertrat also keineswegs ein einfaches Zeitmuster, das ihm ebenso einfache Rezepte für den Städtebau erlaubte. Im Gegenteil, sein Zeitmuster war so komplex, dass es schließlich der Verständlichkeit entbehrte. Als Monster der permanenten Andersartigkeit verschlang es letztlich jegliche Tradition und ermöglichte damit seinem Autor, die Auflösung der historischen Städte in suburbane Gemeinschaften zu propagieren.[25] Dasselbe Geschichtsbild der permanenten Evolution prägte auch Mumfords späteres Werk über „The City in History" (1961). Sein Untertitel – „Its Origins, Its Transformations, and Its Prospects" – zeigte wiederum das organische Geschichtsbild an, nun ins Positive gewendet.[26]

Anhängern des Bruchs oder des radikalen Wandels in der Geschichte war jeglicher Rückgriff auf historische Erfahrungen untersagt und die Einführung neuer Formen geboten. Aus der Geschichte ließen sich nur mehr abstrakte Entwicklungsgesetze ableiten und keine konkreten Entwurfsanregungen mehr entnehmen. Die einfachere Version dieses Geschichtsbilds konstatierte einen Bruch zwischen Gegenwart und Vergangenheit, meist als Moderne versus Tradition dargestellt. In der komplexeren Version verschlang der permanente Wandel jegliche Geltung historischer Entwurfserfahrungen.

2. KONTINUITÄT UND EWIGE GESETZE

Den direktesten Rückgriff auf Formen der Vergangenheit ermöglichten das Konzept der Kontinuität und die Vorstellung ewiger Gesetze. So versuchte Camillo Sitte in seinem einflussreichen Buch „Der Städtebau nach seinen künstlerischen Grundsätzen" von 1889, auf der Basis der Naturgesetze der menschlichen Wahrnehmung ewig gültige Regeln des städte-

---

23 Lewis Mumford, The Culture of Cities, New York 1938, S. 283.

24 Ebd., S. 4.

25 Robert Wojtovicz, Lewis Mumford and American Modernism. Eutopian Theories for Architecture and Urban Planning, Cambridge 1996.

26 Lewis Mumford, The City in History. Its Origins, Its Transformations, and Its Prospects, London 1961.

baulichen Entwerfens aus historischen Beispielen zu destillieren. Dabei ging es ihm nicht um das exakte Kopieren historischer Vorbilder, sondern um die Anwendung der in ihnen enthaltenen Prinzipien, weshalb er seine Beispiele auch konsequent in der abstrahierten Form kleiner Schwarz-Weiß-Pläne illustrierte. Seine Absicht war, „eine Menge schöner alter Platz- und überhaupt Stadtanlagen auf die Ursachen der schönen Wirkung hin zu untersuchen; weil die Ursachen, richtig erkannt, dann eine Summe von Regeln darstellen würden, bei deren Befolgung dann ähnliche treffliche Wirkungen erzielt werden müssten."[27] Auf der Basis dieser Regeln, die von geschichtlichem Wandel unberührt gültig wären, da sie den Naturgesetzen der Wahrnehmung folgten, sollte der Städtebau in kreativer Weise erfolgen.

Explizit findet sich die Vorstellung konstanter städtischer Aufgaben und Formen wiederum in Paul Zuckers Studie zu „Town and Square. From the Agora to the Village Green" (1959). Er proklamierte beispielsweise grundlegende psychologische Funktionen von Stadtplätzen, die sich nicht im Verlauf der Geschichte ändern würden: „This psychological function of the square is as true for the present and future as it has been for the past. As a matter of fact, the city planner of the past faced the same kind of problems as does the city planner of today […]."[28] Diese Vorstellung psychologisch determinierter Archetypen – vergleichbar mit Aby Warburgs Pathosformeln – wird am besten durch das erste Bildpaar des Bandes illustriert: Eine Kinderzeichnung offenbart die Urform eines Platzes, der dann das historische Beispiel der Place Royale in Paris von Henri IV. folgt (Abb. 5). Wenn die Funktion der Plätze historisch konstant ist, so kann der Entwerfer der Gegenwart auch auf historische Formen zurückgreifen. Selbst kleinere Veränderungen täten dem keinen Abbruch: „The needs and demands of the past may have been fewer and less complex, but they were as basic for the determination of the final shape as they are now. Thus our analysis of typical examples of the past need not remain a mere historical discussion, but should also stimulate some thoughts for town planning today."[29]

Diese scheinbar naive Sicht auf die Geschichte war jedoch keinesfalls unreflektiert. Zucker behandelte explizit die „Paradoxes of History".[30] Diese umfassten das Phänomen – paradox indes nur für Modernisten, die an die Reduzierbarkeit städtischer Formen auf externe Faktoren glaubten –, dass spezifische Formen für ganz unterschiedliche Zwecke wiederverwendet werden konnten:

> „But it will also become evident that paradoxically such preferred types sometimes wandered, that they were taken over by epochs and countries where material conditions, sociological structure, and even functional needs were entirely different, sometimes contradictory. […] The original motivation and the reasons for the development of each form are forgotten, are perhaps no longer existent, but the archetypes remain as prime elements in the history of human society, of village, town, and city."[31]

---

27 Camillo Sitte, Der Städtebau nach seinen künstlerischen Grundsätzen, Wien 1889, Vorrede.

28 Paul Zucker, Town and Square. From the Agora to the Village Green, New York, London 1959, S. 2.

29 Ebd.

30 Ebd., S. 17.

31 Ebd., S. 18.

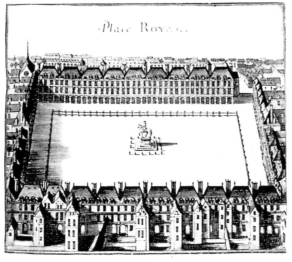

Abb. 5: Paul Zucker, Kinderzeichnung eines Platzes und die Place Royale von Henri IV in Paris, in: Town and Square, 1959. Der ewig gültige Archetyp des Platzes wird durch die unschuldige Hand des Kindes enthüllt.

Mit dieser Auffassung widersprach Zucker grundsätzlich einem städtebaulichen Funktionalismus zu einer Zeit, als dieser sich gerade erst anschickte, seinen internationalen Siegeszug anzutreten. In dieser Hinsicht stellen Aldo Rossis in „L'architettura della città" (1966) geäußerte Ansichten zur Kontinuität der Stadtformen und die der nachfolgenden Postmodernen weniger ein Revival als ein Survival dar.

So brachte auch 1962 – früh im Vergleich zu postmodernen Bestrebungen, spät im Verhältnis zur auf Kontinuität setzenden Städtebaubewegung des frühen 20. Jahrhunderts – eine Konferenz über „The Historian and the City", gemeinsam vom Massachusetts Institute of Technology und der Harvard University organisiert, Wissenschaftler verschiedenster Disziplinen zusammen, um die Lücke zwischen Entwurf und Geschichte zu behandeln.[32]

---

32 Oscar Handlin/John Burchard (Hg.), The Historian and the City, Cambridge 1963.

John Burchard berichtete gar von der Ansicht eines Teilnehmers, dass „the role of the city has not altered a particle."[33] Dies stand konträr zu allen modernistischen Überzeugungen, insbesondere zu den seinerzeit modischen Ideen Frank Lloyd Wrights, die traditionellen Städte gänzlich aufzugeben. Stattdessen wurde damit die Idee einer „longue durée" in den Stadtplanungsdiskurs eingeführt, kurz nachdem sie in der Geschichtsschreibung der französischen Annales-Schule entwickelt worden war.[34]

Vertreter der historischen Kontinuität, auf ewig oder langfristig gültigen Gesetzen aufbauend, konnten und mussten auf historische Archetypen für ihre Entwürfe zurückgreifen. Manche interpretierten Formgesetze dabei in metaphysischer Weise als Naturgesetze, andere begründeten formale Kontinuitäten in aufklärerischer Weise mit historischen oder anthropologischen Konstanten.

3. Entwicklung

Ein einflussreiches Zeitmuster war das Konzept einer kontinuierlichen Entwicklung, wie es in der Historiographie und der Biologie des 19. Jahrhunderts entwickelt worden war. Sein vielleicht prägnantester Vertreter war der schottische Stadttheoretiker Patrick Geddes. Eigentlich als Biologe ausgebildet, interpretierte er die menschliche Geschichte analog der biologischen Lebensentwicklung als einen kontinuierlichen Prozess von Wachsen und Sterben, signifikant dargestellt etwa im „Arbor Saeculorum", dem Baum der Jahrhunderte in einem Glasfensterentwurf von 1892. Die verschiedenen historischen Kulturen entfalteten sich hier wie die Äste eines Baumes, oszillierend zwischen den „zeitlichen" und den „geistigen Mächten".[35] Die Gegenwart stand damit in einer direkten Beziehung zur Vergangenheit, sie war ihr gleichsam entwachsen. „A city is more than a place in space", schrieb Geddes, „it is a drama in time". Ihre Entwicklung in Phasen gleiche „the layers of a coral reef in which each generation constructs its characteristic stony skeleton as a contribution to the growing yet dying and wearying whole".[36]

Konsequenterweise richtete Geddes seine berühmte Cities and Town Planning Exhibition – eine Wanderausstellung, die 1911 in Chelsea begann und 1914 im Pazifischen Ozean nach einem deutschen Angriff versank – in strikt chronologischer Folge ein, beginnend mit „origin and rise of cities" und endend mit den jüngsten Bestrebungen für Garden Cities (Abb. 6).[37] Zeitgenössische Stadtplanung entwuchs somit einerseits der Zeit, andererseits war

---

33 John Burchard, „Some Afterthoughts", in: ebd., S. 256.

34 Fernand Braudel, La Méditerranée et le monde Méditerranéen à l'époque de Philippe II, Paris 1949; vgl. Lutz Raphael, Die Erben von Bloch und Febvre. Annales-Geschichtsschreibung und nouvelle histoire in Frankreich 1945–1980, Stuttgart 1994.

35 Volker Welter, Biopolis. Patrick Geddes and the City of Life, Cambridge 2002, S. 88–90.

36 Zit. nach: Helen Meller (Hg.), The Ideal City, Leicester 1979, S. 79, 82.

37 Welter, Biopolis [wie Anm. 35], S. 124–127.

sie ebenfalls fest im Ort gegründet. So bestand Geddes' vielleicht einflussreichste Idee in der Durchführung von lokalhistorischen Surveys als Grundlage für jede zukünftige Planung.[38]

Eine evolutionäre Langzeitperspektive prägte ebenfalls die historischen Rechtfertigungsversuche der frühen modernen urbanistischen Praxis. So begannen etwa Daniel Hudson Burnham und Edward Herbert Bennett ihren einflussreichen „Plan of Chicago" 1909 nicht etwa mit statistischen Erhebungen, sondern mit einer allgemeinen Geschichte des Städtebaus von den Anfängen in Mesopotamien bis zu den Gipfeln zeitgenössischer Planung, für die selbstverständlich ihr Plan für Chicago stand – geradezu natürlich der dargestellten Geschichte entwachsend.[39] Noch expliziter geschah dies in Hendrik Christian Andersens und Ernest Hébrards „World Centre of Communication" von 1913, das schon als Idealstadtkonzept der Vorstellung eines unaufhörlichen Fortschritts der Menschheit entsprang. Dementsprechend begannen die Autoren ihren Band mit einer Geschichte monumentaler Planungen von den Anfängen bis in die Gegenwart, an die dann das neue Weltzentrum der Kommunikation nahtlos anschloss.[40]

Selbst Städtebaugeschichten des mittleren 20. Jahrhunderts konnten dem Konzept einer ungebrochenen kontinuierlichen Entwicklung folgen. So interpretierte etwa der englische Architekt Frederick Hiorns in seinem Buch „Town-Building in History" (1956) Geschichte als ein Kontinuum, das auch für zeitgenössische Planungen Erkenntnisse bereithalte:

> „It is an old truth that a cure for present ills is often found in the teaching of the past. It explains the underlying purpose of this book. The author believes that the vast number of long-sustained ‚good' towns, that developed through more than two millenniums of time precedent to our era, reveal the false interpretations of urbanism that now afflicts us."[41]

Er ging noch einen Schritt weiter und präsentierte die Idee einer sich kontinuierlich entwickelnden Tradition als ein Heilmittel gegen avantgardistische Planungsideologien:

> „What we know as tradition is (and always was) but a natural and continuous flow of development, a condition of fluidity that adapts itself to the changing circumstances of time, merging the past into the present, and the present into the future. The idea that creative work becomes ‚contemporary' only when torn from any recognizable association with the past is entirely fallacious. Regarded in this way, the course of building in the present century has produced excellent and varied examples of modern design – ‚Georgian' in quality – free of the taint of freakish, exotic importations. In the continuation and logical development of this lies our hope for the future."[42]

38 Patrick Geddes, Cities in Evolution. An Introduction to the Town Planning Movement and to the Study of Civics, London 1915, S. 329–375; Helen Meller, Patrick Geddes. Social Evolutionist and City Planner, London 1990.

39 Daniel Hudson Burnham/Edward Herbert Bennett, Plan of Chicago, Chicago 1909.

40 Hendrik Christian Andersen/Ernest Hébrard, Creation of a World Centre of Communication, Paris 1913; Wolfgang Sonne, Representing the

State. Capital City Planning in the Early Twentieth Century, München/London/New York 2003, S. 241–285.

41 Frederick R. Hiorns, Town-Building in History. An Outline Review of Conditions, Influences, Ideas, and Methods Affecting ‚Planned' Towns through Five Thousand Years, London 1956, Vorwort.

42 Ebd., S. 412; vgl. Peter Larkham, „The place of conservation in the UK reconstruction plans of

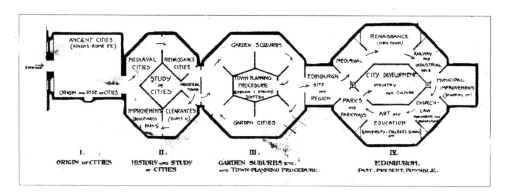

Abb. 6: Patrick Geddes, Cities and Town Planning Exhibition, Plan der Ausstellung in Edinburgh, 1911. Die Geschichte der Stadtplanung ist als kontinuierliche Entwicklung von den Anfängen bis zur Gegenwart arrangiert

Städtebaugeschichte wird hier nicht als akademische Verstehensübung betrieben, sondern mit dem Zeitmuster der kontinuierlichen Entwicklung als ein Mittel im Kampf um zeitgenössische Planungsideologien eingesetzt. Dass Hiorns' Auffassung der Geschichte dabei alles andere als naiv war, sondern eine Vielzahl historischer Faktoren beachtete, mag hier allein der Untertitel seines Werkes andeuten, der lautete: „An Outline Review of Conditions, Influences, Ideas, and Methods Affecting ‚Planned' Towns through Five Thousand Years".

Anhänger der kontinuierlichen Entwicklung, meist biologisch als Evolution konnotiert, versuchten, ihre Entwürfe aus dem Fundus historischer Gestaltungen heraus zu entwickeln: keine Kopien vergangener Stadtformen, aber auch keine gänzlich neuen Gestaltungsweisen. Auch hier gab es eine metaphysische Position, die die Weiterentwicklung als Naturgesetz verstand, und eine aufklärerische Position, die bestimmte formale Entwicklungen mit historischen Entwicklungen begründete.

4. Wiederholung und kritische Rezeption

Ein weiteres Zeitmuster war das der Wiederholung historischer Formen, sei es in der strikten Form historischer Zirkel oder in einem eher willkürlichen historischen Zugriff, wie es beides durch den Historismus des 19. Jahrhunderts erprobt worden war. Eine detaillierte Kenntnis der Geschichte war für ein solches Vorgehen die unverzichtbare Grundlage. Tatsächlich

1942–52", in: Planning Perspectives 18 (2003),
S. 295–324.

Illus. 97.—An imaginary irregular town.

Abb. 7: Raymond Unwin, An imaginary irregular town, in: Town Planning in Practice, 1909. Ein idealisiertes Stadtbild der Vergangenheit wird als Modell für zukünftige Stadtplanung präsentiert.

erschienen im frühen 20. Jahrhundert die ersten umfassenden Geschichten des Städtebaus, von Architekten, Historikern und Kunsthistorikern verfasst.[43] Eine Vorreiterrolle nahm hierbei der Kunsthistoriker Albert Erich Brinckmann ein, dessen breiter historischer Studie zu „Platz und Monument" (1908) die erste umfassende Monographie zur Geschichte des Städtebaus (1920) folgte.[44] Diese war keineswegs als rein historisch-hermeneutische Studie angelegt, sondern war „in der Absicht geschrieben, das gegenwärtige künstlerische Denken anzuregen."[45] Der Kunsthistoriker Cornelius Gurlitt umspannte ebenfalls die Felder von Geschichte, Theorie und Praxis, indem er 1920 ein „Handbuch des Städtebaues" vorlegte.[46]

---

43 Wolfgang Sonne, „Die Geburt der Städtebauge-schichte aus dem Geist der Multidisziplinarität", in: Wolkenkuckucksheim – Cloud-Cuckoo-Land. Internationale Zeitschrift für Theorie und Wissenschaft der Architektur 10 (2006); http://www.cloud-cuckoo.net/

44 Albert Erich Brinckmann, Platz und Monument, Berlin 1908; Albert Erich Brinckmann, Deutsche Stadtbaukunst in der Vergangenheit, Frankfurt am Main 1911; Albert Erich Brinckmann, Stadtbaukunst. Geschichtliche Querschnitte und neuzeitliche Ziele, Berlin 1920.

45 Ebd., S. 107.

46 Cornelius Gurlitt, Historische Stadtbilder, 12 Bde., Berlin 1901–12; Cornelius Gurlitt, Handbuch des Städtebaues, Berlin 1920.

VIEW OF THE HAMPSTEAD GARDEN SUBURB FROM THE HEATH EXTENSION SHOWING A PORTION OF THE GREAT WALL AND SOME OF THE LARGER HOUSES

Abb. 8: Raymond Unwin und Barry Parker, Hampstead Garden Suburb, in: Town Planning in Practice, 1909. Ein gegenwärtiger Stadtentwurf übernimmt Elemente historischer Städte.

In vergleichbarer Weise verband in Frankreich der Historiker Marcel Poëte die verschiedenen Felder des Urbanismus, indem er 1913 zur Planung von Paris beitrug, 1924 eine Stadtgeschichte von Paris präsentierte und 1929 den historisch untermauerten Beginn einer Städtebautheorie vorlegte.[47] Zum umfassendsten Standardwerk der Stadtplanungsgeschichte wurde dann für lange Zeit Pierre Lavedans ab 1926 erscheinende „Histoire de l'urbanisme".[48] Alle diese Werke stellten historische Beispiele als Erfahrungen des Städtebaus bereit, die damit als Anregungen für aktuelle Entwürfe zur Verfügung standen.

Raymond Unwin propagierte und nutzte breites geschichtliches Wissen als Grundlage der neuen Disziplin der Stadtplanung. In seinem Handbuch zu „Town Planning in Practice" forderte er 1909 eine „complete history of town development and town planning, with a classification of the different types of plan which have been evolved in the course of natural growth or have been designed at different periods by human art".[49] Diese „Klassifizierung unterschiedlicher Typen" sollte dann ganz direkt der zukünftigen Planung als Grundlage und Anregung dienen. Mit eben dieser pragmatischen Direktheit hatte er mit seinem Kollegen Barry Parker in seinen Entwürfen für Hampstead Garden Suburb mittel-

47 Préfecture du Département de la Seine, Commission d'Extension de Paris (Hg.), Aperçu historique, Paris 1913; Marcel Poëte, Une vie de cité. Paris de sa naissance à nos jours, 4 Bde., Paris 1924–31; Marcel Poëte, Introduction à l'urbanisme. l'évolution des villes, Paris 1929; Donatella Calabi, „Marcel Poëte. Pioneer of ‚l'urbanisme' and Defender of ‚l'histoire des villes'", in: Planning Perspectives 11 (1996), S. 413–436; Donatella Calabi, Parigi anni venti. Marcel Poëte e le origini della storia urbana, Venedig 1997.

48 Pierre Lavedan, Histoire de l'urbanisme, 3 Bde., Paris 1926–52.

49 Raymond Unwin, Town Planning in Practice. An Introduction to the Art of Designing Cities and Suburbs, 2. Aufl., London 1911, S. 104.

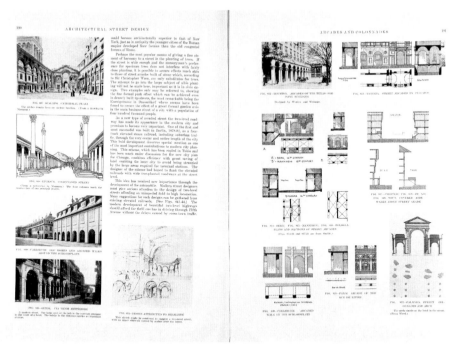

Abb. 9: Werner Hegemann and Elbert Peets, Arkaden und Kolonnaden, in: The American Vitruvius, 1922. Ein städtebauliches Element wird in einer chronologischen Folge dargestellt, die eine ewige Wiederkehr des Archetyps suggeriert.

alterliche Dorfanlagen rezipiert, die er als ideale Typen ebenfalls in „Town Planning in Practice" abbildete (Abb. 7, 8).

Das ultimative Kompendium einer kochfertig servierten Geschichtsrezeptur bietet Werner Hegemann und Elbert Peets' „American Vitruvius. An Architects' Handbook of Civic Art" von 1922, das mit über 1.200 Abbildungen aus mehr als 3.000 Jahren Städtebaugeschichte illustriert ist.[50] Die Vielfalt historischer Formen ist hier nach städtebaulichen Elementen und Typen geordnet, die im Laufe der Geschichte immer wieder aufgegriffen und modifiziert wurden – und in genau derselben Weise auch in Zukunft gebraucht werden könnten. Um diese Art der ewigen Wiederkehr angemessen darzustellen, komponierten die Autoren Bildtafeln mit ähnlichen Motiven in chronologischer Folge und schufen damit subtile Verbindungen zwischen weit auseinanderliegenden Perioden (Abb. 9). Dieses Vorgehen gleicht dem zur selben Zeit unternommenen Versuch Aby Warburgs, die Wanderungen antiker Pathosformeln in den Tafeln seines Mnemosyne-Atlas bildlich dar-

---

50 Werner Hegemann/Elbert Peets, The American Vitruvius. An Architects' Handbook of Civic Art, New York 1922; Christiane Craseman Collins, Werner Hegemann and the Search for Universal Urbanism, New York 2005.

zustellen.[51] Im Unterschied zu Warburg ging es Hegemann und Peets jedoch nicht um die Darstellung realer historischer Überlieferung mit der psychisch motivierten magischen Wiederkehr archaischer Typen, sondern um eine aufgeklärt pragmatisch-enzyklopädische Zusammenstellung historischer Stadtformen nach einem von ihnen entworfenen System, um dem zukünftigen Städtebau als Vorbild und Anregung nützlich zu sein.[52] Die Übernahme historischer Formen sollte dabei nicht aus vorgeblichen historischen Entwicklungsgesetzen heraus erfolgen, sondern nach den Vorstellungen und Bedürfnissen der jeweiligen Gegenwart als gleichsam kritische Rezeption.

Vertretern historischer Wiederholungen war der Rückgriff auf vielfältigste Formen der Vergangenheit grundsätzlich erlaubt. Kaum jemand glaubte jedoch im 20. Jahrhundert an zyklische Wiederkehr oder an das Wiederaufleben ganzer Epochen, wie es teilweise der Historismus des 19. Jahrhunderts erhofft hatte. Sehr viel verbreiteter war ein pragmatischer Eklektizismus, der je nach Bedarf und Lage auf Entwurfsleistungen der Vergangenheit zugriff.

5. Schluss

Wer auch immer im 20. Jahrhundert Städtebau betrieb, historisches Wissen spielte eine entscheidende Rolle – selbst Avantgardisten waren bisweilen dezidierte Geschichtskenner. Dass sich Architekten und Planer auf die Geschichte bezogen, bestimmte noch keine Entwurfshaltung. Entscheidender war vielmehr, wie sie sich auf die Geschichte bezogen. Und hier gab es gewaltige Unterschiede, die im Geschichtsbild der jeweiligen Akteure begründet lagen. Die Vertreter des Bruchs und des radikalen Wandels konnten (und wollten) nicht an bestehende Stadtformen anknüpfen. Vertreter der anderen Geschichtsbilder dagegen – und auch sie waren Protagonisten der Moderne – konnten, wollten oder mussten gar vorhandene Stadtformen rezipieren.

Jedes der hier untersuchten Geschichtsbilder wurde durchgehend im 20. Jahrhundert vertreten. Keineswegs kann man deshalb von einem Ersetzen des einen Geschichtsbildes durch ein anderes oder von einer Entwicklung oder gar notwendigen Entwicklung der Geschichtsbilder ausgehen. Die „Wahl" des Geschichtsbildes scheint vielmehr von gesellschaftlichen, politischen oder kulturellen Grundeinstellungen abhängig, die beim jeweiligen Autor in einer gewissen Unabhängigkeit zu den für das Gebiet des Städtebaus zutreffenden Geschichtskonzeptionen stehen.

Erstaunlich ist, dass über diese grundlegenden Geschichtsbilder von den Protagonisten nicht reflektiert wurde – in keinem der untersuchten Texte findet man Begründungen dafür, warum nun angeblich ewige Gesetze gelten oder ein radikaler Wandel unausweichlich sei. Dieses Phänomen hält übrigens bis heute an: So sehr sich Modernisten und Traditio-

---

51 Martin Warnke (Hg.), Aby Warburg. Der Bilderatlas Mnemosyne, Berlin 2000.

52 Wolfgang Sonne, „Bilder, Geschichte und Architektur. Drei wesentliche Bestandteile der Städtebautheorie in Werner Hegemanns und Elbert Peets' American Vitruvius", in: Scholion. Bulletin der Stiftung Bibliothek Werner Oechslin, Bd. 2, 2002, S. 122–133.

nalisten gerne in ihren architektonischen Ansichten gegenüberstehen, so sehr verzichten sie gerne beide auf eine begründende Reflexion ihres Geschichtsbildes. Ganz im Gegenteil: Dieses wird eher durch emphatische Behauptungen beschworen als durch kritische Überlegungen begründet. Verbreitetstes Beispiel einer solchen Beschwörung ist die Forderung nach dem „Zeitgenössischen" durch die Modernisten: Nur im Kontext der Annahme des radikalen Wandels macht sie Sinn – begründen vermag sie diesen Wandel aber keineswegs.

Was also Not täte, wäre eine kritische Reflexion der Gründe und Implikationen der unterschiedlichen Geschichtsbilder. Dabei würde sich wahrscheinlich zeigen, dass sich diese zumeist aus religiösen und politischen Zusammenhängen, Ideologien und Weltbildern speisen – und von dort wohl auch ihre unversöhnliche moralische Kraft beziehen. Weiterhin wäre zu untersuchen, inwiefern denn politisch oder religiös generierte Geschichtsbilder eine Berechtigung haben, auf Phänomene der Architektur und des Städtebaus angewandt zu werden. Auch wenn „Freiheit, Gleichheit, Brüderlichkeit" revolutionär in die Weltgeschichte eintraten – haben sich damit zugleich notwendig die Bedingungen zur Anlage von Straßen und Häusern geändert?

Doch bevor all diese Fragen umfassender geklärt sind, empfiehlt sich wohl zunächst eine pragmatische Wende im Umgang mit der Geschichte in Architektur und Städtebau. Wir sollten uns nicht länger durch ein letztlich unbegründetes Geschichtsbild die Möglichkeit aus der Hand schlagen lassen, aus den Erfahrungen der Geschichte zu lernen. Statt der Fortsetzung der Bruch-Ideologie, die uns die Anwendung historischer Erfahrungen verbietet, sollten wir Geschichtsbilder testen, die uns den Reichtum der gemachten architektonischen und städtebaulichen Erfahrungen für die Gegenwart und Zukunft erschließen lassen. Denn nicht die Geschichte bestimmt unser Geschichtsbild, sondern unser Geschichtsbild bestimmt unseren Umgang mit der Geschichte.

ABBILDUNGSNACHWEIS

Abb. 1 aus: Willy Boesiger (Hg.), Le Corbusier et Pierre Jeanneret. Oeuvre complète de 1910–1929, Zürich 1937

Abb. 2 aus: Vittorio Magnago Lampugnani/Romana Schneider (Hg.), Moderne Architektur in Deutschland 1900 bis1950. Expressionismus und Neue Sachlichkeit, Stuttgart 1994

Abb. 3, 4 aus: Erwin Anton Gutkind, The Twilight of Cities, New York und London 1962

Abb. 5 aus: Paul Zucker, Town and Square. From the Agora to the Village Green, New York/London 1959

Abb. 6 aus: Volker Welter, Biopolis. Patrick Geddes and the City of Life, Cambridge, Mass., 2002

Abb. 7, 8 aus: Raymond Unwin, Town Planning in Practice. An Introduction to the Art of Designing Cities and Suburbs, London 1909

Abb. 9 aus: Werner Hegemann/Ebert Peets, The American Vitruvius. An Architect's Handbook of Civic Art, New York 1922

Beate Störtkuhl

„MODERNISIERTE GOTIK" VERSUS NEOKLASSIZISMUS – KONKURRIERENDE GESCHICHTSBILDER ZWISCHEN DEUTSCHLAND UND POLEN IN DER ARCHITEKTUR DER 1920ER-JAHRE IN SCHLESIEN

Zu den kulturellen Begleiterscheinungen der Nationalisierungsprozesse des 19. und frühen 20. Jahrhunderts in Europa gehören historisch-retrospektive Bezugnahmen in der Architektur und in der Kunst. National kodierte historische Stile bzw. Stilkonstrukte wie die „deutsche Renaissance" lieferten das Formenrepertoire dazu. Obwohl die künstlerischen Reformbewegungen um 1900 sich dezidiert gegen die Stilkopien des Historismus richteten, kamen auch sie nicht ohne Traditionsbezüge aus: Das Bürgerhaus „um 1800" und ländliche Bauweisen dienten als Inspirationsquellen für einen „Heimatstil" vor allem im Wohnungsbau; für Repräsentationsbauten wurde bevorzugt auf das Repertoire des Klassizismus rekurriert.

Nach dem Ersten Weltkrieg erhielt die Suche nach nationalen Ausdrucksformen neuen Auftrieb: Die neugegründeten Staaten Ostmitteleuropas setzten ebenso wie der Kriegsverlierer Deutschland auf gebaute Manifestationen ihrer Macht- und Repräsentationsansprüche. Im Folgenden soll dieses Phänomen am Beispiel der umstrittenen Grenzregion Schlesien betrachtet werden, wo sich in den 1920er-Jahren eine „modernisierte Gotik" auf der deutschen und ein „moderner Klassizismus" auf der polnischen Seite gegenüberstanden. Zu fragen ist dabei nach gegenläufigen Konzepten ebenso wie nach eventuellen künstlerischen Interaktionen zu beiden Seiten der Grenze.

Sowohl der bereits zeitgenössisch gebrauchte Begriff der „modernisierten Gotik"[1] wie auch der von Andrzej K. Olszewski in den späten 1960er-Jahren eingeführte Terminus „moderner Klassizismus" (nowoczesny klasycyzm)[2] verweisen darauf, dass es sich nicht um Kopien, sondern um Adaptionen bzw. Transformationen historischer Stile handelte –

---

1 [o. A.]: Das Hochhaus am Ring in Beuthen, in: Oberschlesien im Bild, Jg. 4, Nr. 34, 19.08.1927, S. 2f.
2 Andrzej K. Olszewski, Nowa forma w architekturze polskiej 1900–1925 [Die neue Form in der polnischen Architektur 1900–1925], Wrocław – Warszawa – Kraków 1967, S. 31. In der polni-

schen Kunsthistoriographie ist der Begriff etabliert, so folgt z.B. Waldemar Odorowski, Architektura Katowic w latach międzywojennych 1922–1939 [Architektur in Kattowitz in der Zwischenkriegszeit 1922–1939], Katowice 1994, den Begriffskategorien Olszewskis.

Abb. 1: Tadeusz Michejda, Lucjan Sikorski: Syndikat der Polnischen Eisen- und Stahlhütten in Kattowitz (Katowice), ul. Lompy, 1928–1930

jeweils mit dem Ziel, geschichtliche Kontinuität zu evozieren. Diese Formen einer traditionsbezogenen – „konservativen" – Moderne finden erst allmählich ihren Platz im Kanon der von der Avantgarde dominierten Architekturgeschichte des 20. Jahrhunderts.[3]

Im 19. und frühen 20. Jahrhundert gab es in den Ländern nördlich der Alpen mehrere *gothic revivals*, die in die jeweiligen nationalen Geschichtsnarrative integriert wurden – so zogen etwa die tschechischen Kubisten eine Traditionslinie von der böhmischen Spätgotik über die „Barockgotik" Santini-Aichels zu den prismatischen gesplitterten Formen ihrer eigenen Projekte.[4]

In Deutschland lebte seit Goethes Aufsatz über das Straßburger Münster der Mythos des deutschen Ursprungs der Gotik fort. Die Fakten der Chronologie, die für Frankreich sprachen, suchte man durch den Verweis auf die Entwicklung einer „deutschen Sondergotik" (Kurt Gerstenberg 1913) zu relativieren.[5] Essentiell für die Verbindung des „Geists der Gotik" (Scheffler 1916) mit dem „Geistigen in der Kunst" (Kandinsky 1911)[6] der Moderne waren jedoch vor allem die Schriften Wilhelm Worringers, die in der Kulturszene zu „Bestsellern" wurden.

3 Wegweisend war dafür der erste Teil der Ausstellungstrilogie des Frankfurter Architekturmuseums: Vittorio Magnago Lampugnani, Romana Schneider (Hg.), Moderne Architektur in Deutschland 1900 bis 1950. Bd. 1: Reform und Tradition, Stuttgart 1992.

4 Vgl. Alena Janatková, Barockrezeption zwischen Historismus und Moderne. Die Architekturdiskussion in Prag 1890–1914, Zürich/Berlin 2000,

S. 81–118; Peter Haiko, Das Prisma der Moderne versus die Pyramide der neuen Architektur. Das theoretische Fundament des tschechischen Kubismus, in: Monika Wenzl-Bachmayer (Hg.), Cubiczmus! Die Dekonstruktion der Moderne in Prag, Wien 2009, S. 46–59.

5 Kurt Gerstenberg, Deutsche Sondergotik, München 1913.

1907 erschien die Erstauflage von *Abstraktion und Einfühlung. Ein Beitrag zur Stil-psychologie*, worin Worringer die Gotik als höchste Errungenschaft des naturfernen, vergeistigten – „abstrakten" – Kunstwollens des „nordischen Menschen" beschrieb und in Gegensatz zur sich in die Welt harmonisch „einfühlenden" Klassizität der „romanischen Völker" setzte.[7] Mit der Einordnung in ein umfassenderes kunsthistorisches System gelang Worringer ein Schlüsselwerk der sogenannten völkerpsychologischen Deutung künstlerischer Ausdrucksformen. Worringers Texte wurden herangezogen, um die neuartige und kontrovers aufgenommene Malerei und Plastik des Expressionismus als „Ausdruckskunst" in der geistigen Nachfolge der „deutschen" Gotik zu legitimieren. Wie sich diese Ideen bis in die 1920er-Jahre weiterentwickelten zu chauvinistischen Abgrenzungen vor allem gegen die französische Moderne, hat Magdalena Bushart für die bildende Kunst dargelegt;[8] vergleichbare Tendenzen lassen sich ebenso in der Baukunst nach dem Ersten Weltkrieg feststellen.

Im Bereich der Architektur war um 1910 von Ausdruckskunst, von Expressionismus, noch nicht die Rede, sondern vielmehr von „Versachlichung". Einflussreiche Reformer wie Peter Behrens, Hermann Muthesius oder Paul Mebes setzten in jenen Jahren auf den Modus „um 1800" – einen reduzierten Klassizismus, vorzugsweise mit ausladenden Dächern, die den in der Heimatschutzbewegung und im Deutschen Werkbund engagierten Architekten als typisch „deutsch" galten.[9] Mit Verweisen auf Goethes Weimar und auf Schinkel ließ sich auch hier eine nationale Traditionslinie konstruieren. Noch auf der Kölner Werkbundausstellung von 1914 dominierte diese Strömung – doch wurde dieser Auftritt nunmehr bereits als „Versammlung seniler Akademiker" kritisiert.[10]

Für Aufsehen sorgte hier hingegen Bruno Tauts kleines „Glashaus" mit einer Spitzkuppel aus Metall und farbigem Glas, deren Lichteffekte an die Kristall- und Edelsteinsymbolik der Gotik erinnerten. Taut verdankte seine Idee nicht allein Paul Scheerbarts literarischen Visionen gläserner Städte, auf die er sich explizit bezog. Seine „Glasarchitektur" hatte gebaute Vorbilder: Hans Poelzigs Wasserturm in Posen (1911) und Max Bergs Jahrhunderthalle in Breslau (1910–1913), die sich bei nächtlicher Illumination in leuchtende

6 Karl Scheffler, Der Geist der Gotik, Leipzig 1916.

7 Wilhelm Worringer, Abstraktion und Einfühlung. Ein Beitrag zur Stilpsychologie, Leipzig [7]1919, S. 147. (Erstauflage Neuwied 1907; 1911 erschien bereits die 3. Auflage). Der Folgeband: Wilhelm Worringer, Formprobleme der Gotik, München 1911, erreichte schon 1912 die 3. Auflage.

8 Magdalena Bushart, Der Geist der Gotik und die expressionistische Kunst. Kunstgeschichte und Kunsttheorie 1911–1925, München 1990.

9 Vgl. insbesondere die Hinweise auf die zeitgenössische Rezeption in Deutschland und Russland bei Tilmann Buddensieg, Die Kaiserliche deutsche Botschaft in Petersburg von Peter Behrens, in: Martin Warnke (Hg.), Politische Architektur in Europa vom Mittelalter bis heute, Köln 1984, S. 374–398.

Die verschiedenen Ideenstränge fügte Arthur Möller van den Bruck, Der preußische Stil, München 1916, kompilatorisch geschickt zu einem nationalistisch motivierten Ästhetikkonzept zusammen. Das Buch erlebte bis 1945 mehrere Auflagen. Vgl. Thorsten Kühsel, Der „Preußische Stil" – Arthur Möller van den Brucks Stilkonstruktion, in: Ruth Heftrig/Olaf Peters/Barbara Schellewald (Hg.), Kunstgeschichte im „Dritten Reich". Theorien, Methoden, Praktiken, Berlin 2008, S. 205–223.

10 Walter Curt Behrendt, Die Deutsche Werkbund-Ausstellung in Cöln, in: Kunst und Künstler 12 (1914), S. 617.

Kristalle verwandelten. Die beiden Breslauer Architekten äußerten in jenen Jahren mehrfach ihre Faszination für die konstruktiven Leistungen der Gotik, die sie für ihre Bauten kreativ adaptierten.[11] Die damaligen Besprechungen, etwa von Walter Gropius (1911) oder dem Kritiker Adolf Behne, betonten die „Logik" und „Sachlichkeit" beider Werke; der zeitgenössische Gotik- und Expressionismus-Diskurs der bildenden Kunst wurde damals noch nicht auf die Architektur bezogen.[12] Erst im Kontext des Kölner Werkbundstreits 1914 über die künftige Ausrichtung des Reformbündnisses zwischen Typisierung (Muthesius) und künstlerischer Individualität (van der Velde) versuchte Adolf Behne eine Definition expressionistischer Baukunst: „[…] der expressionistische Architekt […] steigt in das Wesen seiner Aufgabe ganz tief und ganz gespannt hinab, […] er schafft alles ganz von innen."[13]

Die Kriegserfahrung vertiefte die Sehnsucht nach einem gesellschaftlichen und künstlerischen Neuanfang. In den utopischen Projekten des *Arbeitsrats für Kunst* und des frühen Bauhauses wurde die gotische Kathedrale zum Symbol der Erneuerung, sowohl in den Gestaltungselementen als auch im Ideal einer gemeinschaftlich organisierten Bauhütte, in der die Architektur die übrigen Künste führt.[14] Walter Gropius griff dabei das Gegensatzpaar „klassisch" – „gotisch" auf und forderte eine „Europäische Geistesrevolution […], die Auseinandersetzung zwischen der alten Weltanschauung, die auf der klassischen Bildung fußt, und einer völlig neuen, gotischen, die im Expressionismus ihre ersten Sinnbilder findet."[15]

Der Breslauer Stadtbaurat Max Berg erklärte anlässlich der Proklamation der Räterepublik in der Jahrhunderthalle im November 1918 seinen Bau nunmehr feierlich zum „Dom der Demokratie".[16] Im nach dem Krieg ausbrechenden „Hochhausfieber" der deutschen Architektenschaft kamen Bergs Überlegungen zum Bau von „Geschäftshochhäusern an

---

11 U. a. Hans Poelzig, Der neuzeitliche Fabrikbau, in: Der Industriebau 2 (1911), S. 100–105.

12 Z. B. Walter Gropius, Monumentale Kunst und Industriebau. Vortrag am 10. April 1911 im Hagener Folkwang-Museum, zit. nach dem Abdruck bei Hartmut Probst, Christian Schädlich, Walter Gropius, Bd. 3: Ausgewählte Schriften, Berlin 1988, S. 28–51; Adolf Behne, Romantiker, Pathetiker und Logiker im modernen Industriebau, in: Preußische Jahrbücher 1913, Bd. 154 (Okt.–Dez.), S. 171–174. Noch 1916 verwies der junge Breslauer Architekt Theodor Effenberger, ganz im Sinne der Äußerungen Poelzigs, lediglich auf Parallelen hinsichtlich der „Verschmelzung von Konstruktion und Form"; vgl. Theodor Effenberger, Die Chemische Fabrik A.-G. vorm. Moritz Milch & Co. in Luban bei Posen, in: Der Industriebau 7 (1916), S. 97–105, hier S. 99.

13 Adolf Behne, Zur neuen Kunst (Sturm-Bücher 7), Berlin 1915, zit. nach dem Wiederabdruck bei Haila Ochs (Hg.), Adolf Behne. Architekturkritik

in der Zeit und über die Zeit hinaus. Texte 1913–1946, Basel/Berlin/Boston 1994, S. 49.

14 Flugblatt Arbeitsrat für Kunst, erschienen erstmals am 18.12.1918; zit. nach Manfred Schlösser, Arbeitsrat für Kunst. Berlin 1918–1921, Berlin 1980, S. 87. Zentral zur Architektur des Expressionismus um 1920 ist Wolfgang Pehnt, Die Architektur des Expressionismus, Stuttgart 1998[3]. Das Weiterleben als „modernisierte Gotik" in den späteren 1920er-Jahren behandelt Pehnt dabei nur kurz im Ausblick.

15 Walter Gropius an Lily Hildebrandt, November/Dezember 1919, zit. nach: Peter Hahn, Black Box Bauhaus, in: Rolf Bothe (Hg.), Das frühe Bauhaus und Johannes Itten, Ostfildern 1995, S. 24.

16 Paul Löbe, Erinnerungen eines Reichstagspräsidenten, Berlin 1949, S. 49. Der in Liegnitz/Legnica geborene sozialdemokratische Politiker Paul Löbe (1875–1967) war 1920 bis 1932 Reichstagspräsident.

Abb. 2: Karl Maurer: Erweiterungsbau des Oberlyceums in Oppeln (Opole), 1926, Terracotta-Figuren von Thomas Myrtek

Beispielen für Breslau"[17] eine Schlüsselstellung zu – sowohl in ästhetischer und städtebaulicher Hinsicht als auch als Bindeglied zwischen den utopischen Entwürfen aus dem Taut-Umfeld und den später realisierten Bauten. Das konstruktive Skelett seiner Hochhausprojekte sollte wie die Jahrhunderthalle aus Stahlbeton bestehen und mit Glas ausgefacht werden. Filialartige Gebilde auf den aufstrebenden Vertikalstützen und durchbrochene Zackenkronen sorgen für eine „gotische" Anmutung der Entwürfe.

Berg beschwor die deutsche Überlegenheit, indem er sein Konzept einer sozial und städtebaulich durchdachten „Kathedrale der Arbeit"[18] mit der amerikanischen „Spekulationsarchitektur" kontrastierte. Deutschland werde damit „die Führung in der Gestaltung des künstlerischen Ausdrucks der menschlichen Arbeit übernehmen."[19] Hier zeigt sich die politische Implikation der deutschen Hochhausbegeisterung: Die ambitionierten Planungen sollten die kulturelle Potenz und den nationalen Behauptungswillen des Kriegsverlierers demonstrieren. In diesem Kontext avancierte die „deutsche Gotik" nunmehr auch in der Architektur zur Bezugsgröße eines nationalen Stilgefühls. An die Stelle der „Aus-

---

17 Berg publizierte seine Ideen mehrfach: Max Berg, Der Bau von Geschäftshochhäusern in Breslau zur Linderung der Wohnungsnot, in: Stadtbaukunst in alter und neuer Zeit 1 (1920), S. 99–104, 115–118; Ders., Der Bau von Geschäftshochhäusern in den Großstädten zur Linderung der Wohnungsnot mit Beispielen für Breslau, in: Ostdeutsche Bauzeitung 18 (1920), S. 273–277; Ders., Hochhäuser im Stadtbild, in: Wasmuths Monatshefte für Baukunst 6 (1921/22), S. 101–120; Ders., Die deutsche Hochhausbauweise, in: Deutsche Bauhütte 26 (1922), S. 54–60; Ders., Das Hochhaus- und Cityproblem für Deutschland, in: Zentralblatt der Bauverwaltung 48 (1928), S. 236–240.

18 Berg, Geschäftshochhäuser in den Großstädten [wie Anm. 17], S. 277. Vgl. dazu Jerzy Ilkosz/Beate Störtkuhl (Hg.), Hochhäuser für Breslau 1919–1932, Delmenhorst 1997.

19 Berg, Geschäftshochhäuser in den Großstädten [wie Anm. 17], S. 277.

*Abb 3: Max Berg:
Nicht ausgeführter
Entwurf für ein
Hochhaus am
Lessingplatz
(pl. Powstańców
Warszawy) in
Breslau*

druckskunst" expressionistischer Solitäre, welche die Architekten im Umfeld des *Arbeits-rats für Kunst* mit sozialreformerischen und demokratischen Ideen verbunden hatten, trat die national-konservative Konnotation einer „modernisierten Gotik", die an das Erbe der Vergangenheit anknüpfte und nach dem Ersten Weltkrieg besonders in den Grenzregionen des Deutschen Reiches politische Symbolkraft erhielt.

Der Backsteinbau stand im Mittelpunkt dieses spezifischen *gothic revival* der 1920er-Jahre.[20] Fritz Höger, der Architekt des Hamburger Chilehauses (1922–1924), entwickelte eine mystische Theorie des Backsteins als germanisch-nordischer Baustoff. Er rekurrierte auf die mittelalterliche Hanse, deren Blütezeit mit der Ausbreitung der „deutschen Sonder-gotik" vom Niederrhein bis in den Ostseeraum zusammengefallen sei.[21] Durch intensive Berichterstattung wurde das Chilehaus zum Symbol des deutschen Wiederaufstiegs nach dem Krieg und zum ‚Flaggschiff' eines als Nationalstil verstandenen Expressionismus.[22] Weitere Backstein-Hochhäuser entstanden im selben Zeitraum im französisch besetzten Rheinland – notabene eine Region ohne Backsteintradition –, sowie in der Hauptstadt Berlin. Der Boom dieser monumental verstandenen „modernisierten Gotik" setzte mit der Fertigstellung der genannten Vorbilder um 1924 ein, zu einem Zeitpunkt, als die vormali-

20 Einen wesentlichen Anstoß zur Popularisierung einer modernen Backsteinarchitektur hatte Fritz Schumacher, seit 1909 Stadtbaurat in Hamburg, mit seinen dortigen Vorkriegswerken gegeben. Dabei warnte er allerdings ausdrücklich vor einer Verengung auf „Heimatkunst", vor allem aber davor „den Stilbegriff der Gotik mit diesem Backsteinbegriff [zu] verkoppeln." Fritz Schuma-cher, Das Wesen des neuzeitlichen Backstein-baus, München 1920, S. 9, 89, 147f.

21 Fritz Höger, Der neue deutsche Baustil. In: Deut-sche Bauzeitung 63 (1929), S. 575.

22 Zur Rezeptionsgeschichte vgl. Manfred F. Fi-scher, Das Chilehaus in Hamburg. Architektur und Vision, Berlin 1999, S. 57–67; Zitat Höger dort auf S. 59.

Abb. 4: Fritz Höger:
Chile-Haus in Hamburg,
1922–1924

gen Wortführer einer expressionistischen Baukunst sich bereits für eine „internationale Architektur" begeisterten.[23]

In den deutschen Ostprovinzen, die durch Gebietsabtretungen von den Kriegsfolgen besonders betroffen waren, erfreute sich der Duktus großen Zuspruchs: „Es ist der Geist der Gotik, der da aufklingt. Norddeutsches Blut rauscht und triumphiert in neuer Baukunst. […] Möge die Hoffnung sich bestätigen, daß in unserem Backstein wir heute mehr denn je das moderne Baumaterial im deutschen Osten haben", schrieb die Ostdeutsche Bauzeitung.[24] Hier wurde eine Traditionslinie zu der mittelalterlichen „deutschen" Ostkolonisation gezogen, die, so die Lesart der zeitgenössischen Historiographie, diese Regionen überhaupt erst kultiviert habe – woraus man politische Besitzansprüche in der Gegenwart ableitete.

---

23 Vgl. Walter Gropius, Internationale Architektur (Bauhausbücher 1), München 1925.

24 H. Bahn, Neue Gestaltungswege im Backsteinbau, in: Ostdeutsche Bauzeitung 24 (1926), S. 65f.

Abb. 5: Karl Schabik: Nicht ausgeführter Entwurf für ein neues Rathaus am Reichspräsidentenplatz in Gleiwitz (Gliwice), erste Version, Ende 1921

In den oberschlesischen Grenzstädten Beuthen, Gleiwitz und Hindenburg wurde das neue Formenrepertoire rasch aufgegriffen. An den Entwürfen des Gleiwitzer Stadtbaurats Karl Schabik für einen neuen Rathauskomplex des – nach dem Verlust von Kattowitz – neuen deutschen Verwaltungszentrums der Industrieregion lässt sich der Stilwandel der frühen 1920er-Jahre gut beobachten: Schabiks erstes Projekt von 1921 zeigt einen massiven Riegel mit einem zentralen, sich verjüngenden Turmblock, der an neoklassizistische Hochhausbauten in den USA erinnert – und an deren Rezeption in Bruno Möhrings Hochhausprojekten für Berlin.[25] 1924/25 legte Schabik dann eine „deutsche" Hochhausvariante mit gotisierenden Details vor, die den Mittelpunkt einer grandiosen Platzanlage bilden sollte. Der helle Lichtschein, in den die Zeichnung das Rathaus taucht, erinnert an die Überhöhungen der „Stadtkrone" bei Bruno Taut, die Baugestalt an Bergs Breslauer Entwürfe. Zwei niedrigere, vierflügelige Komplexe fassen den Hochhausbau ein und greifen schiffsbugartig in den Platz aus – der „Bug" des Hamburger Chile-Hauses faszinierte Schabik offensichtlich, er verwendete das Motiv Ende der 1920er-Jahre erneut beim Gleiwitzer Eichendorff-Gymnasium.

Wie viele geplante Großprojekte jener Jahre blieb der Rathauskomplex aus Geldmangel auf dem Papier stehen; lediglich die flankierenden Mehrfamilienhäuser kamen mit Stufengiebeln, dreieckigen Gauben- und Türaufsätzen sowie „gotischen" Konsolfiguren zur Ausführung.[26] Auch diese Wohnhäuser hatte Schabik zunächst im Stil „um 1800" geplant – wovon die Pilas-

25 Eva Frömmchen/Florian Zimmermann/Bruno Möhring, Studien und Projekte 1920/21, in: Florian Zimmermann (Hg.), Der Schrei nach dem Turmhaus, Berlin 1988, S. 246–255.
Die Planungen für einen Rathausneubau begannen bereits 1895; vgl. Bogdan Małusecki, Niezre-alizowane projekty budowy nowego ratusza w Gliwicach [Nicht ausgeführte Entwürfe für ein neues Rathaus in Gleiwitz], in: Rocznik Muzeum w Gliwicach 14 (1999), S. 119–169.

26 Der in Georg Geisler [u. a.], Gleiwitz, eine oberschlesische Stadt (Monographien deutscher

Abb. 6: Karl Schabik: Nicht ausgeführter Entwurf für ein neues Rathaus am Reichsprä-sidentenplatz in Gleiwitz (Gliwice), zweite Version, 1924/25

tergliederung beibehalten ist. Die Änderung zeigt, wie Dreiecksfiguren und Zackenkronen zu schmückenden Applikationen ohne organische Einbindung in den Baukörper wurden. Die von den Zeitgenossen daher bald spöttisch „Dreiecksmoderne"[27] genannte Formensprache verband sich mit der Ästhetik des Art déco – und vermochte zugleich das hohe „deutsche" Dach der Heimatschutzbewegung zu bewahren. In Beuthen wurde unter anderem das Polizeipräsidium in diesem Duktus realisiert; aufgrund der symbolischen Aufladung der gotisierenden Formen erfreute er sich besonders bei Bildungsbauten großer Beliebtheit, galten Schulen doch als „Trutzburg(en) deutschen Kulturschatzes in der Grenzmark".[28]

Die deutsch-nationale Vereinnahmung der „Gigantik des gotischen Geistes" (Fritz Höger)[29] wurde in den Nachbarländern mit Befremden registriert. Le Corbusier, der sich vor dem Ersten Weltkrieg selbst fasziniert mit dem Konstruktionssystem der Gotik befasst hatte, kommentierte bissig: „Die systematische Anwendung der Vertikalen in Deutschland ist ein Mystizismus […].„[30]

Städte 12), Berlin-Friedenau 1925, S. 113, publizierte Entwurf zeigt die Wohnbebauung noch ohne die Treppengiebel. Der Autor der Konsolfiguren ist nicht bekannt.

27 G. A. Behrens, Architektur-Fließarbeit, in: Die Baugilde 10 (1928), S. 1670f.

28 Zit. nach Eberhard von Zalewski, Geschichte der Lateinschule in Rauden/Oberschlesien und des Friedrich-Wilhelm-Gymnasiums in Gleiwitz anläßlich des 222. und 150. Gründungstages 1744–1816–1966, Bottrop 1966, S. 86.

29 E. H. [Fritz Höger?], Vom alten Hamburger Kaufmannshaus zum Chilehaus, in: Hamburg, die Welt- und Handelsstadt, Wochenend-Sonderbeilage des Hamburger Fremdenblattes vom 19. 11.1924, zit. nach Fischer, Chilehaus [wie Anm. 22], S. 59; dort Fritz Höger zugeschrieben.

30 L.C-S [Le Corbusier-Saugnier], Curiosité? Non: anomalie!, in: L' Esprit nouveau. H. 9, Juni 1921, S. 1017:
„L' emploi systématique de la verticale, en Allemagne, est un mysticisme […]".
Vgl. Pierre Vaisse, Le Corbusier et le gothique, in: Revue d'Art 118 (1997), S. 17–27.

KATOWICE. Gmach Wojewódzki. KATOWICE. L'édifice de la Voïevodie.

Abb. 7: Kazimierz Wyczyński, Ludwig Wojtyczko, Stefan Żeleński und Piotr Jurkiewicz: Schlesischer Sejm und Wojewodschaftsamt in Kattowitz (Katowice), 1923–1929

In der neugegründeten polnischen Wojewodschaft Schlesien wurden Gotikbezüge in den Wettbewerben für die wichtigsten Repräsentationsbauten Schlesiens – Regierungsgebäude und Dom – explizit ausgeschlossen. Der Ausschreibungstext zum Wettbewerb für das Parlaments- und Wojewodschaftsgebäude forderte, „in der Hauptstadt unserer westlichen Grenzregionen einen monumentalen Bau zu errichten, der unsere Kultur widerspiegelt, im Gegensatz zur Kultur des eroberungssüchtigen Volkes, die ihren Ausdruck im gegenwärtigen Sejm-Gebäude findet, einem Bau von trefflich norddeutschem Charakter."[31] Letzteres bezog sich auf die typisch preußische Verwaltungs-Neogotik der ehemaligen Baugewerkschule, wo das Schlesische Parlament, der Sejm, provisorisch tagte. Dass die Formulierung im Ausschreibungstext auch auf den aktuellen Gotikdiskurs im Nachbarland zielte, darf als sicher gelten: Die polnischen Fachzeitschriften berichteten regelmäßig über das deutsche und internationale Architekturgeschehen, deutsche Fachzeitschriften wurden insbesondere von polnischen Architekten, die vor 1918 im österreichischen oder preußischen Teilungsgebiet gelebt hatten, selbstverständlich rezipiert.[32]

Die Wahl des „Nationalstils" fiel bis in die späten 1920er-Jahre im polnischen Oberschlesien ebenso wie in der neuen Wojewodschaft Pomorze, dem vormaligen Westpreußen, eindeutig aus: Im Verwaltungsbau knüpfte man an den Klassizismus an, den letzten

---

31 [o. A.]: Konkurs na projekt gmachu Województwa Wojewódzkiego i Sejmu Śląskiego [Sonderheft zum Wettbewerb Wojewodschaftsamt und Schlesischer Sejm in Katowice], in: Architekt 18 (1923), H. 6, S. 45: „[…] stworzenie w stolicy naszych zachodnich kresów budynku monumentalnego, który byłby odzwierciedleniem naszej kultury, w przeciwieństwie do kultury zaborczego narodu,

której wyrazem jest obecny gmach sejmowy, budowla o wybitnie północnoniemieckim charakterze."

32 Dazu Beate Störtkuhl, Moderne Architektur in Schlesien 1900–1939. Baukultur und Politik (Schriften des Bundesinstituts für Kultur und Geschichte der Deutschen im östlichen Europa 45), München 2013, S. 212, 224–226, 231f.

„eigenen" Stil vor dem Verlust der Eigenstaatlichkeit Polens im späten 18. Jahrhundert. Im Sakralbau dominierten Anlehnungen an den Barock, als Symbol des katholischen, gegenreformatorischen Polens.

Das schlesische Parlaments- und Wojewodschaftsgebäude der Krakauer Architekten Kazimierz Wyczyński, Ludwik Wojtyczko, Stefan Żeleński und Piotr Jurkiewicz präsentierte sich den Zeitgenossen „mit renaissancehaften Umrissen [...] im neoklassizistischen Stil" als „imponierende und riesige Masse".[33] Den fünfgeschossigen, vierflügeligen Bau akzentuieren bastionsartige Eckpavillons; der Parlamentssaal bildet den Mittelpunkt des flachgedeckten Komplexes. Die Westfront, über die der Zugang zum Sejm erfolgt, ist als Hauptfassade ausgebildet und durch eine kolossale Reihe kannelierter Pfeiler gegliedert. Eine breite, von Kandelabern auf mächtigen Sockeln eingefasste Treppenanlage entrückt den Eingangsbereich der Straße. Die universelle Formensprache des Neoklassizismus konnte erst durch die Ikonographie eine nationale Aussage erhalten: Die ionischen Kapitelle der Pfeiler und Pilaster an den Außenfronten tragen den polnischen Adler, die Friese sind mit Reliefs geschmückt, die als Attribute der Republik Liktorenbündel und Schilde mit den Initialen RP für Rzeczpospolita Polska/Republik Polen zeigen.[34] Als das Gebäude nach fünfjähriger Bauzeit im Mai 1929 eingeweiht wurde, nannte der Wojewode Michał Grażyński es ein „steingewordenes Symbol polnischer Kultur und Macht".[35]

Bis in die späten 1920er-Jahre entstanden alle profanen Repräsentationsbauten im polnischen Schlesien – vom Syndikat der Polnischen Eisen- und Stahlhütten bis zur Technischen Berufsfachschule – in den Formen eines „modernen Klassizismus".

Die Bezüge zu den kristallinen Formen der „modernisierten Gotik" in der polnischen Architektur und Kunst der 1920er-Jahre waren dennoch enger, als die skizzierten Vorbehalte vermuten lassen. Die aus der Gotik abgeleitete Lichtmystik und die Ästhetik der kristallinen Splitterung faszinierten auch die polnischen Expressionisten, die sich vor dem Ersten Weltkrieg in Krakau als „Formisten" (Formiści), in Posen als Gruppe „Bunt" (Aufruhr) zusammenfanden. Beide Vereinigungen standen vor allem über den Berliner *Sturm*-Kreis in engem Austausch mit ihren deutschen Kollegen.[36] Wie in Deutschland wurde

---

33 Henryk Zawadowski, Roboty Publiczne [Öffentliche Arbeiten], in: Województwo Śląskie 1918–1928. Rozwój Administracji samorządowej Województwa Śląskiego w zarysie. Informator i Przewodnik po wystawie Województwa Śląskiego na Powszechnej Wystawie Krajowej w Poznaniu, Katowice 1929, S. 140–162, hier S. 155: „Na zarysach renesansowych [...] w stylu neoklasycznym [...] tworzy imponującą i potężną masę" – Zawadowski 1929, S. 155.

34 Zur Ikonographie des Sejm-Gebäudes vgl. Helena Surowiak, Gmach Urzędu Wojewódzkiego i Sejmu Śląskiego w Katowicach oraz jego program ideowy [Das Gebäude des Wojewodschaftsamts und des Schlesischen Sejm in Kattowitz

und sein ikonographisches Programm], in: Rocznik Katowicki 11 (1983), S. 160–170. 1983; Odorowski, Architektura Katowic [wie Anm. 2], S. 57–60.

35 Zitat Grażyński: „powzieliśmy między innymi myśl wybudowania [...] gmachu, [...] który by był materialnym symbolem kultury i potęgi polskiej", in: Polska Zachodnia, 2. Mai 1929, zit. nach Odorowski, Architektura Katowic [wie Anm. 2], S. 55.

36 Vgl. Piotr Łukaszewicz, Jerzy Malinowski, Expresjonizm w sztuce polskiej [Expressionismus in der polnischen Kunst]. Ausstellungskatalog, Wrocław 1980, S. 5–32.

Abb. 8: Dekor an der ehemaligen Landeswirtschaftsbank im polnischen Kattowitz (Katowice), 1930

dabei unter anderem auf die „nationale" Tradition rekurriert; so entdeckte Jan Sas-Zubrzycki, Architekt und Professor an der Technischen Universität Lemberg (Lwów), den „Weichselstil" als gleichsam polnische „Sondergotik".[37] Die Volkskunst der polnischen Gebirgsregionen lieferte Vorbilder für die folkloristisch-expressive „polnische Dekorationskunst" (polska sztuka dekoracyjna) der Zwischenkriegszeit, die als Variante des Art déco insbesondere in der Raumgestaltung und im Kunsthandwerk als „Nationalstil" fungierte. Mehrfach nutzte die Zweite Republik diesen Modus zur architektonischen Selbstdarstellung: Auf der *Exposition des Arts Décoratifs* in Paris 1925 präsentierte sich Polen mit einem Pavillon, dessen Verwandtschaft mit den Kristallhäusern der deutschen Expressionisten unverkennbar ist.[38]

Im polnischen Oberschlesien verdankte der junge Architekt Tadeusz Michejda seine Faszination für den Expressionismus den Krakauer Formisten ebenso wie dem Studium

---

37 Jan Sas-Zubrzycki, Styl nadwiślański jako odcień sztuki średniowiecznej w Polsce [Der Weichselstil als Nuance der mittelalterlichen Kunst in Polen], Kraków 1910. Dazu Wojciech Bałus, Krakau zwischen Tradition und Wegen in die Moderne. Zur Geschichte der Architektur und der öffentlichen Grünanlagen im 19. Jahrhundert, Stuttgart 2003, S. 43–47.

38 Sergiusz Michalski, Pawilon polski na Wystawie Sztuki Dekoracyjnej w Paryżu w 1925 roku a szklane wieże ekspresjonistów [Der polnische Pavillon auf der Pariser Ausstellung dekorativer Kunst 1925 und die gläsernen Türme der Ex-pressionisten], in: De Gustibus. Studia ofiarowane przez przyjaciół Tadeuszowi Stefanowi Jaroszewskiemu z okazji 65 rocznicy urodzin, Warszawa 1996, S. 228–236; Beate Störtkuhl, Ausstellungsarchitektur als Mittel nationaler Selbstdarstellung: Die „Ostdeutsche Ausstellung" 1911 und die „Powszechna Wystawa Krajowa" 1929 in Posen/Poznań, in: Jacek Purchla/ Wolf Tegethoff (Hg.) mit Christian Fuhrmeister und Łukasz Galusek, Nation, Style, Modernism (CIHA [Comité international d'histoire de l'art] Papers 1), Kraków/München 2006, S. 237–255.

Abb. 9: Tadeusz Michejda: Eigenes Haus an der ul. Poniatowskiego in Kattowitz (Katowice), 1926–1928

bei Sas-Zubrzycki.[39] Michejda, ein Patriot, der mit der Waffe für die polnische Unabhängigkeit gekämpft hatte, war eine der Hauptfiguren der Kattowitzer Architekturszene der Zwischenkriegszeit. Für den Schlesischen Architektenbund, den er 1925 initiierte, entwarf er ein Signet mit einem expressionistischen Turmhaus, das ebenso gut dem frühen Bauhaus entstammen könnte. Im ersten Entwurf seines Kattowitzer Wohnhauses vom Herbst 1926 gliedern Pilaster mit kristallinem Kapitelldekor die streng symmetrisch angelegte Eingangsfront. Die Altanbrüstung formiert sich zur Dreiecksfigur, die ihre Entsprechung im Dreiecksfenster des Dachaufbaus findet; spitzkelchige Vasen auf der Gartenmauer komplettieren das Bild. In der Ausführung sind diese dekorativen Elemente bis auf die Portalnische und die beiden Fassadenreliefs in der Art spätmittelalterlicher Künstlerdarstellungen zugunsten einer neoklassizistischen Gestaltung verschwunden – eine Selbstzensur Michejdas angesichts der „deutschen" Konnotation der Gotik?

Gleichzeitig breiteten sich die kristallinen Dekorationsformen jedoch auch im polnischen Oberschlesien aus. Dabei zeigten „polnische Dekorationskunst" und deutsche „Dreiecksmoderne" zu beiden Seiten der Grenze frappierend ähnliche Schmuckformen, die auf den oben skizzierten gemeinsamen ‚Ideenpool' zurückzuführen sind und die in der 1925 in Paris erfolgreich popularisierten Mode des Art déco aufgingen.

In Deutschland ließen die Debatten um das ornamentlose Neue Bauen den Stern der dekorativen „Dreiecksmoderne" bald sinken: Als Gegenentwurf zur auf der Stuttgarter

---

39 „Verflucht – es gibt keine Rettung mehr. Ich bin ein Formist reinsten Wassers – aus Überzeugung. Ich sehe, dass in dieser Richtung Kraft liegt [...]" – Tagebucheintrag Tadeusz Michejdas vom 15.04.1922, zit. nach Odorowski, Architektura Katowic [wie Anm. 34], S. 78.

Abb. 10: Stadtbauamt Beuthen: Nicht ausgeführter Entwurf der Baugewerkschule in Beuthen, erste Version, 1925

Werkbundausstellung 1927 präsentierten „internationalen neuen Baukunst"[40] rückte der Modus „um 1800" mit hohem „deutschen Dach" wieder in den Vordergrund.

Als Reflex dieser Diskurse ist die Planungsgeschichte der Baugewerkschule im oberschlesischen Beuthen zu lesen, ein Prestigeobjekt, für das die Stadt nach intensivem Ringen den Zuschlag bekam.[41] Im Juli 1925 entstand im Stadtbauamt ein erster Entwurf für ein Grundstück am Stadtpark, eine Dreiflügelanlage mit ‚Ehrenhof', hohem Walmdach und gotisierenden Spitzblenden sowie kristallförmigen Figurennischen. Gotisierende Motive finden sich auch in einigen Einsendungen zum Wettbewerb, der im Frühjahr 1926 für einen veränderten Standort am Moltkeplatz (pl. Sobieskiego) ausgeschrieben wurde; der Schulbau sollte nun als Teil einer komplexen Platzgestaltung konzipiert werden.[42]

Dem 1926–1928 schließlich realisierten Projekt des Oppelner Architekten Oskar Goltz fehlen alle Attribute der „modernisierten Gotik". Die kubischen Formen und die horizontalen Einfassungen der Fensterreihen scheinen auf den ersten Blick Reflexe des Neuen Bauens sein, das, vermittelt durch die Breslauer Kunstakademie, gerade in Schlesien Fuß fasste. Der symmetrisch angelegte H-förmige Bau mit dem ausgreifenden Mitteltrakt und den Arkaden des Haupteingangs ist jedoch vielmehr dem monumentalen,

---

40 Ludwig Hilberseimer (Hg.), Internationale Neue Baukunst (im Auftrag des Deutschen Werkbundes), Stuttgart 1927; erschienen im Rahmen der Stuttgarter Werkbundausstellung 1927.

41 Um die Einrichtung der Baugewerkschule in Nachfolge der nach der Teilung Oberschlesiens 1922 aus Kattowitz abgezogenen Vorgängerinstitution hatten sich mehrere Städte beworben. Zur

Planung und Ausführung in Beuthen vgl. Störtkuhl, Moderne Architektur [wie Anm. 32], S. 198–200; 302–304.

42 Der Jury gehörte neben dem Beuthener Stadtbaurat Albert Stütz u. a. Hermann Muthesius als Zuständiger für die Baugewerkschulen im preußischen Handelsministerium an.

Abb. 11: Oskar Goltz: Baugewerkschule am Moltkeplatz (pl. Jana Sobieskiego) in Beuthen (Bytom), 1926–1928

auf wenige Würdemotive reduzierten Neoklassizismus im polnischen Teil Oberschlesiens verpflichtet, allen voran dem im Bau befindlichen Parlaments- und Wojewodschaftsgebäude. Auf ein „deutsches Dach", das, wie erwähnt, in den zeitgenössischen Kontroversen gegen das Neue Bauen eine Hauptrolle spielte, wurde verzichtet. Möglicherweise war dies der Erkenntnis geschuldet, dass das heimelige hohe Dach in großen Dimensionen eher behäbig denn repräsentativ und monumental wirkt, wovon sich Goltz anhand des gerade fertiggestellten Neubaus der Reichsbahndirektion in Oppeln überzeugen konnte. Bei der Wahl des Baumaterials dürfte die Konnotation des Backsteins als „germanischer" Baustoff[43] nach wie vor eine Rolle gespielt haben. Unübersehbar ist jedenfalls, dass hier ein Konkurrenzentwurf zum neuen Regierungsforum im polnischen Kattowitz intendiert war: Die Baugewerkschule war der erste Abschnitt der großzügigen Neuplanung des Moltkeplatzes als Kulturforum mit der (letztlich nicht realisierten) Volkshochschule und dem Oberschlesischen Museum – ein Ort der Didaktik, der einem breiten Publikum die richtige, „deutsche" Lesart der oberschlesischen Geschichte und Gegenwart nahebringen sollte.

Die Genese dieser Platzanlage ist ohne den Blick über die Grenze ebenso wenig zu verstehen wie die „polnische Dekorationskunst" ohne Berücksichtigung der engen Verbindungen der expressionistischen Künstlergruppen Mitteleuropas in der Vorkriegszeit. Obwohl jede Seite versuchte, bestimmte architektonische und künstlerische Formen zum jeweils eigenen „Nationalstil" zu erklären, fand ein gleichsam subkutaner Ideentransfer statt, der die verbalen Abgrenzungen als „Bollwerk deutscher Kultur" respektive

---

43 Höger, Der neue deutsche Baustil [wie Anm. 21].
   Höger sprach vom „echt germanischen Wesen […]
   der Backsteingotik".

als „Vorposten polnischen Geistes" schlicht unterlief – noch bevor sich Ende der 1920er-Jahre auf beiden Seiten das Neue Bauen durchsetzte und bis zur Machtergreifung der Nationalsozialisten zumindest im Feld der Architektur politische Grenzen verwischte.

ABBILDUNGSNACHWEIS

Abb 1, 2, 8, 9 Foto: Beate Störtkuhl

Abb 3 Muzeum Architektury we Wrocławiu/Architekturmuseum Breslau

Abb. 4 aus: Deutsche Bauzeitung 58 (1924)

Abb. 5 aus: Georg Geisler (u.a.), Gleiwitz, eine oberschlesische Stadt (Monographien deutscher Städte 12), Berlin-Friedenau 1925

Abb. 6 aus: Magistrat Gleiwitz (Hg.), Gleiwitz. Bearb. von Stadtbaurat (Karl) Schabik (Deutschlands Städtebau), Berlin-Halensee 1928

Abb. 7, 11 Archiv Beate Störtkuhl

Abb. 10 aus: Karl Kasperkowitz (Hg.), Die deutsche Stadt Beuthen O/S und ihre nächste Umgebung (Monographien deutscher Städte 15), Berlin-Friedenau 1925

Klaus Tragbar

„DER GEIST DER TRADITION".[1]
ANMERKUNGEN ZU HISTORIZITÄT UND ERINNERUNG
IN DER ITALIENISCHEN MODERNE

Das Bekenntnis zu Geschichte und Erinnerung und zu einer Weiterentwicklung des architektonischen Erbes bildet ein grundlegendes Element der italienischen Architektur im 20. Jahrhundert. Eine Ausnahme bildet nur der Futurismus, dessen polemische Kampfansage an das erstarrte kulturelle Leben Italiens der Vergangenheit eine klare Absage erteilt: „Für die Sterbenden, für die Kranken, für die Gefangenen mag es ruhig so sein: – die bewundernswürdige Vergangenheit ist vielleicht ein Balsam für ihre Leiden, da ihnen die Zukunft versperrt ist […] Aber wir wollen von der Vergangenheit nichts mehr wissen, wir jungen und starken Futuristen!"[2]

Dagegen propagierte die in Mailand beheimatete Bewegung des Novecento um Giuseppe de Finetti, Alberto Lancia, Giovanni Muzio und Giò (Giovanni) Ponti die Weiterentwicklung eines auf der Architektur des frühen 19. Jahrhunderts beruhenden Neoklassizismus, der in abstrahierter Form wiederbelebt werden sollte.[3] National sollte diese Architektur sein und unabhängig von ausländischen Entwicklungen, modern und gleichzeitig den unvergänglichen Werten der baulichen Tradition Italiens verpflichtet (Abb. 1). Muzio hatte schon 1921 in einem Aufsatz zur Mailänder Architektur eine Reaktion auf „das Durcheinander und den sich verschärfenden Individualismus der heutigen Architektur"[4] gefordert und die Wiederherstellung der Ordnung gefordert, die er vor allem in der Architektur des kaiserzeitlichen Rom, in der des 16. Jahrhunderts und im Klassizismus verwirklicht sah.[5]

---

1 Das Eingangszitat ist den „Quattro Note" des Gruppo Sette entnommen; vgl. Anm. 7 und 11.

2 „Per i moribondi, per gl'infermi, pei prigionieri, sia pure: – l'ammirabile passato è forse un balsamo ai loro mali, poiché per essi l'avvenire è sbarrato … Ma noi non vogliamo più saperne, del passato, noi, giovani e forti futuristi!" Filippo Tommaso Marinetti, Le Futurisme, in: Le Figaro 55 (1909), Nr. 51 (20. Februar 1909); Luciano De Maria (Hg.), Filippo Tommaso Marinetti. Teoria e invenzione futurista, Mailand 1983, S. 11. – Die Übersetzungen stammen, wenn nicht anders angegeben, vom Verfasser; sie folgen, wo erforderlich, eher dem Sinn einer Formulierung als deren wörtlicher Übertragung.

3 Vgl. Annegret Burg, Stadtarchitektur Mailand 1920–1940, Basel 1992.

4 „[…] alla confusione ed all'esasperato individualismo dell'architettura odierna," Giovanni Muzio, L'architettura a Milano intorno all'ottocento, in: Emporium 53 (1921), Nr. 317, S. 241–258, hier S. 258; Giuseppe Gambirasio/Bruno Minardi (Hg.), Giovanni Muzio. Opere e scritti, Mailand 1982, S. 224–233.

5 Giovanni Muzio, Alcuni architetti d'oggi in Lombardia, in: Dedalo 11 (1931), S. 1082–1119, hier S. 1092.

Abb. 1: Mailand, Ca'Brütta, Ansicht von Süden (Giovanni Muzio, 1919–1922)

Die Suche des Novecento nach den ewig gültigen Gesetzen der Kunst und Architektur, in der sich auch Parallelen zur Pittura Metafisica finden lassen, fiel in Rom ebenfalls auf fruchtbaren Boden. Mit den Akademikern um Marcello Piacentini existierte hier eine weitere, gleichfalls dem kulturellen Substrat Italiens verpflichtete Strömung. Die Scuola Romana hatte, trotz des anfänglichen Stilpluralismus des faschistischen Regimes, stets die institutionelle Macht auf ihrer Seite; ihre Dominanz rührte auch daher, dass sich ihr monumentaler Neoklassizismus mit seiner simplifizierten Antikerezeption dem Publikum leichter mitteilte als die metaphysischen Entwürfe des Novecento oder die abstrakten des Rationalismus (Abb. 2).

Als avantgardistische Gegenposition zu Novecento und Scuola Romana nahm der 1926 begründete Gruppo Sette, eine Vereinigung junger Absolventen des Politecnico di Milano,[6]

---

6 Ubaldo Castagnola, Luigi Figini, Guido Frette, Sebastiano Larco, Gino Pollini, Carlo Enrico Rava und Giuseppe Terragni. Castagnola verließ ein Jahr später den Gruppo Sette, seinen Platz nahm Adalberto Libera ein.

Abb. 2: Bolzano/ Bozen, Monumento alla Vittoria, Ansicht von Osten (Marcello Piacentini, 1928)

ebenfalls für sich in Anspruch, national zu sein und das architektonische Erbe weiterzuentwickeln; den programmatisch internationalen Charakter der europäischen Avantgarden lehnt er eindeutig ab. Der neue Stil solle durch Abstraktion und Reduktion der Architektur auf einige wenige, durch Selektion perfektionierte Grundtypen auf der Basis der Elementarkörper entstehen (Abb. 3). Auch die Architektur des Imperium Romanum habe nur auf vier oder fünf verschiedenen Typen basiert, deren Schema noch in der entferntesten Provinz beibehalten wurde; der Geist der Antike sei es, der neu interpretiert werden müsse, nicht die Formen.

In seinen 1926/27 erschienenen, programmatischen „Quattro Note" schrieb der Gruppo Sette gleich zu Beginn: „Ein ‚neuer Geist' wurde geboren",[7] und suggerierte damit eine Verwandtschaft zum *esprit nouveau* von Le Corbusier. Dieser hatte ab 1920/21 in der

---

7 „È nato uno ‚spirito nuovo'." Gruppo Sette, Architettura e una nuova epoca arcaica. Quattro note, in: La Rassegna Italiana (1926/12, 1927/2, 1927/3, 1927/5); wiederabgedruckt bei Enrico Mantero (Hg.), Giuseppe Terragni e la città del razionalismo italiano, Bari 1983, S. 57–87, hier

Abb. 3: Como, Casa del Fascio, Ansicht von Westen (Giuseppe Terragni, 1932–1936)

Zeitschrift „L'Esprit Nouveau" seine programmatischen Aufsätze veröffentlicht und sie 1923 in Buchform zusammengefasst.[8] Darin heißt es gleich an mehreren Stellen: „Ein neuer Geist ist in der Welt."[9] Bei näherer Betrachtung stellt sich freilich der *spirito nuovo* des Gruppo Sette als ein eher entfernter Verwandter des *esprit nouveau* von Le Corbusier heraus. Diesen bezeichnet der Gruppo Sette zwar gemeinsam mit Peter Behrens, Erich Mendelsohn, Ludwig Mies van der Rohe und Walter Gropius als einen der europäischen Architekten, die „Architekturen erschaffen, die direkt mit den Erfordernissen unserer Zeit verbunden sind, und die aus diesen Erfordernissen eine neue Ästhetik schaffen."[10] In einer knappen Übersicht über die Architekturszene in Deutschland, Österreich, Holland, Schweden und Finnland hatte der Gruppo Sette zuvor jedoch ausdrücklich sowohl deren nationale Eigenschaften als auch deren vollkommenen Einklang mit Klima und Landschaft betont. Eine Erneuerung der italienischen Architektur durch Übertragung deutscher oder österreichischer Formen lehnte er daher klar ab, was sicher auch als Reaktion auf die Polemiken um Marcello Piacentini verstanden werden kann. Dieser hatte 1918 im Stadtzentrum von Rom den Cinema Teatro Corso mit einer an der Wiener Sezession orientierten Fassade errichtet, worauf ihm, im aufgeheizten politischen Klima kurz nach dem 1. Welt-

S. 57; deutsch bei Ulrich Pfammatter, Moderne und Macht. Razionalismo – Italienische Architekten 1927–1942 (Bauwelt Fundamente 85), Braunschweig, Wiesbaden [2]1996, S. 164–187.

8 Le Corbusier, Vers une architecture, Paris 1923; deutsch: Kommende Baukunst, Stuttgart 1926, bzw. 1922. Ausblick auf eine Architektur (Bauwelt Fundamente 2), Braunschweig, Wiesbaden [4]1984, vgl. Ulrich Conrads (Hg.), Programme und Manifeste zur Architektur des 20. Jahrhunderts (Bauwelt Fundamente 1), Braunschweig, Wiesbaden [2]1981, S. 56–59.

9 Conrads, Programme [wie Anm. 8], S. 57, 59.

10 „[…] creano delle architetture strettamente collegate con le necessità dei nostri tempi, e da queste necessità ricavano un'estetica nuova." Mantero, Terragni [wie Anm. 7], S. 58.

krieg, *esterofilia,* Auslandsfreundlichkeit, und, schlimmer noch, *tedeschismo,* Deutsch-tümelei, vorgeworfen wurden. Piacentini musste die Fassade überarbeiten und die sezessi-onistischen Dekorationselemente auf eigene Kosten entfernen lassen.

Damit zog der Gruppo Sette eine deutliche Trennlinie zum Internationalen Stil – auch wenn dieser zu diesem Zeitpunkt noch nicht so genannt wurde – und forderte eine ebenso moderne wie an der Vergangenheit orientierte, national und regional geprägte Architektur:

> „Besonders bei uns existiert ein so starkes klassisches Substrat, der Geist der Tradition (nicht die Formen, das macht einen Unterschied) ist in Italien so tief verankert, dass ganz offen-sichtlich, und fast in mechanischer Weise, die neue Architektur gar nicht anders kann, als eine für *uns* [im Original kursiv, Verf.] typische Prägung zu erhalten."[11]

Historismus und Eklektizismus lehnte der Gruppo Sette ebenso eindeutig ab wie den Fu-turismus, dessen „systematische Zerstörung der Vergangenheit" er als eine „noch immer gänzlich romantische Konzeption"[12] bezeichnete. Stattdessen bekannte sich der Gruppo Sette ausdrücklich zu Historizität und Erinnerung: „Der Wunsch der Jungen nach einem neuen Geist basiert also auf einer sicheren Kenntnis der Vergangenheit, er ist nicht auf Sand gebaut […] Es besteht keine Unvereinbarkeit zwischen unserer Vergangenheit und unserer Gegenwart. Wir wollen keinen Bruch mit der Tradition: Es ist die Tradition, die sich wandelt […]."[13]

Der *spirito nuovo* des Gruppo Sette trägt freilich auch dem nationalen Pathos des in der zweiten Hälfte der 1920er-Jahre immer selbstbewusster auftretenden faschistischen Regimes Rechnung. „Es ist an Italien", schreibt er, „dem neuen Geist die höchste Ent-wicklung zuteil werden zu lassen und ihn bis zu den äußersten Konsequenzen zu treiben, bis dahin, den anderen Nationen wie in den großen Epochen der Vergangenheit einen *Stil* [im Original kursiv, Verf.] zu diktieren."[14] Mit den „großen Epochen der Vergangen-heit" sind das Imperium Romanum und die Renaissance gemeint, das geht aus anderen Textstellen klar hervor.

Die „Quattro Note" sind ein Schlüsseltext zum Verständnis der italienischen Moderne. Vieles darin ist sicherlich den Zeitläuften geschuldet: Das nationale Pathos, das die italieni-sche Gesellschaft – und nicht nur diese – durchzog, das ausgeprägte Sendungsbewusstsein junger Architekten, die ihren Platz in dieser Gesellschaft suchten; auch mag der Wunsch nach Planungs- und Bauaufträgen in einer wirtschaftlichen schwierigen Zeit seine Rolle

---

11 „Da noi esiste un tale substrato classico e lo spiri-to della tradizione (non le forme le quali sono ben diversa cosa) è così profondo in Italia, che evidentemente e quasi meccanicamente la nuova architettura non potrà non conservare una tipica impronta *nostra*." Ebd., S. 62.

12 „[…] sistematica distruzione del passato, di con-cetto ancora così romantico." Ebd., S. 59.

13 „Il desiderio dunque di uno spirito nuovo nei giovani è basato su una sicura conoscenza del passato, non è fondato sul vuoto […] Tra il pas-sato nostro e il nostro presente non esiste incom-patibilità. Noi non vogliamo rompere con la tra-dizione: è la tradizione che si trasforma […]". Ebd., S. 59.

14 „Stà all'Italia di dare allo spirito nuovo il massi-mo sviluppo, di portarlo alle sue consequenze estreme, fino a dettare alle altre nazioni uno *stile*, come nei grandi periodi del passato." Ebd., S. 58.

gespielt haben. Der zentrale Gedanke der „Quattro Note" jedoch, dass der „neue Geist" in der Architektur Italiens ein „Geist der Tradition" sein sollte und dass die neue Architektur Italiens seiner Geschichte und seinem Nationalcharakter verpflichtet sein sollte, dieser Gedanke war weder den Zeitläuften noch der Ideologie des Faschismus geschuldet, sondern geht zurück auf den Risorgimento und den Nationalismus des 19. Jahrhunderts.

ITALIEN, DIE NATION UND DIE GESCHICHTE

Der „Geist der Tradition" in einer nationalen Konnotation erscheint erstmals vier Jahre nach der Proklamation des Königreichs Italien am 17. März 1861. 1865 publizierte Pierluigi Montecchini (1822–1887) seine Überlegungen zu einer nationalen italienischen Architektur, in denen er sich ausführlich mit dem architektonischen Erbe Italiens und seiner Anwendbarkeit in der Gegenwart beschäftigte.[15] Montecchini hatte 1848 für die Unabhängigkeit Italiens gekämpft und war als Leitender Architekt und Ingenieur in der Staatlichen Bauverwaltung und als Professor an der Accademia di Belle Arti in Parma tätig.[16] In seiner Schrift würdigt er den *genio italiano*, der die Nation bereits zweimal, in der Antike und der Renaissance, zu einer kulturellen Blüte geführt habe und der auch derzeit noch kraftvoll und wirksam sei. Montecchini unterscheidet in der Architektur eine *parte organica o costruttiva*, die einen universellen Charakter habe, und eine *parte estetica*, die national sein müsse; dazu schreibt er: „[…] ausländische Bauten könnten vortrefflich sein, [dennoch] müsse ihre Verwendung aus Gründen der Nationalität immer ausgeschlossen werden."[17] Weiter meint er, dass „die Kunst, außer dass sie national ist, den Charakter der Epoche annehme, in der ihre Werke entstehen."[18] Daher sind für ihn die historischen Architekturen, die in einer anderen Epoche und in einer anderen Gesellschaft entstanden sind, prinzipiell für das neue Italien ungeeignet; mit Blick auf den *genio italiano* und dessen Blüte in Antike und Renaissance schlägt er dennoch – und nicht ganz konsequent – eine Synthese aus dem *stile romano* und dem *stile risorgimento, o cinquecento* als nationale italienische Architektur vor.

Montecchinis Gedankengänge lassen sich zum Teil auf den Mailänder Architekten und Professor für Zeichnen Francesco Taccani (1780/81–1854) zurückführen. Dieser hatte

---

15 Pierluigi Montecchini, Sulla possibilità e la convenienza di un nuovo stile nazionale d'architettura in ordine alla condizione politica e sociale del Regno d'Italia. Studi e proposta, Turin 1865. Zur Diskussion um einen italienischen Nationalstil im 19. Jahrhundert vgl. Klaus Tragbar, „Fatta l'Italia, bisogna fare …" eine nationale italienische Architektur, in: Damian Dombrowski (Hg.), Kunst auf der Suche nach der Nation. Das Problem der Identität in der italienischen Malerei, Skulptur und Architektur vom Risorgimento bis zum Faschismus, Berlin 2013, S. 102–119.

16 Vgl. Marco Maderna, Camillo Boito. Pensiero sull'architettura e dibattivo coevo (Quaderni del Dipartimento di Conservazione e Storia dell'Architettura 10), Mailand 1995, S. 78; Roberto Lasagni, Dizionario biografico dei Parmigiani, 4 Bde., Parma 1999, Bd. 3, S. 584.

17 „[…] possano essere pregevoli le architetture straniere, […] dovremo sempre escluderne l'uso per causa di nazionalità." Montecchini, Nuovo stile [wie Anm. 15], S. 13.

18 „[…] l'arte, oltre ad essere nazionale, assuma il carattere dell'età in cui opera le produzioni sui." Ebd., S. 13.

1829 eine Publikation zur Architektur vorgelegt,[19] in der zwar (noch) nicht dezidiert von einer nationalen Architektur die Rede war, in der aber bereits wesentliche Grundlagen für die späteren Schriften nicht nur von Montecchini, sondern auch von Pietro Selvatico Estense und Camillo Boito, von denen noch die Rede sein wird, gelegt wurden. Taccani kam nach einer Analyse der historischen Entwicklung der Architektur zu dem Schluss, „[…] dass die alten Architekten, den Geboten des Bedarfs folgend, die Formen und die Proportionen ihrer Bauten nicht aus deren Äußerlichkeiten, sondern aus den Notwendigkeiten und den Materialien gewannen, mit denen sie errichtet wurden […]“[20] Auch wenn man von Rationalismus im Sinne des 20. Jahrhunderts vielleicht noch nicht sprechen kann, geht es Taccani doch offenbar weniger um die Formen als um die ihnen innewohnende architektonische Haltung.

Der bereits erwähnte, aus Padua stammende Pietro Selvatico Estense (1803–1880),[21] Architekt, Kunsthistoriker und Kunstkritiker, hatte zunächst Jura, dann Architektur studiert. Zahlreiche Reisen nach Deutschland, Frankreich und England hatten ihm den Blick dafür geschärft, dass Italien im europäischen Vergleich noch wenig entwickelt war, und sein Engagement für die soziale und kulturelle Entwicklung seiner Heimat Italien gefördert. Von 1850 bis 1857 lehrte Selvatico an der Accademia di Belle Arti in Venedig Ästhetik und Architekturgeschichte und reformierte den bis dahin üblichen, an Vignola orientierten klassizistischen Architekturunterricht; später wurde er Präsident der Accademia. Zu seinen wichtigsten Schriften zählen die „Scritti d'arte“[22] und die stark von den Hegelschen Vorlesungen über die Ästhetik[23] beeinflusste „Storia estetico-critica“.[24] Vor allem die Auffassung Hegels, dass man nur durch eine Untersuchung des historischen Kontexts von Werk und Künstler etwas über dessen Absichten erfahren und zu einem tieferen Verständ-

---

19 Francesco Taccani, Sulla origine la significazione e gli usi che si attribuiscono ai membri architettonici, Mailand 1829. Taccani hat darüber hinaus noch Werke zur Geometrie, zum Theaterbau und zur Architekturgeschichte vorgelegt, vgl. Necrologie. Francesco Taccani, architetto, in: Giornale dell'Ingegnere, Architetto ed Agronomo 2 (1854), S. 112; Elena Tamburini, Il luogo teatrale nella trattatistica italiana dell'800 dall'utopia giacobina alla prassi borghese (Biblioteca di cultura 250), Rom 1984, S. 95–101.

20 „[…] che gli architetti antichi, seguendo i dettami della necessità, cavarono le forme e le proporzioni dei loro edificj, non da cause estrinseche ai medesimi, ma dai bisogni e dalle materie colle quali erano costruitti," Taccani, Origine [wie Anm. 19], S. 104.

21 Vgl. Ulrich Thieme und Felix Becker (Hg.), Allgemeines Lexikon der bildenden Künstler von der Antike bis zur Gegenwart, 37 Bde., Leipzig 1907–1950, Bd. 30, S. 483; Jane Turner (Hg.), The Dictionary of Art, 34 Bde., London/New York 1996, Bd. 28, S. 391–393. Vgl. Camillo Boito, Pietro Selvatico nelle sue lettere, in: Nuova Antologia 16 (1881), S. 596–597; Franco Bernabei, Pietro Selvatico nella critica e nella storia delle arti figurative (Letture critiche 2), Vicenza 1974; Domizio Cattoi (Hg.), Pietro Estense Selvatico. Un architetto padovano in Trentino tra romanticismo e storicismo. Nuovi studi sulla cultura artistica dell'Ottocento (Kat. Trient und Mezzolombardo 2003), Trient 2003.

22 Pietro Selvatico, Scritti d'arte, Florenz 1859.

23 Georg Wilhelm Friedrich Hegel, Werke, 20 Bde., Frankfurt am Main 1970, Bde. 13–15, Vorlesungen über die Ästhetik 1–3.

24 Pietro Selvatico, Storia estetico-critica delle arti del disegno, ovvero l'Architettura, la pittura, la statuaria considerate nelle correlazioni fra loro e negli svolgimenti storici, estetici e tecnici. Lezioni dette nella I. R. Accademia di belle arti in Venezia, 2 Bde., Venedig 1852–1856.

nis seines Werkes kommen könne, findet sich bei Selvatico wieder. In den „Scritti d'arte" propagiert er die Architektur des Mittelalters als nationale italienische Architektur, ihm ging es darum, „eine nationale, dem christlichen Gedanken entsprechende Architektur ins Werk zu setzen".[25] Ähnlich hatte sich zuvor schon Luigi Tatti (1808–1881), Architekt und nachmaliger Präsident des Mailänder Collegio degli Ingegneri e Architetti geäußert.[26] Doch dürfe man sie nicht einfach kopieren, sondern müsse sie den heutigen Bedürfnissen anpassen, denn in der Architektur

> „[…] besteht das Neue im Konzept, nicht in den Elementen […] die Architektur ist wie die Sprache ein Symbol der Bedürfnisse; und wenn das Symbol […] sich nicht an der ewigen Harmonie des Schönen orientiert, die aus der Überlieferung der Väter […] entstand, wird es ein unzusammenhängendes Sammelsurium von Formen, ein willkürliches Kauderwelsch, dessen Bedeutung niemand versteht."[27]

1866, ein Jahr nach der Publikation, erschien in der Zeitschrift „Il Politecnico"[28] eine Antwort des Architekten und Kunstkritikers Camillo Boito (1836–1914) auf Montecchini.[29] Wie dieser war auch Boito der Ansicht, dass die Architektur des neuen Italiens national sein müsse. Anders als er aber glaubte Boito „felsenfest daran, dass man einen bestimmten italienischen Stil der vergangenen Jahrhunderte nehmen und ihn so verändern könne, dass er in der Lage ist, das Wesen unserer Gesellschaft zu repräsentieren, ihren Bedürfnissen und Anforderungen dienend, ohne dass er dadurch seinen nationalen und künstlerischen

25 „[…] per mettere in opera un'architettura nazionale conforme al pensiero cristiano". Selvatico, Scritti [wie Anm. 22], S. 371; vgl. Pietro Selvatico, Del Nuovo in Architettura, in: Giornale dell'Ingegnere, Architetto ed Agronomo, 2 (1854), Nr. 2, S. 267–271, 3 (1855), Nr. 2, S. 386–390.

26 Luigi Tatti, Dello stile gotico e delle questioni sulla sua applicabilità alle costruzioni moderne, in: Rivista Europea. Giornale di scienze morali, letteratura ed arti 5 (1847), S. 201–230; vgl. Stefano Della Torre, Architetto e ingegnere. Luigi Tatti (1808–1881), Mailand 1989.

27 „[…] il nuovo sta nel concetto, non negli elementi […] l'architettura è come la parola, un simbolo cioè dei bisogni; e se il simbolo […] non si lega alle eterne armonie del bello, venute dalle tradizioni de'padri […], esso diventa un disorganico accozzamento di forme, pari ad un gergo arbitrario, di cui nessuno conosce il significato." Selvatico, Scritti [wie Anm. 22], S. 306.

28 Die von Carlo Cattaneo herausgegebene Zeitschrift „Il Politecnico. Repertorio Mensile di Studj Applicati alla Prosperità e Coltura Sociale" erschien erstmals 1839. Sie behandelte wissenschaftlich-technische Themen ebenso wie künstlerisch-historische und setzte sich dezidiert für die Ideale des Risorgimento ein; zahlreiche Artikel widmeten sich dem künstlerischen Erbe Italiens und dessen Bewahrung und Restaurierung. 1844 wurde „Il Politecnico" aufgrund seines offensichtlich antiösterreichischen Geistes durch die habsburgische Zensur verboten, Cattaneo floh in die Schweiz ins Exil. Nach der Befreiung der Lombardei 1860 kehrte er zurück und gründete „Il Politecnico" neu. Ab 1866 wurden der geisteswissenschaftliche und der technische Teils des „Politecnico" getrennt publiziert, befördert wohl auch durch die Gründung des „Giornale dell'Ingegnere Architetto e Agronomo" 1853, der ähnlichen Idealen folgte wie „Il Politecnico". 1869 fusionierten beide Zeitschriften zu „Il Politecnico. Giornale dell'Architetto Civile e Industriale".

29 Camillo Boito, Bibliografia. Sulla possibilità e la convenienza di un nuovo stile nazionale di architettura in ordine alla condizione politica e sociale del Regno d'Italia, studii e proposta del professore Pierluigi Montecchini, in: Il Politecnico. Repertorio di studj letterarj, scientifici e tecnici, Parte tecnica 13 (1866), Nr. 1, S. 274–285.

Charakter verliert;"[30] er war überzeugt davon, „dass alle wissen, wie der Charakter der Nationalität aus der Geschichte kommt."[31] Wenig später wiederholte er diesen Gedanken und meinte, „damit die Architektur das Monument eines Zeitalters und eines Volkes sei, ist es nötig, sich innerlich mit der Vergangenheit zu verbinden: Der nationale Charakter entsteht aus dem historischen Charakter …".[32] In der Folge Boitos beschwor auch Domenico Gnoli 1897 die Notwendigkeit, das eigene Erbe zu kennen: „Es ist wichtig, für Kenntnisse unserer nationalen Persönlichkeit zu sorgen. Der alte italische Geist, der unseren Väter gewogen war, wird auch uns gewogen sein, wenn wir ihn mit dem Schrei: Italien! Italien! anrufen werden."[33]

Camillo Boito[34] war eine der engagiertesten Persönlichkeiten in der Diskussion um die nationale italienische Architektur und derjenige, der unermüdlich den Rekurs auf die Architekturgeschichte propagierte. Er hatte an der Accademia di Belle Arti in Venedig bei Francesco Lazzari (1791–1871)[35] und Pietro Selvatico studiert. 1856, mit knapp 20 Jahren, erhielt er eine Assistenzprofessur, die er aber Ende des Jahres aufgrund seiner antiösterreichischen Haltung aufgeben musste. 1860 wurde er als Nachfolger Friedrichs von Schmidt

---

30 „[…] fermissimamente che si possa pigliare un certo stile italiano dei secoli trascorsi e modificarlo così da renderlo atto a rappresentare l'indole della società nostra, servendone i bisogni e le esigenze, senza fargli perdere perciò il carattere suo nazionale ed artistico." Boito, Bibliografia [wie Anm. 29], S. 277.

31 „[…] che tutti sanno come il carattere di nazionalità venga dalla storia." Ebd., S. 278.

32 […] perché un'architettura sia monumento di una età e di un popolo, bisogna che si annodi intimamente al passato: il carattere nazionale viene dal carattere storico […], Camillo Boito, L'architettura nella nuova Italia, in: Nuova Antologia 7 (1872), Nr. 19, S. 755–773, hier S. 770.

33 „Quello che importa è d'instaurare la coscienza della nostra personalità nazionale […] L'antico genio italico che arrise ai nostri padri, non mancherà di arridire a noi, se lo invoceremo col grido: Italia! Italia!" Domenico Gnoli, Nazionalità e arte, in: Nuova Antologia 32 (1897), Nr. 151, S. 594–613, hier S. 613.

34 Vgl. Angelo De Gubernatis (Hg.), Dizionari degli artisti italiani viventi. Pittori, scultori e architetti, Florenz 1889, S. 62 f.; Thieme-Becker, Lexikon [wie Anm. 21], Bd. 4, S. 233–234; Dizionario biografico degli italiani, bisher 75 Bde., Rom 1960–2011, Bd. 11, S. 237–242; Paolo Portoghesi (Hg.), Dizionario enciclopedico di architettura e urbanistica, 6 Bde., Rom 1968–1969, Bd. 1, 1968, S. 388; Allgemeines Künstlerlexikon. Die Bildenden Künstler aller Zeiten und Völker, bisher 71 Bde., 12 Registerbde. und 4 Nachtragsbde., Leipzig [u. a.] 1992–2011, Bd. 12, S. 334–335; Dictionary of Art [wie Anm. 21], Bd. 4, S. 246–248. Vgl. Camillo Boito (Nachruf mit Schriftenverzeichnis), in: Cronaca delle belle arti 1 (1914), S. 49–52; Liliana Grassi, Camillo Boito (Architetti del movimento moderno 19), Mailand 1959; Maria Antonietta Crippa (Hg.), Camillo Boito. Il nuovo e l'antico in architettura (Di fronte e attraverso 223), Mailand 1988; Marco Maderna, Camillo Boito. Pensiero sull'architettura e dibattivo coevo (Quaderni del Dipartimento di Conservazione e Storia dell'Architettura 10), Mailand 1995; Guido Zucconi, L'invenzione del passato. Camillo Boito e l'architettura neomedievale 1855–1890, Venedig 1997; Marco Maderna (Hg.), Pensieri di un architetto del secondo Ottocento. Documenti e frammenti per una biografia intellettuale di Camillo Boito critico militante architetto, Mailand 1998; Guido Zucconi/Francesca Castellani/Maria Cristina Bandera Viani (Hg.), Camillo Boito. Un'architettura per l'Italia unita (Kat. Padua 2000), Venedig 2000; Maria Cristina Maiocchi, Camillo Boito e l'esposizione italiana di Belle Arti di Milano del 1872. Un laboratorio per l'arte italiana, in: Ricerche di storia dell'arte 73 (2001), S. 5–11.

35 Vgl. Thieme-Becker, Lexikon [wie Anm. 21], Bd. 22, S. 490; Portoghesi, Dizionario [wie Anm. 34], Bd. 3, S. 344.

(1825–1891) an die Accademia di Brera in Mailand berufen. Diesen Lehrstuhl behielt Boito bis 1909; von 1865 bis 1908 lehrte er zusätzlich am Politecnico di Milano. Doch nicht nur in seiner Betonung von Nation und Geschichte ist Boito einer der geistigen Väter der italienischen Moderne, auch mit seiner Auffassung, dass alle Bauphasen eines Gebäudes als Zeugnisse seiner Geschichte gleichwertig seien und moderne Ergänzungen klar erkennbar sein sollten, schuf er die geistigen Grundlagen der modernen Denkmalpflege, die sich in Italien in den Schriften von Gustavo Giovannoni und, in erweiterter Form, in der Charta von Athen wiederfindet.

GUSTAVO GIOVANNONI UND DER *AMBIENTISMO*

1913 hatte der römische Architekt und Denkmalpfleger Gustavo Giovannoni (1873–1947)[36] mit seiner Idee des *ambientismo* der historischen Stadt einen Weg in die Zukunft gewiesen und damit auch eine Alternative zum Futurismus und dessen polemischer Absage an die Geschichte formuliert.[37] Giovannoni dagegen verstand Architektur und Städtebau in historischer und geographischer Kontinuität und ging vom Weiterbestehen der alten Stadt aus, die für ihn sowohl einen Erinnerungs- als auch einen Gebrauchswert besaß. Bei ihrer Modernisierung billigte er der Umgebung, dem Ambiente, unmittelbaren Einfluss auf den Entwurf zu und forderte, den historischen Geist des Ortes in seiner räumlichen Konkretisierung zu respektieren. Von John Ruskin übernahm er die Vorstellung vom Wert der unscheinbaren, privaten Architektur, die ebenso wie der prächtigste Palast in der Lage sei, eine Verbindung zur Vergangenheit herzustellen.[38] Daraus entwickelte er die Idee einer „kleinen Architektur", allgemeiner formuliert als bei Ruskin und weniger moralisch als ästhetisch begründet. Giovannoni betonte den Wert des Ensembles und fasste es als einer der ersten unter dem Begriff des „städtebaulichen Erbes" zusammen.[39] Neben Pietro Selvatico und Camillo Boito wurde er durch Camillo Sitte, dessen romantischen Zug er freilich ablehnte, durch Ebenezer Howard, dessen Gartenstadtidee er auf ihre ästhetische Ebene reduzierte, sowie durch Charles Buls, Hermann Joseph Stübben und andere, dem künstlerischen Städtebau der Jahrhundertwende zuzurechnende Personen beeinflusst.

---

36 Vgl. Hans Vollmer (Hg.), Allgemeines Lexikon der bildenden Künstler des XX. Jahrhunderts, 6 Bde., Leipzig 1953–1962, Bd. 2, S. 251; Dizionario biografico degli italiani [wie Anm. 34], Bd. 56, S. 392–396; Portoghesi [wie Anm. 34], Bd. 2, S. 482 f.; Allgemeines Künstlerlexikon [wie Anm. 34], Bd. 55, S. 112–113; Dictionary of Art [wie Anm. 21], Bd. 12, 718–719. Vgl. Guglielmo de Angelis d'Ossat, Gustavo Giovannoni. Storico e critico dell'architettura (Quaderni di studi romani 15), Rom 1949; Alessandro Curuni, Riordino delle carte di Gustavo Giovannoni, Rom 1979; Alessandro del Bufalo, Gustavo Giovannoni, Rom 1982.

37 Gustavo Giovannoni, Vecchie città ed edilizia nuova, in: Nuova Antologia 48 (1913), Nr. 995, S. 449–472.

38 John Ruskin, Die sieben Leuchter der Baukunst, Leipzig 1900, VI. Betrachtung § 5; vgl. Françoise Choay, Das architektonische Erbe, eine Allegorie (Bauwelt Fundamente 109), Braunschweig, Wiesbaden 1997, S. 105–107.

39 Gustavo Giovannoni, Vecchie città ed edilizia nuova, Turin 1931, S. 113, 129, vgl. Choay, Erbe [wie Anm. 38], S. 146–152.

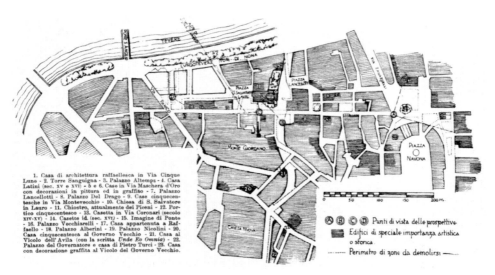

1. Casa di architettura raffaellesca in Via Cinque Lune - 2. Torre Sanguigna - 3. Palazzo Altemps - 4. Casa Latini (sec. XV e XVI) - 5 e 6. Case in Via Maschera d'Oro con decorazioni in pittura ed in graffito - 7. Palazzo Lancellotti - 8. Palazzo Del Drago - 9. Case cinquecentesche in Via Montevecchio - 10. Chiesa di S. Salvatore in Lauro - 11. Chiostro, attualmente dei Piceni - 12. Portico cinquecentesco - 13. Casetta in Via Coronari (secolo XIV-XV) - 14. Casette id. (sec. XVI) - 15. Imagine di Ponte - 16. Palazzo Vecchiarelli - 17. Casa appartenuta a Raffaello - 18. Palazzo Alberini - 19. Palazzo Nicolini - 20. Casa cinquecentesca al Governo Vecchio - 21. Casa al Vicolo dell'Avila (con la scritta *Unde Eo Omnia*) - 22. Palazzo del Governatore e casa di Pietro Turci - 23. Casa con decorazione graffita al Vicolo del Governo Vecchio.

Ⓐ Ⓗ Ⓒ Ⓓ Punti di vista delle prospettive
▪ Edifici di speciale importanza artistica o storica
---- Perimetro di zone da demolirsi ——

Abb. 4: Rom, Coronari Viertel, Sanierungsprojekt (Gustavo Giovannoni, 1913)

Giovannonis Idee des *ambientismo* beruht im Wesentlichen auf den drei folgenden Prinzipien: 1. Der Forderung nach Integration jedes historischen städtischen Quartiers in einen Bebauungsplan, damit seine Verbindung zur Gegenwart definiert werden kann, 2. der Forderung nach Berücksichtigung des Ambientes, da die Bedeutung des einzelnen Bauwerks aus seiner Beziehung zur Umgebung resultiert und seine Freilegung oder Isolierung einer Verstümmelung gleichkomme, und schließlich, daraus folgend, 3. der Forderung nach einer Begrenzung der Bandbreite möglicher Eingriffe, bestimmt durch den Respekt vor dem Ambiente, vor dem historischen Geist des Ortes in seiner räumlichen Konkretisierung. Neubauten sollten keine falsche Historizität vortäuschen, aber Maßstab, Rhythmus und einzelne Elemente ihrer Umgebung aufnehmen. Als methodische Grundlage für die Modernisierung der historischen Stadt schlug Giovannoni deren *diradamento* vor,[40] zurückhaltende Eingriffe in die historische Bausubstanz zur Verbesserung der Erschließung, zur gestalterischen Aufwertung und zur Schaffung von Raum für Neubauten. Am Vorschlag zur Sanierung des Coronari-Viertels in Rom, die in Deutschland u. a. durch Hermann Joseph Stübben diskutiert wurde,[41] konkretisierte er seine Idee (Abb. 4). Eine

---

40 Gustavo Giovannoni, Il „diradamento" edilizio dei vecchi centri, in: Nuova Antologia 48 (1913), Nr. 997, S. 53–76. *Diradare* = auslichten, beschneiden, entflechten; die dem Verb in seiner transitiven Form zugrunde liegende positive Assoziation, dass dem Auslichten ein umso kräftigeres Wachstum des Verbleibenden folgt, war durchaus beabsichtigt und setzt sich schon sprachlich von den folgenden, als *sventramenti* (*sventrare* = ausweiden, ausnehmen, einreißen)

bezeichneten Stadtumbauten der faschistischen Zeit ab.

41 Joseph Massarette, Rom seit 1870. Bauliche Umgestaltung und Verwüstung der ewigen Stadt, in: Frankfurter Zeitgemäße Broschüren 38 (1919), S. 145; Hermann Joseph Stübben, Baulinien und Baupflege im Inneren der Stadt Rom, in: Deutsche Bauzeitung 56 (1922), S. 417–419, 421–423, 441–443, 445–557.

*Abb. 5: Siena, Hauseingang im
Quartiere Salicotto*

neue Straße windet sich von Nord nach Süd durch das Quartier, Baufluchten werden be-
gradigt und Blickbeziehungen innerhalb des Quartiers bzw. aus ihm heraus geschaffen.
Trotz mancher Widersprüche gelten die beiden 1913 publizierten Aufsätze als die ersten
Beiträge zu einer städtebaulichen Theorie in Italien.[42] 1931 fand der *ambientismo* trotz der
ihm innewohnenden Kritik an den Großprojekten der faschistischen Regierung Eingang
in die „Carta italiana di restauro". Unmittelbar umgesetzt im Sinne des *ambientismo*
wurden freilich nur wenige Projekte, so z. B. die Sanierung von Bergamo Alta[43] und die
Sanierung des Quartiere Salicotto in Siena.[44]

---

42 Vgl. Gerd Albers, Zur Entwicklung der Stadtplanung in Europa. Begegnungen, Einflüsse, Verflechtungen (Bauwelt Fundamente 117), Braunschweig, Wiesbaden 1997, S. 152.

43 Luigi Angelini, Il piano di risanamento di Bergamo alta, in: Urbanistica 12 (1943), Nr. 3,
S. 4–12. Für weitere Beispiele vgl. Giovannoni,

Vecchie città [wie Anm. 39], S. 266–280; Gior-
gio Stockel, Risanamento e demolizioni nel tes-
suto delle città italiane negli anni trenta, in:
Quaderni dell'Istituto di Storia dell'Architettura,
1990/92, Nr. 15–20, S. 859–872.

44 Vgl. Klaus Tragbar, Der Quartiere Salicotto in
Siena. Eine Stadtsanierung der 1930er-Jahre in

Abb. 6: Siena, Palazzo Pubblico, Erdgeschoss

Der Quartiere Salicotto grenzt unmittelbar an die Piazza del Campo und erstreckt sich von dort an der Flanke des nach Südosten laufenden Hügels. Bewohnt wurde er traditionell von Arbeitern, Handwerkern und Tagelöhnern; in seinem nordwestlichen Teil nahe des Campo lag das Ghetto von Siena. Im Salicotto herrschten prekäre hygienische und soziale Verhältnisse, auch der moralische Ruf des Quartiers war bedenklich. 1870 wurde ein erster, nicht realisierter Plan zur Sanierung des Salicotto vorgelegt, 1898, 1918 und 1925 erfolgten weitere Vorschläge zur Sanierung des Salicotto und weiterer problematischer Stadtquartiere in Siena, die u. a. deren kompletten Abriss und den Neubau moderner Wohnungen an gleicher Stelle vorsahen; keines dieser Projekte wurde verwirklicht.

Unter dem Podestà conte Fabio Bargagli Petrucci (1875–1939) kam es 1926 zu einer erneuten Sanierungsplanung, die zu diesem Zeitpunkt sicher auch beeinflusst war von dem

---

Italien, in: Kai Krauskopf/Hans-Georg Lippert/ Kerstin Zaschke (Hg.), Neue Tradition 3. Europäische Architektur im Zeichen von Traditionalismus und Regionalismus, Dresden 2012, S. 143–166.

Wunsch, die politisch unzuverlässigen, weil tendenziell sozialistischen Bewohner und die Juden aus dem Stadtzentrum zu entfernen.[45] Die radikalen Abrissplanungen wurden nun mit dem Verweis auf den Schaden für das Sieneser Stadtbild fallengelassen und eine sensiblere Planung im Sinne des *ambientismo* vorgeschlagen. Bargagli Petrucci schrieb,

> „[…] dass das Vorgehen der *Ausweidung* [im Original kursiv, Verf.] […] ganzer Quartiere in einer Stadt wie der unseren den Effekt hätte, ihre Physiognomie zu verändern, ihren Charakter zu beschädigen und ihr so einen der wichtigsten Werte zu nehmen, umso mehr als dass man das Wesen, das Innerste, verletzen würde, das, was wir Sienesen den Geist der Contrada nennen."[46]

Konsequent wurden die sanierungsfähigen Bauten saniert und die Neubauten nahmen, ganz im Sinne des *ambientismo*, Maßstab, Rhythmus und einzelne Elemente ihrer Umgebung auf (Abb. 5, 6).

Der *ambientismo* war Teil einer europäischen Planungskultur, die sich – unter deutlich nationalistischen Vorzeichen – um eine kontextuelle Einbindung der Architektur bemühte. Der erhebliche Einfluss Giovannonis auf die Architektur Italiens liegt freilich weniger in seinem städtebaulichen und architektonischen Werk als vielmehr in seinem unermüdlichen propagandistischen Einsatz begründet. Giovannoni war Mitbegründer der Architekturfakultät in Rom und hatte an ihr den Lehrstuhl für Baugeschichte und Restaurierung inne, als Mitglied zahlreicher Kommissionen, als Gutachter und Herausgeber der Zeitschriften Palladio und Architettura e Arti Decorative, Letztere gemeinsam mit Marcello Piacentini, gehörte er zu den einflussreichsten Persönlichkeiten seiner Zeit. Auch wenn der *ambientismo* in Italien mit seiner langen urbanen Tradition und seinem reichen baulichen Erbe gewissermaßen zum kulturellen Substrat gehörte und auch wenn es mit Camillo Boito durchaus Vorstufen im 19. Jahrhundert gab, war es doch Gustavo Giovannoni, der diese Idee formulierte und zu einer Entwurfsmethode ausbaute.

EPILOG

Dass Nationen und Gemeinschaften sich ihre Traditionen erfinden, hat sich mittlerweile herumgesprochen: Sie tun so, als griffen sie auf Gepflogenheiten aus unvordenklichen Zeiten zurück, die in Wahrheit vielleicht nicht einmal hundert Jahre alt sind.[47] Für die Frage

---

45 Vgl. Patrizia Turrini, La comunità ebraica di Siena. I documenti dell'Archivio di Stato dal Medioevo alla Restaurazione (Documenti di storia 80), Gorgonzola 2008, S. 117.

46 „che il procedere a *sventramenti* […] di intieri rioni, avrebbe avuto per effetto, in una Città come la nostra, di mutarne la fisonomia, di snaturarne il carattere e di tog'lierle così uno dei maggiori pregi, vulnerando per di più nell'essenza più intima, quello che noi senesi chiamiamo spi-

rito di contrada", nach Ernesto Baggiani, Il risanamento edilizio della città, in: La Balzana 3 (1929), S. 46–54, 71–79, 131–142, hier S. 76–77.

47 Vgl. vor allem Eric Hobsbawm/Terence Ranger (Hg.), The invention of tradition, Cambridge 1983; Eric Hobsbawm, Nations and Nationalism since 1780. Programme, myth, reality, Cambridge 1990; Ders., Wieviel Geschichte braucht die Zukunft? München 1998.

nach den Geschichtsbildern und der Erinnerungskultur in der Architektur des 20. und 21. Jahrhunderts sei festgehalten, dass sich trotz deutlicher Unterschiede in den Positionen von Novecento, Scuola Romana und Gruppo Sette alle Gruppierungen zur (italienischen) Geschichte und zur Weiterentwicklung des architektonischen Erbes bekannten; der Gruppo Sette zog darüber hinaus in seinen „Quattro Note“ eine feine Trennlinie zwischen dem – damals noch nicht so genannten – Internationalen Stil und der italienischen Moderne. Für diese Trennlinie spielt der „Geist der Tradition“, das Eingehen auf die Geschichte und der Respekt vor lokalen Bautraditionen eine entscheidende Rolle, ein Geist, der letztlich aus dem Risorgimento und damit aus dem Nationalismus des 19. Jahrhunderts in das 20. Jahrhundert hinüberwehte.

Der „Geist der Tradition“ indes hat den Zweiten Weltkrieg, das Ende des faschistischen Regimes und damit auch das – vorläufige – Ende des Nationalismus nicht nur überlebt, sondern die italienische Nachkriegsmoderne entscheidend mitgeprägt.[48] Es waren die Architekten des Gruppo Sette und des Rationalismus, die trotz ihrer expliziten Regimenähe diese erste Phase der italienischen Nachkriegsarchitektur dominierten: die Mailänder Architektengemeinschaft BBPR, ein Akronym für Gian Luigi Banfi, Lodovico Belgiojoso, Enrico Peressutti und Ernesto Nathan Rogers, Franco Albini, das Duo Luigi Figini und Gino Pollini, Giovanni Michelucci, Carlo Mollino, Luigi Moretti und Giò Ponti. Sie alle waren bestrebt, die Entwurfsansätze des Rationalismus zu bewahren und nach einem spezifisch italienischen Weg in der Nachkriegsarchitektur zu suchen, bei dem die Auseinandersetzung mit dem Ort und seinem Kontext, seiner Geschichte und seiner Topographie eine besondere Rolle spielte.

Roberto Pane, ein Schüler Giovannonis, verwies in der Nachkriegszeit erneut auf die Problematik des neuen Bauens in der alten Stadt und forderte, präzise die Grenzen der historischen Zentren zu definieren und innerhalb dieser nur Neubauten zuzulassen, die sich in ihren Dimensionen in die Umgebung einfügen.[49] Als gelungene Beispiele für moderne, subtil Motive der Umgebung aufnehmende Bauten galten ihm das Projekt für die Fondazione Masieri in Venedig von Frank Lloyd Wright (1953)[50] und die Borsa Merci in Pistoia von Giovanni Michelucci (1948–1950 bzw. 1957–1965).[51] Als weitere Beispiele wären zu nennen die Palazzina Girasole in Rom von Luigi Moretti (1947–1950), die Bottega d'Erasmo in Turin von Roberto Gabetti und Aimaro d'Isola (1953–1956), die Casa alle Zattere in Venedig von Ignazio Gardella (1954–1958), die Torre Velasca in Mailand von

48 Vgl. Klaus Tragbar, Der Ort und sein Kontext. Der italienische Weg in der Nachkriegsmoderne, in: Sächsische Akademie der Künste (Hg.), Nachkriegsarchitektur im europäischen Kontext, im Druck.

49 Roberto Pane, Città antiche, edilizia nuova, Neapel 1959.

50 La casa sul Canal Grande, in: Metron 9 (1954), Nr. 49/50, S. 5–13; Sergio Bettini, Venezia e Wright, in: ebd., S. 14–26; Giuseppe Mazzariol,

Tre progetti per Venezia rifiutati. Wright, Le Corbusier, Kahn, in: Lionello Puppi/Giandomenico Romanelli (Hg.), Le Venezie possibili. Da Palladio a Le Corbusier, Mailand 1985, S. 270–271; Luisa Querci della Rovere, Il Masieri Memorial di Frank Lloyd Wright, in: ebd., S. 272–275; Yukio Futagawa (Hg.), Frank Lloyd Wright, 12 Bde., Tokio 1984–1988, Bd. 11 (Preliminary studies 1933–1959), Tokio 1987, S. 200–201.

51 Pane, Città [wie Anm. 49], S. 68.

BBPR (1957–1960) oder die Siedlungen des Neorealismus wie der Quartiere Tiburtino der INA Casa in Rom von Ludovico Quaroni und Mario Ridolfi (1950–1954).

Dieser spezifisch italienische Weg löste freilich unterschiedliche Reaktionen aus. Während Robert Venturi (*1925) die Palazzina Girasole als eine mehrdeutige, zwischen Tradition und Innovation angesiedelte Architektur wertschätzte,[52] warf der britische Architekturkritiker Reyner Banham (1922–1988) den Italienern vor, sie zögen sich aus der Moderne zurück[53] und rückte sie mit dem von ihm eingeführten Stilbegriff des Neo-Liberty in die Nähe der doch eher gestalterisch geprägten Experimente des Jugendstils. Diese hier nur knapp skizzierten Sichtweisen machen deutlich, dass die fortdauernde Suche nach historischen Bezügen noch in der Architektur der 1950er-Jahre keineswegs als eine selbstverständliche Spielart der Moderne angesehen wurde.

ABBILDUNGSNACHWEIS

Abb. 1, 3, 5, 6 Verf.
Abb. 2 aus: Architettura e Arti Decorative 8 (1928/29), S. 259, Abb. 7
Abb. 4 aus: Giovannoni, Diradamento (Anm. 39), S. 69

52 Robert Venturi, Complexity and contradiction in architecture (The Museum of Modern Art Papers on Architecture 1), New York 1966; nach Ders., Komplexität und Widerspruch in der Architektur (Bauwelt Fundamente 50), Braunschweig 1978, S. 34, 147.

53 Reyner Banham, Neoliberty. The italian retreat from modern architecture, in: The Architectural Review (1959), Nr. 747, S. 231–235. Für eine Übersicht über die Debatte vgl. Ders., Neo-Liberty. The debate, in: The Architectural Review (1959), Nr. 754, S. 341–344; Toni del Renzio, Neo-Liberty, in: Architectural Design (1960), Nr. 30, S. 375–377.

Der Sakralbau als Träger von Erinnerung

Kai Kappel

Erinnern und Überschreiben.
Zur Semantik des Kolumba-Areals in Köln

Der Umgang mit historischen Bauwerken und Denkmalen spiegelt immer auch die zeitgenössische Erinnerungskultur und das Geschichtsbild der Akteure. Obwohl Armut, Entbehrung und die daraus erwachsende Kreativität längst ihren festen Platz in einer Kulturgeschichte der Moderne haben,[1] gibt es mit Blick auf die spezifische (Gewalt-)Geschichte des vergangenen Jahrhunderts Bestrebungen, bauliche Zeugnisse der damaligen gesellschaftlichen Umbrüche und wirtschaftlichen Notzeiten als unbedeutend und ephemer abzutun. Derlei Exklusionsübungen und Kanonsehnsüchte verraten uns weit mehr über das Geschichtsverständnis ihrer Akteure als über die baukulturelle Wirklichkeit im 20. Jahrhundert. Wie dieser Beitrag zeigt, kann die daraus resultierende Nichtachtung und Geringschätzung zu einschneidenden Veränderungen der Semantik eines Ortes führen. Ein bedeutendes Werk der Wiederaufbauzeit nach 1945 wurde mit einem ambitionierten zeitgenössischen Baukonzept überschrieben. Der Umgang mit der Kölner Kapelle „Madonna in den Trümmern" führt nicht zum Vergessen der ursprünglich intendierten Aussage, wohl aber zu ihrer nachhaltigen Überlagerung durch „Deckerinnerungen"[2].

Die historische Kolumba-Kirche bis 1945

St. Kolumba, südwestlich des Domes gelegen, war die älteste selbständige Pfarrkirche Kölns.[3] Die 1135 erstmals urkundlich erwähnte Kirche besaß ein spätromanisches Hochschiff, dem ein Westturm und eine querrechteckige Eingangshalle aus gleicher Zeit vorgeschaltet waren. St. Kolumba diente als Pfarr- und Universitätskirche sowie als Grablege der

---

1 Exemplarisch sei genannt: Franziska Eißner/Michael Scholz-Hänsel (Hg.), Armut in der Kunst der Moderne, Marburg 2011.

2 Begriffsprägend war ein 1899 verfasster Beitrag Sigmund Freuds, Über Deckerinnerungen, in: Anna Freund [u.a.] (Hg.), Sigmund Freund, Gesammelte Werke, London 1952, S. 531–554; freundlicher Hinweis von Iris Därmann (Berlin).

3 Die Baugeschichte von St. Kolumba und der hier besonders im Fokus stehenden Kapelle „Madon-

na in den Trümmern" ist mittlerweile so gut erforscht, dass mit Ausnahme von Quellenzitaten auf Einzelbelege verzichtet werden kann. Als Standardwerke zum Thema, über die weiterführende Literatur erschlossen werden kann, seien genannt: Erzbischöfliches Diözesanmuseum Köln (Hg.), Kolumba. Ein Architekturwettbewerb in Köln 1997, Köln 1997 (darin besonders die Beiträge von Eduard Hegel, Stefan Kraus und Ulrich Krings); Andreas Baumerich, Die leben-

Kölner Bürgermeister. Stiftungen wohlhabender Kölner ermöglichten, dass die romanischen Seitenschiffe seit 1457 bis in die 1530er-Jahre durch zweischiffige Hallen mit äußeren Emporen und jochweisen Walmdächern ersetzt werden konnten. Es entstand eine fünfschiffige, unregelmäßige Anlage (Abb. 1). Seit dem ausgehenden 19. Jahrhundert führte die Citybildung dazu, dass sich das Kolumba-Quartier spürbar entvölkerte. 1929/30 bekam die Kirche moderne Nachbarschaft: Bruno Pauls elegant geschwungenes Dischhaus.

Die Kirche wurde 1943 und 1945 durch alliierte Luftangriffe zerstört. In Anbetracht der fortschreitenden Entvölkerung und der starken Zerstörungen gab es nach 1945 Überlegungen, St. Kolumba aufzugeben. Für den Diözesanbaumeister Willy Weyres und den Denkmalpfleger Albert Verbeek kam wegen der heterogenen, unwiederholbaren Bausubstanz und des Zerstörungsgrades nur ein Aufbau oder Neubau in modernen Formen in Frage. Entsprechend selbstbewusst agierte der hier amtierende Oberpfarrer Joseph Geller: Angestrebt werde hier eine Lösung, die den Architekten als Exemplum für zeitgemäßes Bauen im ruinösen Bestand dienen und zugleich denkmalpflegerisch bedeutungsvoll sein solle.

Zugleich war das Trümmerareal von St. Kolumba ein eindringlicher Erinnerungsort: Dank einer Kunstschutz-Abmauerung war an einem Pfeiler eine spätgotische Muttergottes mit Kind stehen geblieben (Abb. 2). Viele Kölner erblickten darin ein Zeichen der Hoffnung und einen zeitgemäßen religiösen Bezugspunkt. Pfarrer Geller notierte im Jahr 1950: „Madonna in den Trümmern, so haben die Kölner sie genannt, und meinten, man solle um sie wieder eine Gnadenstätte errichten, und gerne folgte ich diesem Gedanken, weil ich der Überzeugung war, dass Köln ein Mahnmal und ein Sinnbild aus dem Kriege retten müsse".[4]

Gottfried Böhms Kapelle „Madonna in den Trümmern"

Bald kam der Gedanke auf, innerhalb der weiten Kirchenruine von St. Kolumba, quasi als „Haus im Haus", mit bescheidenen Geldmitteln und unter Verwendung vorhandener Baureste und Trümmersteine, um dieses Madonnenbild eine Kapelle zu errichten. Nach kontroversen Verhandlungen mit Rudolf Schwarz und Dominikus Böhm fiel Gellers Wahl auf den jungen Architekten Gottfried Böhm. Dieser hatte in München an der TH und an der Kunstakademie studiert, damals arbeitete er im Büro seines Vaters Dominikus.

Die Kapelle „Madonna in den Trümmern" (Abb. 3, 4) wurde zwischen Ende 1949 und Spätherbst 1950 errichtet. Böhm gestaltete den Gemeinderaum unter Verwendung erhal-

dige Spur. Vom Umgang mit gotischer Sakralarchitektur in Deutschland nach 1945 (Kölner Architekturstudien, 78), 2 Bde., Köln 2003, Bd. 2, S. 178–210; Kai Kappel, Memento 1945? Kirchenbau aus Kriegsruinen und Trümmersteinen in den Westzonen und in der Bundesrepublik Deutschland, München/Berlin 2008, S. 297–305; Thomas Goege, Die Ruine von St. Kolumba im Bau des Kölner Diözesan-Museums von Peter

Zumthor, in: Jahrbuch der rheinischen Denkmalpflege 40/41 (2009), S. 477–489. Für Hinweise und Informationen danke ich Gottfried Böhm, Walter Geis, Ulrich Krings, Wolfgang Pehnt und P. Gabriel Weiler OFM (alle Köln) sowie Justinus Maria Calleen (Wittlich).

4 Joseph Geller, Predigttext in Neuß, 15.10.1950, zit. nach Kappel, Memento [wie Anm. 3], S. 298.

Abb. 1: St. Kolumba. Ansicht vor den Kriegszerstörungen

tener Baureste: der Pfeiler und Bögen des spätromanischen Westturmes sowie der ehemaligen Eingangshalle. Den einstigen Westeingang baute man zur Rahmung für ein großformatiges Buntglasfenster Georg Meistermanns um. An der südlichen Außenmauer des Gemeindebereichs fanden unweit des Eingangs die von Gottfried Böhm geschaffene Bärin mit der Titularheiligen sowie ein steinerner Glockenträger Platz. Die Mauerkronen ziert ein Fries aus durchsägten Gewölberippen und Tonfliesen aus der zerstörten Kirche. Die damalige Fachpresse sprach von der „ersten wichtigen Tat schöpferischer Denkmalpflege beim Wiederaufbau all der vielen altehrwürdigen Gotteshäuser der rheinischen Metropole", „von der lebendigen Verwendung des Steinmaterials sollte man endlich beim Wiederaufbau der alten Kirchen Kölns lernen".[5] Im Innern der Kapelle (Abb. 5) verläuft über dem Gemeinderaum ein Doppel-T-Stahlträger, von dem aus zur Mauerkrone hin Stahl-

---

5 August Hoff, Kapelle zur „Madonna in den Trümmern" für die St. Kolumba-Pfarre in Köln, in: Das Münster 4 (1951), Heft 5/6, S. 159–161, hier S. 159. Hoff war seinerzeit Direktor der Kölner Werkschulen.

Abb. 2: St. Kolumba. Mittel-schiffspfeiler mit Madonnen-statue des 15. Jh., Foto: Ruth Lauterbach-Baehnisch, 1945

seile hängen, die mit Eisengewebe verbunden und dann ausbetoniert wurden. Die kosten-günstige, materialsparende Technik dieser „hängenden Schalen" hatte sich Böhm unter dem Namen „Gewebedecke" patentieren lassen. Dominikus Böhms gotisierend-expressive Rabitzdecken aus den 1920er-Jahren waren hierfür mit anregend gewesen.

Der Chor von „Madonna in den Trümmern" ist ein unregelmäßig-oktogonaler, stark durchlichteter Stahlbeton-Skelettbau. In dessen Zentrum erhebt sich eine kreisförmige Altarstelle; der Bodenbelag aus Trümmerplatten nimmt auf diese Bezug. An der Abschluss-wand befindet sich die stehende Muttergottes mit dem kriegsbedingt verstümmelten Jesuskind. Wie viele vom Expressionismus geprägte Architekten verlieh Böhm dem zent-ralisierenden Kapellenabschluss die Aura eines gotischen Glashauses. Hinsichtlich der Architektur des Chores sind die Vergleichsbeispiele in der Moderne im weiteren Sinne Bruno Tauts Glaspavillon auf der Kölner Werkbundausstellung (1914), insbesondere je-doch Dominikus Böhms gläserne Immakulata-Kapelle auf der Kölner Pressa-Ausstellung (1928). Der Chorbau der Kolumba-Kapelle war von 1950 bis 1954 weitgehend klarverglast;

Abb. 3: „Madonna in den Trümmern" im Ruinenareal von St. Kolumba, 1950

die Ruinenmauern von St. Kolumba sprachen damals als äußere Raumbegrenzung der Kapelle deutlich mit (Abb. 3). Wegweisende Architekten des Kölner Aufbaus wie Karl Band und Rudolf Schwarz waren von eben dieser Lösung tief beeindruckt. Für Oberpfarrer Geller war der Chor seiner Kolumba-Kapelle erst vollendet, als dort 1954 zeitgenössische Glaskunst aus den Kölner Werkschulen aufleuchtete.

DIE KOLUMBA-KAPELLE ALS ORT MODERNER KUNST

Joseph Gellers ganze Leidenschaft galt der zeitgenössischen modernen Kunst. Sein Credo: Hochrangige moderne Kunst befördere die innere Einkehr und verdeutliche den Gegenwartsbezug der Kirche. Seit dem Bauauftrag des Neusser Gesellenhauses an Peter Behrens (1909–1910) hatte Geller in Kontakt mit vielen modernen Künstlern gestanden, hervorzuheben sind Johan Thorn Prikker und dessen Schüler Heinrich Campendonk. Es war Geller, der als Rektor von St. Dreikönigen in Neuß im Jahr 1911 Thorn Prikker mit den stilistisch wegweisenden modernen Glasfenstern beauftragte. Weil diese Kunst bei den kirchlichen Autoritäten heftigsten Anstoß erregte, wurde Geller wegen seines Engagements für die Moderne 1913 strafversetzt. Er kannte die innerkirchlichen Strömungen und Institutionen, die sich seit Beginn des 20. Jahrhunderts für eine Hebung des als blutleer, schal und kitschig empfundenen Niveaus kirchlicher Kunst und dabei für eine Einbeziehung moderner, gegebenenfalls auch glaubensferner Künstler verwendeten: die Deutsche Gesellschaft für Christliche Kunst in München und, weitaus bedeutender, die französische Art-Sacré-Bewegung zuerst um Maurice Denis, dann um die Dominikanerpatres Couturier und Regamey. Daneben war der Oberpfarrer natürlich vom *genius loci* geprägt – der traditionellen

Abb. 4: Kapelle „Madonna in den Trümmern", Schiff (links) und Chor von Südwesten, 1999

Offenheit des niederrheinischen Raumes für zeitgenössische Kunst, wie sie sich in den Kölner Werkschulen und der Düsseldorfer Kunstakademie manifestierte.

Moderne Kunst in mittelalterlichen Kirchen – das hatte es bereits zuvor in den späten 1920er-Jahren im Mainzer Dom sowie im Georgenchor des Bamberger Domes gegeben, im niederrheinischen Raum wurden Thorn Prikkers Fenster in St. Georg in Köln (1930/31) wegweisend. Auch Pfarrer Geller war in seiner Kolumba-Kirche diesbezüglich früh aktiv geworden: Er nutzte die anfänglich leichteren Kriegsschäden, um dort – mitten in der NS-Zeit! – moderne Neuverglasungen ins Werk zu setzen. Unterstützt durch den einflussreichen Mentor August Hoff, konnte der seinerzeit im Amsterdamer Exil lebende Heinrich Campendonk für einen umfänglichen Glasfensterzyklus gewonnen werden.[6] Der Kriegsverlauf hat das meiste davon verhindert.

Auch mit Ludwig Gies, dessen avantgardistische Christusskulptur 1922 in Lübeck und auf der Münchner Gewerbeausstellung veritable Skandale produziert hatte und nun als entartete Kunst galt, verhandelte Geller wegen Glasfenstern für die historische Kolumba-Kirche. Einige kleinere Fenster Gies' konnten nach 1945 im Kapellenbau Verwendung finden.[7]

Der ebenfalls als entarteter Künstler geltende Georg Meistermann und Pfarrer Geller waren sich in ihrer Kritik am Konservatismus damaliger kirchlicher Kunstaufträge nahe. Beide standen seit Mai 1945 in Kontakt, als es bereits damals um die Anfertigung des Katharinenfensters für die geplante Kolumba-Kapelle ging.

---

6   Die diesbezüglichen Schriftwechsel und ein Teil der Entwürfe befinden sich im Archiv von St. Kolumba in Köln.

7   Für eine Abb. dieser Fenster: Stefan Kraus, Madonna in den Trümmern. Das Kolumbagelände nach 1945, in: Kolumba. Ein Architekturwettbewerb [wie Anm. 3], S. 51–61, hier S. 61.

Abb. 5: „Madonna in den Trümmern", Kapellenschiff und Chorpolygon mit den Glasfenstern von Ludwig Gies, 1999

Pfarrer Geller begriff den alliierten Bombenhagel als Chance für einen Neuaufbau, bei dem die immer wieder angefeindete, bedrängte, verfemte moderne Kunst endlich zum Durchbruch kommen sollte. 1947 äußerte er: Habe man wieder „wahre und echte Kunst" in den Kirchenräumen, dann würden „die Menschen auch wiederkommen und allmählich anfangen nachzudenken und in der Kirche nicht nur etwas Rückständiges, sondern etwas Fortschrittliches finden".[8]

In der Südwand des Laienraumes ist seit 1950 ein Rundfenster eingelassen, das zu den Inkunabeln moderner religiöser Glaskunst gehört: Johan Thorn Prikkers Heiliggeistfenster (Abb. 6). Beauftragt von Geller hatte es Thorn Prikker 1911/12 für die Kapelle des Neusser Gesellenhauses entworfen. Konservative kirchliche Kreise erzwangen 1914 dessen Ausglasung. Geller kaufte das Fenster in der Folge privat an und gewährte diesem bis zum Bau seiner Kapelle „Madonna in den Trümmern" Asyl. Sehr suggestiv positioniert, am Pfeiler zwischen dem Laienbereich und dem Sanktuarium der Kolumba-Kapelle, findet sich ein weiteres Werk moderner Kunst: eine unterlebensgroße Holzskulptur Ewald Matarés. Es handelt sich um den hl. Antonius von Padua, der den Fischen predigt. Diese Skulptur wurde bereits 1942–43 ausgeführt, also noch für die historische Kolumbakirche, wo sie jedoch nicht mehr zur Aufstellung kam und dadurch vor den Bomben gerettet wurde. Das Chorpolygon der Kapelle „Madonna in den Trümmern" zeigt in den großen Fensterbahnen eine übergreifende, stilisierte, lichtvolle Darstellung der Engelschöre vor blausilbernem Hintergrund. Geller sorgte dafür, dass Lud-

---

8   Brief Joseph Gellers an Rudolf Schwarz, 1947, zit.
     nach Kraus, Madonna [wie Anm. 7], S. 61.

wig Gies, einst „entarteter Künstler", nun Professor an den Kölner Werkschulen, 1954 zu diesem Auftrag kam.

Es ist festzuhalten, dass die Kolumba-Kapelle geradezu programmatisch mit Werken moderner Künstler ausgestattet wurde, wobei ein hoher Prozentsatz von diesen unter dem Nationalsozialismus gelitten hatte.

Die altehrwürdige, bis heute hoch verehrte Madonnenfigur im Chor der Kapelle; ihr gegenüber Georg Meistermanns hl. Katharina von Siena als eine mutige Frau, die Askese übte, die Brot aus verdorben geltendem Mehl buk, die auf Seiten der Armen und Kranken stand; schließlich über dem Kapelleneingang Gottfried Böhms anrührende Skulptur der tugendhaften, von einer Bärin beschützten hl. Kolumba – die Hervorhebung des Weiblichen in der Kapelle dürfte nicht allein durch das Patrozinium oder den Typus der Marien- bzw. Andachtskapelle begründet sein. „Madonna in den Trümmern" wurde in einer Zeit realisiert, als Frauen bedingt durch die herrschende Not im Haushalt und in der Öffentlichkeit vielfach eigenverantwortlich für sich und das Wohlergehen der Familie sorgten. Die Zeugnisse der „Anfangsarchitektur" nach 1945 lohnen kunstsoziologische Untersuchungen.

Geller und Böhm versuchten in der Nachkriegszeit mehrfach, die Kolumba-Kapelle zum Bestandteil eines größeren Kirchenbaues in den alten Dimensionen werden zu lassen. Dabei blieb es. 1956/57 kam lediglich eine kleine Sakramentskapelle hinzu: Diese nutzt einen Teil der Ruinenwand von St. Kolumba und ist mit einer Decke aus Trümmersplittbeton geschlossen.

DIE ZEITGENÖSSISCHE ÜBERBAUUNG DES KOLUMBA-AREALS. EINE KRITIK

Eine 1974–1976 durchgeführte Grabungskampagne in Kolumba führte zur Aufdeckung gleich dreier Vorgängerbauten aus dem 12., 11. und vermutlich 9. Jahrhundert, einer Apsis aus der Frankenzeit sowie der darunter liegenden römischen Bebauung.[9] So spektakulär diese Befunde für die Stadtgeschichte Kölns auch waren: Eine offene „Wunde des Weltkrieges", die in der damaligen „Ära der Vergangenheitsbewältigung"[10] Fragen zur jüngsten deutschen Geschichte geradezu provozieren musste, mutierte zu einem weitläufigen archäologischen Areal mit Schutzdächern. Dies hatte Folgen für die öffentliche Wahrnehmung. Immer häufiger war nun die Rede vom Geschichtsort Kolumba. Nach Böhms und Gellers Kapellenbau begann nun die zweite, weitaus deutlichere semantische Überschreibung des Areals.

Joachim Kardinal Meisner, neu ernannter Erzbischof von Köln, sorgte noch 1989 dafür, dass das Diözesanmuseum in die Trägerschaft des Kölner Erzbistums überging und hier mit Planungen für einen Neubau begonnen wurde. Es ist zu vermuten, dass Meisners

---

9   Sven Seiler, Ausgrabungen in der Ruine der Kirche St. Kolumba, in: Kolumba. Ein Architekturwettbewerb [wie Anm. 3], S. 63–71.

10 Norbert Frei, Deutsche Lernprozesse. NS-Vergangenheit und Generationenfolge seit 1945, in:

Ders., 1945 und wir. Das Dritte Reich im Bewußtsein der Deutschen, München 2005, S. 23–40, hier S. 35–37.

Abb. 6: „Madonna in den Trümmern", Heiliggeist-fenster Johan Thorn Prikkers (1911/12)

Erfahrungen als Heimatvertriebener und als langjähriger Bischof im geteilten Berlin für seinen Umgang mit Zeugnissen von Krieg und Zerstörung prägend gewesen sind. Das Kunstmuseum Kolumba gilt heute als ein Symbol der Ära Meisner; wie der Kardinal in einem Filmbeitrag über Kolumba offen bekannte, ging es ihm auch darum, hier seiner Amtszeit ein bauliches Denkmal zu setzen.[11]

1996 schrieb man einen offenen Realisierungswettbewerb für den Neubau des Diözesanmuseums aus. Unter den Zugeladenen befand sich der Schweizer Architekt Peter Zumthor. Dessen Graubündner Werk aus den späteren 1980er-Jahren – insbesondere die hölzernen Schutzbauten über den römischen Resten von Chur (1985–86) und die Kapelle Sogn

11 Ludwig Metzger (Regie): Kolumba – Der Bau, Erstsendung 8. Dezember 2007; Daniel Deckers: Unbeirrbar. Joachim Kardinal Meisner zum 80. Geburtstag. In: Frankfurter Allgemeine Zeitung 299 (24.12.2013), S. 4.

Benedetg in Sumvitg (1985–1988)[12] – hatte die Auslober nachhaltig beeindruckt. 1997 erhielt Zumthor unter 166 eingereichten Arbeiten den 1. Preis. Nach seinen geringfügig modifizierten Entwürfen wurde das Kolumba-Areal zwischen 2002 und 2007 nahezu vollständig überbaut. Das zeichenhaft aufragende neue Diözesanmuseum (Abb. 7) bezeugt einmal mehr die kirchliche Präsenz im Kölner Zentrum. Vermutlich gab es zudem Erwartungen, für die vom kulturellen Sog in die Hauptstadt gebeutelte Domstadt so etwas wie einen „Bilbao-Effekt" erzeugen zu können. Zumthors Museumsarchitektur setzt sich vom städtebaulichen Kontext trotz kleinteiliger Aufmauerung als eine monolithisch wirkende Anlage ab. Die Auslober des Wettbewerbs hatten sich hier ein „Museum der Vertikalität" gewünscht.[13] Alle Bodendenkmäler von St. Kolumba sind baukünstlerisch souverän und klimatechnisch vorteilhaft eingehaust. Die eigentlichen Museumstrakte liegen in den Obergeschossen. Das Grabungsareal überspannt eine weite, von schlanken Stahlstützen getragene Halle. Dass die Gebäudehüllen bündig auf dem Außenmauerwerk von St. Kolumba aufsitzen, bietet den alten Mauerkronen endlich eine konservatorisch befriedigende Abdeckung. Dafür gab es Teilabbrüche, massive Ertüchtigungen und Vermauerungen spätgotischer Fenster. Wegen der Verbindung zur historischen Kolumbakirche wurde Backstein als Baumaterial gewählt. Die grau-ockern Mauerschalen zeigen zumeist auf Lücke gesetzte Backsteine von geradezu spätantik-frühchristlichem Format. Durch diese suggestiv flimmernden Lichtwände dringen die Straßengeräusche gedämpft und räumlich unbestimmbar in das Grabungsareal. Die dort gezackte Wegführung atmet den Geist des Dekonstruktivismus. Wo die historischen Mauerzüge nicht deckungsgleich mit dem Neubau sind, ergeben sich ausgesprochen effektvolle Kontraste. Zweimal, im Bereich des einstigen Kirchhofes und der historischen Sakristei, die auch dem Totengedenken dient, können die Besucher in ummauerte Freiluftareale treten (Abb. 8). Überall begegnen wir Zumthors sprichwörtlicher Leidenschaft für das Material und die Haptik der Oberflächen. Ähnlich der Therme in Vals/Graubünden bieten die Obergeschoss-Fenster japanisierend-gerahmte Blicke auf prägende Orte der Umgebung: den Dom, das Dischhaus und das Opernhaus. Auf die Nachbarschaft des Dischhauses antwortet Zumthor mehrfach auf antithetische Weise. Kolumba ist nicht die erste Implementierung eines Museumsbaues in historische Areale Kölns – Rudolf Schwarz' ehemaliges Wallraf-Richartz-Museum (1950–1958) befindet sich in unmittelbarer Nähe von Kolumba.

Peter Zumthor projizierte in das neue Kolumba-Ensemble eine sehr subjektive, selektive Sicht auf Geschichtlichkeit. Heimaten – so nennt er in der Geschichte des Ortes begründete Gebäude mit emotionalem Wert.[14] Sein Kölner Konzept sei integrativ, es setze auf die „Ganzheit des neuen architektonischen Körpers". Der Verfasser dieses Beitrages möchte dessen Geschichtskonzept als enggeführt-selektiv und hermetisch bezeichnen und dazu vier zentrale Kritikpunkte formulieren:

---

12 Hierzu Peter Zumthor, Häuser, 1979–1999, Baden 1998, S. 13–31 und S. 53–73.

13 Auslobungstext, in: Kolumba. Ein Architekturwettbewerb [wie Anm. 3], S. 90–112, hier S. 99.

14 Peter Zumthor, Seht ihr, ich habe recht gehabt, in: Der Spiegel 50 (13.12.2010), S. 144–148, hier S. 144.

Abb. 7: Museum Kolumba: integrierte Fassade von „Madonna in den Trümmern" und ihrer Sakramentskapelle, 2012

Erstens: Zumthors Mauerwerk sitzt unmittelbar auf der Westmauer und über dem Schiff der Kapelle. Eine der am meisten frequentierten Kölner Andachtsstätten hat dadurch ihre bauliche Autonomie verloren. Sie ist nur noch als „Geschichtsschicht" und damit als Zeugnis einer anderen Epoche[15] hinter dem oder im aufgehenden Mauerwerk des Museumsbaues erfahrbar. Ein hoch problematischer Gestus, denn der Laufhorizont des heutigen Köln ist noch immer derjenige der frühen Nachkriegszeit. Gelebter Glaube wurde auf diese Weise zum Exponat. Dabei scheute Zumthor nicht vor rigorosen Eingriffen zurück. Anfänglich plante er, den Eingang in die Kapelle „Madonna in den Trümmern" nach Westen zu verlegen – Georg Meistermanns Katharinenfenster sollte geopfert werden. Was stattdessen realisiert wurde, ist eine „Fassadengrafik", wie es Wolfgang Pehnt treffend nannte.[16] Besonders die Südwand der Böhm'schen Kapelle mit der ikonographisch so wichtigen Skulptur der von einer Bärin beschützten hl. Kolumba und der Kapelleneingang selbst wurden durch einen dunklen, unerklärlich hohen Schachtraum maskiert (Abb. 9).

---

15 Elisabeth Plessen, Vom Fügen und Fliehen. Diözesanmuseum Kolumba in Köln, in: Deutsche Bauzeitung 142 (2008), S. 53.

16 Wolfgang Pehnt, Leserbrief, in: Bauwelt 44 (2001), S. 8.

Abb. 8: St. Kolumba, Blick von der kriegszerstörten Sakristei auf das Museum Kolumba, 2012

Zweitens: Zumthors Beleuchtungskonzept im Grabungsareal von Kolumba zielt nicht auf eine gleichmäßige Präsentation aller hier sichtbarer historischer Zeitschichten. Sie inszeniert mittels Pendelleuchten und Punktstrahlern nahezu ausschließlich den archäologischen Bereich. Hingegen bilden die aufgehenden Umfassungsmauern der substanziell spätmittelalterlichen, stark kriegsruinierten Kolumbakirche eine halbdunkle, allenfalls ausschnitthaft wahrnehmbare, kulissenhaft-mystische Hintergrundfolie. Gottfried Böhms Kolumba-Kapelle ist Teil dieser stimmungsgeladenen, allenfalls verweishaft-andeutenden Inszenierung von Historizität (Abb. 10). Der Denkmalpfleger Thomas Goege interpretiert Zumthors Grabungsareal 2010 als ein „Geschichtspanorama", in das die Kapelle „Madonna in den Trümmern" als ein reales Element der Religion hereinspiele.[17] Doch funktionieren historische Panoramen vollkommen anders – gerade sie inszenieren eine Totale des Sehens. Und wenn der Architekt Thomas Hasler 2008 hier den Vergleich mit einer alten, nun überbauten romanischen Krypta oder einem Loreto-Haus zieht,[18] geht dies schon aus historischen Gründen fehl.

Drittens: Der Kapellenchor Böhms bleibt zwar durch die Anlage eines Luftraumes unter dem Museumstrakt freigestellt, doch reichen die Zumthor'schen Lichtwände für die großflächigen Buntglasfenster des Kapellenchores nicht aus. Das Heilig-Geist-Fenster Thorn

17 Thomas Goege, Kolumba in Köln als Geschichtspanorama, in: Denkmal-Kultur im Rheinland. Festschrift für Udo Mainzer zum 65. Geburtstag, Worms 2010, S. 342–346, hier S. 344. Vgl. Ders., Ruine [wie Anm. 3], bes. S. 487.

18 Thomas Hasler, Atmosphäre und lesbare Geschichte, in: werk, bauen + wohnen 4 (2008), S. 4–11, hier S. 4.

Abb. 9: Museum Kolumba, Schachtraum vor dem Eingang von „Madonna in den Trümmern" (mit Gottfried Böhms Skulptur der von einer Bärin beschützten hl. Kolumba und im Halbdunkel liegenden Glasfenster Thorn Prikkers), 2012

Prikkers als ein Hauptwerk moderner Glaskunst und auch die Farbgläser der Chorfenster sind weitgehend erloschen. Auf beharrlichen Druck der kirchlichen Nutzer hin werden die Chorfenster seit 2010 durch außen liegende Strahler illuminiert. Gegenüber changierendem Tageslicht stellt dies einen großen Verlust dar.[19] Im Innern der Kapelle wird die verehrte Madonna nicht mehr von farbig gefiltertem Tageslicht umflutet, sondern präsentiert sich im hart kontrastierenden Licht eines Punktstrahlers. War nicht im Auslobungstext des Wettbewerbs ausdrücklich gefordert worden, der Kapellenbau dürfe „in seiner äußeren Schlichtheit und in der reizvollen inneren Lichtwirkung nicht beeinträchtigt" werden?[20]

---

19 Dies ist umso bemerkenswerter, als es bei Zumthor eine große Sensibilität gegenüber Licht gibt: „ich muß es ihnen gestehen, daß das Tageslicht, das Licht auf den Dingen mich manchmal so berührt, daß ich darin manchmal fast etwas Spirituelles zu spüren glaube": Peter Zumthor, Atmosphären, Basel/Boston/Berlin 2006, S. 61. Zu Wettbewerbsentwürfen, die durch Schacht- und Hoflösungen bzw. turmartige, verglaste Auf-

bauten der Lichtproblematik entgegentreten wollten: Kolumba. Ein Architekturwettbewerb [wie Anm. 3], S. 140–184.

20 Auslobungstext, in: Kolumba. Ein Architekturwettbewerb [wie Anm. 2], S. 90–112, hier S. 102; vgl. hierzu von Kuratorenseite: Stefan Kraus [u.a.] (Hg.), Auswahl zwei (Kolumba. Werkhefte und Bücher, 35), Köln 2010, S. 52.

Abb. 10: Museum Kolumba, Grabungsareal, im Hintergrund links Chor von „Madonna in den Trümmern", 2012

Viertens: Die Kapelle „Madonna in den Trümmern" ist seit 1982 in die Denkmalliste eingetragen – als „Gesamtkunstwerk von hoher stadt- und kunstgeschichtlicher Bedeutung". Ganz im Sinne des Verfassers, hatte sich der Kölner Denkmalpfleger Walter Geis für das Kolumba-Areal eine Lösung gewünscht, „die die Spuren von Zerstörung und bescheidenem Neubeginn [...] als eine Hauptaussage herausstellt".[21] Peter Zumthor gab darauf bereits im erläuternden Text seines Wettbewerbsbeitrags eine unmissverständliche Antwort:

> „Die in der Bausubstanz des Ortes fassbaren historischen Brüche werden nicht zusätzlich aufgeladen und als solche thematisiert. [...] Der neue Baugedanke [...] ergänzt und führt weiter auf der Suche nach der eigenen Gestalt. Kein Offenhalten von baulichen Wunden also und auch kein mit architektonischen Mitteln formulierter Kommentar dazu, sondern viel-

---

21 Geis, Walter: Was soll mit Kapelle und Ruine „Madonna in den Trümmern" geschehen?, in: Ulrich Krings (Red.), Köln. 85 Jahre Denkmalschutz und Denkmalpflege 1912–1997, 2 Bde. (Stadtspuren – Denkmäler in Köln, Bd. 9.I und 9.II), Köln 1997–1998, Bd. 2, 1998, S. 339–347, hier S. 347.

mehr ein möglichst ungekünstelter Umgang mit dem, was erhalten geblieben ist, im sachlichen Rahmen einer neuen Bauaufgabe, die ihren eigenen Sinn hat. Diese Haltung ist eine
baumeisterliche.“[22]

Zumthor reklamiert hier das Recht des Architekten auf eigenschöpferische Gestaltung.
Aus dem Einfordern eines „ungekünstelten Umganges“ mit der Substanz wurde *in praxi*
eine selbstbewusste Interpretation und Überschreibung historischer Schichten und
Brüche. Der Architekt selbst sprach an anderer Stelle von der Notwendigkeit, „das Neue
mit Eigenschaften auszustatten, die in ein sinnstiftendes Spannungsverhältnis mit dem
schon Dagewesenen treten“ – damit das Neue seinen Platz finden könne, „muss es uns erst
dazu anregen, das Bestehende neu zu sehen“.[23] Es mag die Auftraggeber und Konservatoren beruhigt haben, dass gerade im Köln-Bonner-Raum die sogenannte schöpferisch-in-
terpretierende Denkmalpflege seit den späten 1920er-Jahren eine gewisse Tradition hat.
Pfarrer Gellers Kapelle „Madonna in den Trümmern“ selbst war noch in dieser Haltung
errichtet worden. Der beim Bauen im Bestand immer wieder gern zitierte Carlo Scarpa
hätte die Aufgabe Kolumba jedenfalls anders, additiver, kontrastierender, geleistet. Ist die
Haltung Zumthors Ausdruck historischer Distanz zur Notzeit nach dem Ende des Zweiten Weltkrieges? Befindet sich Kultur der „Trümmerzeit“ gerade im problematischen
„floating gap“ zwischen dem kommunikativen und kollektiven Gedächtnis? Besteht gerade in gesellschaftlichen und wirtschaftlichen Umbruchzeiten wie den unseren ein besonderes Bedürfnis, Wunden zu heilen? Offene Fragen – und eine Gewissheit: Einem Schweizer Architekten fällt es leichter als uns, die noch verbliebenen Reste der gewaltigen
Kriegszerstörungen nicht als Verpflichtung zu einem *Memento 1945*, sondern lediglich als
bauarchäologische Schicht zu sehen.

Auch die Rolle der Institution Kirche als Auftraggeberin, Kunstförderin und denkmalpflegerische Institution muss in diesem Fall kritisch hinterfragt werden. Ausgerechnet die
konservativen Kreise um Kardinal Joachim Meisner bemühten hier einen zeitgenössischen
„Stararchitekten“, um sich der Gegenwart zu empfehlen. Die Kolumba-Kapelle selbst, ein
kultisch wie künstlerisch höchst wichtiger Raum, mutierte dabei zum Ausstellungsexpo-
nat.[24] Es stimmt nachdenklich, dass dabei *nolens volens* die Werke jener Künstler hintange-
setzt wurden, die sich seit den 1910er-Jahren als Wegbereiter der Moderne gegen hart-
näckigsten Widerstand aus konservativen kirchlichen Reihen durchsetzen mussten.

Eine Wiederherstellung des Stadtraums, Weiterbauen statt Wundpflege, der Reiz von
Außenarchitektur im Innenraum[25] – all dies sind interessante, im Kontext von Kolumba

---

22 Peter Zumthor, o. Titel [Erläuterungsbericht des
    Wettbewerbsbeitrages], in: Kolumba. Ein Archi-
    tekturwettbewerb [wie Anm. 3], S. 126f., hier
    S. 126.

23 Peter Zumthor, Architektur Denken, Basel/Bos-
    ton/Berlin ²2006, S. 17f.

24 Wolfgang Pehnt, Diözesanmuseum Kolumba in
    Köln, in: Baumeister B 11 (2007), S. 57; vgl. auch

Doris Kleilein: Eine Kirche für die Kunst, in:
Bauwelt 39 (2007), S. 18–26, hier S. 18.

25 Joachim Plotzek [u.a.], Eine Heimat für die
    Kunst. In: Ders. [u.a.] (Hg.), Auswahl eins (Ko-
    lumba. Werkhefte und Bücher, 28), Köln 2007,
    S. 11–27, hier S. 17f.

intensiv zu diskutierende Aspekte. Doch war die Kapelle „Madonna in den Trümmern" nun einmal der letzte gewachsene historische Zustand und daher denkmalpflegerisch besonders schützenswert. Wie viele lebendige Erinnerungsorte haben wir noch, an denen die historische Zäsur des Zweiten Weltkrieges, wo Entbehrung, Bescheidenheit und ein aufrichtiger Neuanfang die Hauptaussage sind? Die wenigen erhaltenen Beispiele müssen für unsere Nachkommen ablesbar bleiben.

Man könnte „Madonna in den Trümmern" als beinahe schon museales Zeugnis für das Kunstwollen eines ungewöhnlichen, ja sperrigen Geistlichen abtun. Gellers und Böhms Intention war jedoch gerade nicht die Stillstellung von Geschichte. Sie empfanden die gewaltigen Zerstörungen des Zweiten Weltkriegs als eine tiefgreifende kulturelle Zäsur. Für sie schien damals die Zeit gekommen, der modernen Kunst zum Durchbruch zu verhelfen, auch und gerade im Bereich der Kirche.

Mehrfach überschriebene oder polysemantische Orte können durch subjektiv-enggeführte Geschichtskonzepte nur verlieren. Im Kolumba-Areal kann Anderes beobachtet werden: Ein bis aufs Äußerste gesteigerter Wunsch nach historischer Evidenz wird hier durch die wertende Überinszenierung der präsentierten Geschichtsschichten gleichsam konterkariert. Im Grabungsareal von Kolumba regiert eine vage historische Anmutung in höchster ästhetischer Potenz; allzu konkrete Fragen an die Geschichte und gar an die jüngste deutsche Geschichte sind nicht intendiert. Damit trägt diese Inszenierung posthistorische Züge.

2008 wurde Kolumba mit dem renommierten „DAM Preis für Architektur in Deutschland" ausgezeichnet – Peter Zumthors Umgang mit der kargen Anfangsarchitektur Nachkriegsdeutschlands kann damit nicht gemeint gewesen sein. Was sich hier partout nicht einstellen will und wird, ist „die selbstverständliche Gegenwart eines stimmigen Ensembles, eines stimmigen Milieus, eines stimmigen Raumes".[26] Die Kapelle „Madonna in den Trümmern" ist und bleibt der fehlende Schlussstein im Meisterwerk Kolumba.

---

26 Peter Zumthor, Leichtigkeit und Schmerz, in: Zumthor, Häuser [wie Anm. 12], S. 9.

Ulrich Knufinke

Architektur und Erinnerung:
Synagogenbau in Deutschland nach der Shoa

> „Am […] 13. März 2007 präsentiert Bundesfinanzminister Peer Steinbrück […] das Sonder-
> postwertzeichen ‚Jüdisches Zentrum München'. Das Bundesfinanzministerium würdigt mit
> dieser Briefmarke die Rückkehr der jüdischen Gemeinde Münchens ins Herz der Stadt und
> damit in die Mitte der Gesellschaft. Charlotte Knobloch, Präsidentin des Zentralrats der
> Juden in Deutschland, zeigte sich […] von dieser Geste tief beeindruckt: ‚Briefmarken sind
> Zeitdokumente, die das Selbstverständnis einer Nation widerspiegeln. Ich freue mich des-
> halb sehr, 62 Jahre nach dem Personenkult um Hitler, heute auf Briefmarken Motive zu
> sehen, die ein demokratisches Selbstverständnis deutlich machen.'"[1]

Mit dieser Pressemitteilung lud die Israelitische Kultusgemeinde München und Oberbay-
ern am 6. März 2007 zur Präsentation der Briefmarke „Jüdisches Zentrum München" ein.
Was für eine Briefmarke gilt – „das Selbstverständnis einer Nation wider[zu]spiegeln" –,
sollte wohl noch mehr für das darauf Abgebildete gelten: Zu sehen ist ein stilisierter Ausschnitt der Fassade der Synagoge am Jakobsplatz in München (Abb. 1). Wie kaum eine
andere Bauaufgabe ist die Architektur der Synagogen in Deutschland seit 1945 auch eine
„symbolische", eine „Erinnerungsarchitektur". Das Erinnern an die Zerstörung der Synagogen und die Vernichtung der jüdischen Gemeinden in der Zeit des Nationalsozialismus
ist bei so gut wie allen seither errichteten jüdischen Einrichtungen ein wesentliches Moment der Intentionen der Auftraggeber und Architekten wie auch der Rezeption durch die
Öffentlichkeit. Vom impliziten „Mitschwingen" der Erinnerung, das ein Nicht-Erinnern-
Wollen einschließen kann, bis zur expliziten Gestaltung der Bauwerke als „Mahnmale"
reichen die Antworten auf die Frage nach dem Umgang mit der Erinnerung.[2]

---

1 http://alt.ikg-m.de/fileadmin/downloads/Presse-
mitteilung_IKG_06_03_07.pdf (1.11.2012).

2 Zwischen 2006 und 2008 hatte der Verfasser Gelegenheit, an der Bet Tfila – Forschungsstelle für
jüdische Architektur in Europa, einer gemeinsamen Einrichtung der TU Braunschweig und des
Center for Jewish Art an der Hebrew University
of Jerusalem, ein von der DFG gefördertes For-
schungsprojekt zur Architekturgeschichte jüdischer Gemeindeeinrichtungen in Deutschland
seit 1945 durchzuführen. Zur Synagogenarchitektur der Nachkriegszeit in Deutschland vgl.
zum Beispiel Salomon Korn, Synagogenarchitek-

tur in Deutschland nach 1945, in: Hans-Peter
Schwarz (Hg.), Die Architektur der Synagoge,
Frankfurt a. M. 1988, S. 287–343; Holger Brülls,
Räume für die Rede vom redenden Gott. Proble-
me zeitgenössischer Synagogenarchitektur in
Deutschland, in: Synagogen: Zukunft aus der
Vergangenheit (= Kunst und Kirche 64, H. 4,
2001), S. 215–223; Ulrich Knufinke, Zur Ge-
schichte der Synagogen in Deutschland, in: Mi-
chael E. Coridaß (Hg.), Gebauter Aufbruch.
Neue Synagogen in Deutschland, Regensburg
2010, S. 19–52.

Doch Erinnerung spielt in Synagogen seit der Antike eine besondere Rolle und ist spezifischer Teil ihrer Gestaltung. Wenn das symbolische Verweisen auf ein Transzendentes, Göttliches zum Kern des Sakralen in der Architektur gehört, so sind auch Synagogen sakrale Bauwerke – wenngleich ihnen nach jüdischer Tradition keine „Heiligkeit" wie etwa geweihten katholischen Kirchenräumen zukommt. Das Verweisen nimmt in den jüdischen Häusern des Gebets seit je her die Form eines ambivalenten Erinnerns an: Einerseits ist die Synagoge der Ort göttlicher Anwesenheit im gemeinsamen Gebet und Rezitieren des Gotteswort, andererseits ist sie Ort der Erinnerung an einen entscheidenden, als historische Tatsache verstandenen Verlust göttlicher Anwesenheit. Seit der Zerstörung durch Babylonier war das Allerheiligste des Jerusalemer Tempels leer und die göttliche Anwesenheit nicht mehr manifest in den Tafeln des Gesetzes. Seit der endgültigen Zerstörung des Zweiten Tempels durch die Römer ist „Erinnerung" an Zerstörtes ein Kern jüdischer Theologie wie auch jüdischer religiöser Bauwerke. Wie tief die Zerstörung des Tempels im religiösen Jahreslauf verankert ist, belegt der Trauertag Tisch be Aw, der bis heute mit Fasten und Beten begangen wird.

Schon bald wurde das Streben nach der Wiedererrichtung des Tempels in eine endzeitliche Hoffnung überführt – die Sehnsucht nach Rückkehr und dem Bau des „Dritten Tempels" verband sich mit der Hoffnung auf das Kommen des Messias. Die Synagoge, in der man regelmäßig sowohl der Zerstörung gedenkt als auch die Hoffnung auf die endzeitliche Zukunft bekräftigt, ist nach dieser Tradition kein Ersatz des Tempelgebäudes und die Liturgie kein Ersatz des Tempelopfers. Die Synagoge der Diaspora ist das „kleine Heiligtum in den Ländern, in die ihr kommen werdet".[3]

Die bildlich-symbolische Erinnerung an den Tempel spiegelt sich jedoch in Architektur und Einrichtung der Synagogen durchaus wider. So lässt sich zum Beispiel die Gestaltung vieler Toraschreine als Abbreviatur des Tempels verstehen, ohne dessen Rekonstruktion sein zu wollen.[4] In manchen Fällen wird sogar ein unmittelbarer, gleichsam „wörtlicher" Bezug zum Salomonischen Tempel hergestellt. So wurde eine der beiden Säulen, die das Gewölbe der romanischen Synagoge in Worms tragen, mit einer Inschrift versehen, die ausdrücklich auf den biblischen Bericht über den Tempelbau hinweist.[5] Doch auch dieser literarisch-architektonische Verweis ist nicht als Rekonstruktion im eigentlichen Sinn zu verstehen, denn jedem Besucher und Betrachter musste klar sein, dass die Wormser Säulen in einem ganz anderen baulichen Zusammenhang standen als jene der Tempelbeschreibungen. Abbreviaturen des Tempels durchziehen auch die nachmittelalterliche Architektur der Synagogen mit ihren vielen unterschiedlichen Ausprägungen.[6]

---

3 Dieses Zitat findet sich oft über den Eingängen von Synagogen, so bei der Synagoge Heidereutergasse in Berlin von 1714.

4 Vgl. allgemein Helen Rosenau, Vision of the Temple. The Image of the Temple of Jerusalem in Judaism and Christianity, London 1979; Paul von Naredi-Rainer, Salomos Tempel und das Abend-

land. Monumentale Folgen historischer Irrtümer, Köln 1994.

5 Vgl. Simon Paulus, Die Architektur der Synagoge im Mittelalter. Überlieferung und Bestand, Petersberg 2007, S. 102.

6 Vgl. hierzu Harold Hammer-Schenk, Synagogen in Deutschland. Geschichte einer Baugattung im

Abb. 1: München,
Synagoge am Jakobsplatz,
Architekten: Wandel,
Hoefer, Lorch, 2006

Mit der jüdischen Reformbewegung des 19. Jahrhunderts wurde der Begriff „Tempel" für Synagogen zur programmatischen Bezeichnung: Seit Israel Jacobsons Synagoge in Seesen, dem 1810 eingeweihten ersten „Tempel" der Reformer, ist die Bezeichnung „Tempel" für eine Synagoge synonym für ein gewandeltes Selbstbewusstsein der jüdischen Gemeinden. Sie drückten damit aus, die Hoffnung auf eine Rückkehr ins reale Heilige Land gegen ein gleichberechtigtes Leben im aktuellen deutschen Staat eingetauscht zu haben.

Das Streben der jüdischen Aufklärer und Reformer nach gleichberechtigter Teilhabe, das sich seit dem frühen 19. Jahrhundert in Deutschland mit den Wandlungsprozessen der so genannten „Verbürgerlichung" so erfolgreich umsetzen zu lassen schien, wurde vom rassistischen Antisemitismus des späten 19. Jahrhunderts zunächst in Frage gestellt und durch die Verfolgung und Vernichtung der Jüdinnen und Juden im 20. Jahrhundert abgebrochen.[7] Dass hierbei identifikatorische Bauwerke wie Synagogen als Zielobjekte juden-

---

19. und 20. Jahrhundert (1780–1933), Hamburg 1981, bes. S. 75–85; oder Harmen Thies, Synagogen. Begriff und Bild, in: Andor Izsak (Hg.), „Niemand wollte mich hören…" Magrepha. Die Orgel in der Synagoge, Hannover 1999, S. 57–70.

7 Vgl. Ulrich Knufinke, Synagogen im 19. und 20. Jahrhundert. Bauwerke einer Minderheit im Spannungsfeld widerstreitender Wahrnehmungen und Deutungen, in: Gideon Botsch u. a. (Hg.), Islamophobie und Antisemitismus – ein umstrittener Vergleich, Berlin/Potsdam 2012, S. 201–226.

*Abb. 2: Stuttgart,
Innenraum der Synagoge,
Architekt: Ernst Guggen-
heimer, 1952*

feindlicher Gewalt schon früh eine Rolle spielten, ist bekannt – und mit der sogenannten Reichspogromnacht vom 9. November 1938 fand diese symbolische Funktionalisierung der Architektur ihren fatalen Höhepunkt.

Nach der Shoa war es kaum vorstellbar, dass sich in Deutschland jemals wieder jüdisches „Leben im Land der Täter" entfalten könnte.[8] So heißt es in einem Bericht von Richard Kirn am 12. September 1945 über den ersten Gottesdienst in der Frankfurter Westend-Synagoge:

> „Es war die erschütterndste Stunde seit dem Einzug der Amerikaner. […] Jetzt sass im letzten jüdischen Gotteshaus der Stadt Frankfurt das viehischer Hass nicht ganz vernichtet hatte, der Rest dieser Gemeinde. In einem Raum, der noch ohne Orgel, ohne das alte Gestühl war, in dem aber doch schon wieder tröstliche Kerzen brannten, sassen […] die Entkomme-

---

8 Vgl. Julius Schoeps (Hg.), Leben im Land der Täter. Juden im Nachkriegsdeutschland (1945–1952), Berlin 2001. Zur Geschichte der jüdischen DPs vgl. Angelika Königseder/Juliane Wetzel, Lebensmut im Wartesaal. Die jüdischen DPs (Displaced Persons) im Nachkriegsdeutschland, Frankfurt am Main 2004; zur Geschichte der Juden in Deutschland nach 1945 allgemein vgl. Michael Brenner (Hg.), Geschichte der Juden in Deutschland. Von 1945 bis zur Gegenwart. Politik, Kultur und Gesellschaft, München 2012.

nen der Vernichtungslager, die Geretteten von den Gaskammern, eine herzerschreckend niedrige Zahl. Hier wurde die tiefste Schändung des deutschen Namens vollbracht, Schuld für Jahrhunderte auf uns geladen, Kinder wurden verbrannt, Genies erschlagen, Mütter vergast. Die Besten unter uns werden im ewigen Gefühl der Schuld leben."[9]

Der Bericht beleuchtet sowohl die prekäre Lage der jüdischen Überlebenden als auch die Bedeutung ihrer bloßen Existenz als Mahnung an die nicht-jüdische deutsche Gesellschaft: Die jüdische Gemeinde und ihre Synagoge waren zum Mahnmal geworden, das „ewige Gefühl der Schuld" festzuhalten.[10]

Erst als sich Ende der 1940er-Jahre abzeichnete, dass sich jüdische Gemeinden doch auf längere Sicht in Deutschland etablieren könnten, entstand der Wunsch nach dauerhaften neuen Gemeindeeinrichtungen. Sie konnten nur in wenigen Fällen die alten sein, waren doch die allermeisten Synagogen der großen Städte, in denen sich jüdische Gemeinschaften wieder auf längere Sicht ansiedelten, in der NS-Zeit zerstört worden.

Eines der frühesten Beispiele für einen vollständigen Neubau ist die Synagoge in Stuttgart von Ernst Guggenheimer (Abb. 2).[11] Auf den Fundamenten der 1861 nach Entwurf der Architekten Breymann und Wolff in maurischem Stil errichteten und 1938 zerstörten Hauptsynagoge entstand sie bis 1952.[12] Sie ist ein Bauwerk, bei dem ein Anknüpfen an die Synagogen der Weimarer Zeit nicht nur sichtbar ist, sondern vom Architekten auch intendiert wurde: Das „Neue Bauen" verstand er als eine Gestaltungsform, die der Schlichtheit und Ursprünglichkeit des jüdischen Ritus entsprach.[13]

Eine „Anknüpfung" an die Tradition des Ortes Stuttgart stellte Guggenheimer daher nicht durch die gewählte Gestalt seiner Synagoge her, die in nichts an das zerstörte Bauwerk erinnert, sondern sowohl durch das historische Grundstück inmitten der weitgehend kriegszerstörten Innenstadt als auch, von hoher symbolischer Bedeutung, durch die Verwendung von wenigen Spolien:[14] Im Schutt fand man die steinernen Gesetzestafeln wieder,

---

9 Frankfurter Rundschau v. 12. September 1945; nach Zentralarchiv für die Geschichte der Juden in Deutschland Heidelberg (ZAJG), B1/13 Frankfurt am Main, o. P.

10 Zur Westend-Synagoge vgl. Rachel Heuberger (Hg.), 100 Jahre Westend-Synagoge Frankfurt am Main 1910–2010, Frankfurt a.M. 2010; zur Gemeindegeschichte vgl. Alon Tauber, Zwischen Kontinuität und Neuanfang. Die Entstehung der jüdischen Nachkriegsgemeinde in Frankfurt am Main 1945–1949, Wiesbaden 2008.

11 Die folgenden Ausführungen zur Stuttgarter Synagoge basieren auf Ulrich Knufinke, New Beginnings of Jewish Architecture in Germany after 1945: Ernst Guggenheimer's Stuttgart Synagogue, in: Aliza Cohen-Mushlin/Harmen Thies (Hg.), Jewish Architecture in Europe, Petersberg 2010, S. 337–352. Zur (Nachkriegs-) Geschichte der

Stuttgarter jüdischen Gemeinde vgl. Paul Sauer/ Sonja Hosseinzadeh, Jüdisches Leben im Wandel der Zeit: 170 Jahre Israelitische Religionsgemeinschaft, 50 Jahre Neue Synagoge in Stuttgart, Stuttgart 2002.

12 Zur Baugeschichte vgl. Stadt Stuttgart, Baurechtsamt, Bauakten Hospitalstraße 36.

13 Vgl. Ernst Guggenheimer, Wiederaufbau der 1938 zerstörten Synagoge am alten Platz, in: Festschrift zur Einweihung der Synagoge in Stuttgart am 18. Ijar 5712 (13. Mai 1952), hg. v. d. Israelitischen Kultusvereinigung Württemberg und Hohenzollern, Stuttgart 1952, S. 1–4.

14 Auf die hohe symbolische Bedeutung des Grundstücks verwies der damalige Vorsitzende der Israelitischen Kultusvereinigung, Josef Warscher, in einem Antwortschreiben vom 13. März 1947 an die Stadt Stuttgart, die der Gemeinde einen

Abb. 3: Stuttgart, Gedenktafel für die Gefallenen des Ersten Weltkriegs. 1922 nach Entwurf von Willi von Graf von Josef Zeitler angefertigt, wiederaufgestellt im Foyer der Synagoge von 1952

die bis 1938 den Giebel bekrönt hatten, aber auch eine Erinnerungstafel an die Stuttgarter jüdischen Gefallenen des Ersten Weltkriegs, die Guggenheimer an prominenter Stelle im neuen Foyer anbringen ließ (Abb. 3). Waren Teilnahme und Tod jüdischer Soldaten von den Gemeinden in der Weimarer Republik als Ausweis ihres Patriotismus demonstrativ sichtbar gemacht worden, so konnte das Wiederaufstellen der Gedenktafel die neue Gemeinde an

Grundstückstausch vorgeschlagen hatte: „Den Platz der Synagoge betrachten wir als eine heilige Stätte. Zweifellos werden im Laufe der nächsten Jahre Besuche ehemaliger Stuttgarter aus aller Welt zur Erledigung ihrer Angelegenheiten, zum Gräberbesuch ihrer Angehörigen usw. hier eintreffen. Sie hätten wohl kein Verständnis für eine andere Lösung als die zuerst von Herrn Guggenheimer vorgeschlagene [nämlich eine Gedenkstätte am Standort der zerstörten Synagoge zu errichten]. Wir müssen uns von dem Pietätsge-

danken leiten lassen"; Stadtarchiv Stuttgart, 17/1 Nr. 1032 o.P.; zum „Umgang" mit den Standorten zerstörter Synagogen in Deutschland vgl. den Beitrag von Ulrich Knufinke, „Öffentliche Plätze der Erinnerung? Standorte zerstörter Synagogen im Bild deutscher Städte" bei der Tagung „Platz-Architekturen. Kontinuität und Wandel öffentlicher Stadträume vom 19. Jahrhundert bis in die Gegenwart" am Kunsthistorischen Institut in Florenz – Max-Planck-Institut, Florenz 2012 (Publikation in Vorbereitung).

*Abb. 4: Köln, Synagoge in
der Roonstraße, Architekt
des Wiederaufbaus:
Helmut Goldschmidt, 1959*

die Tradition der weitgehend ausgelöschten anknüpfen lassen und gleichfalls den Willen herausstellen, im neuen, demokratischen Deutschland wieder teilhaben zu wollen.[15]

Große öffentliche Aufmerksamkeit erlangte der Wiederaufbau der Synagoge in der Roonstraße in Köln, eingeweiht 1959 (Abb. 4). Nach der Pogromnacht und den Bombardements des Zweiten Weltkriegs stand die 1899 nach Entwürfen des Kölner Architekturbüros Schreiterer und Below erbaute Synagoge als Ruine im Stadtbild. Die äußere Gestalt wurde weitgehend rekonstruiert, das Innere jedoch durch den Architekten Helmut Goldschmidt im Sinne der Nachkriegsmoderne neu interpretiert.[16] In gewisser Weise traf sich dieser abstrahierende Wiederaufbau mit den purifizierten Wiederherstellungen vieler kriegszerstörter Kirchen.

Die symbolpolitische Bedeutung des Wiederaufbaus der Kölner Synagoge spricht aus dem Grußwort des Bundeskanzlers Konrad Adenauer zur Einweihung:

---

15 Vgl. Ulrike Plate, Zur Erinnerung an den Ersten Weltkrieg. Zwei Gedenkorte in Stuttgart für gefallene, jüdische Soldaten, in: Denkmalpflege in Baden-Württemberg 43 (2014), H.2, S. 137–139 Zu jüdischen Ehrenmalen in der Weimarer Republik vgl. Judith Prokasky, Treue zu Deutschland und Treue zum Judentum – das Gedenken an die deutschen jüdischen Gefallenen des Ersten Weltkriegs, in: Aschkenas 9 (1999), S. 503–516; und Dies.: Das jüdische Kriegerdenkmal in Berlin-Weißensee. Suche nach Identität und Kampf gegen das Vergessen, in: Menora 11 (2000), S. 103–118. Auch in anderen Synagogen der Nachkriegszeit konnte der Verfasser gerettete Gedenktafeln aus der Zeit nach dem Ersten Weltkrieg an mehr oder weniger prominenter Stelle angebracht finden, so zum Beispiel in Trier oder in Osnabrück; eine systematische Untersuchung der Ehrenmale und ihrer Funktion in den jüdischen Gemeinden der Nachkriegszeit liegt bislang nicht vor. Zu Stuttgart vgl. ••••••

16 Zu Goldschmidt vgl. Wolfram Hagspiel, Köln und seine jüdischen Architekten, Köln 2010, S. 242–312.

Abb. 5: Köln, Erinnerungsraum im Foyer der Synagoge in der Roonstraße

„Ich freue mich, dass die älteste jüdische Gemeinde des Rheinlandes, deren Geschichte bis in die Römerzeit zurückzuverfolgen ist, nach über 20 Jahren wieder […] eine würdige Stätte für ihre Gottesdienste erhalten wird. […] Dies erscheint mir ein sichtbarer Beweis für die Erfolge der Wiedergutmachungspolitik der Bundesregierung und eine Bestätigung der in der Bundesrepublik Deutschland gewährleisteten Freiheit des religiösen Bekenntnisses und der kulturellen Betätigung."[17]

Der Rückbezug auf die lange jüdische Tradition in Köln spricht nicht nur aus der Wiederherstellung der äußeren Gestalt der Synagoge, die offenbar auf ein persönliches Eingreifen Adenauers zurückzuführen ist – Goldschmidt hatte zunächst einen vollständigen Neubau vorgeschlagen[18] –, sondern auch aus der Einrichtung eines Foyers, in dem Exponate zur Geschichte der jüdischen Gemeinde ausgestellt werden (Abb. 5). Dies ist eine der ersten Dauerausstellungen zu jüdischer Geschichte nach 1945 in Deutschland. Ein weiterer, kapellenartig eingerichteter Gedenkraum im Foyer des Betsaals im ersten Obergeschoss erinnert an die Shoa. Die zwei Seiten des Erinnerns – Historisierung und Sakralisierung – treten hier sinnfällig in unterschiedlichen Räumen auseinander.

Anders als in der zeitgenössischen Kirchenarchitektur, für die der modernisierende Wiederaufbau bzw. die Verwendung der Ruinen als Gedenkorte eine große Rolle spielte – von der durch Rudolf Schwarz wiederaufgebauten Paulskirche in Frankfurt am Main über

17 Zit. n. Zur Weihe der wiederhergestellten Synagoge Roonstraße und des jüdischen Kulturzentrums in Köln, Köln 1959, S. 13.

18 Vgl. Hagspiel, Köln [wie Anm. 16], S. 297–298; zum Wiederaufbau vgl. Jürgen Zieher, Im Schatten von Antisemitismus und Wiedergutmachung. Kommunen und jüdische Gemeinden in Dortmund, Düsseldorf und Köln 1945–1960, Berlin 2005, bes. S. 221–239.

19 Vgl. allgemein Kai Kappel, Memento 1945? Kirchenbau aus Kriegsruinen und Trümmersteinen in den Westzonen und in der Bundesrepublik Deutschland, München 2008.

Gottfried Böhms Kapelle Maria in den Trümmern in Köln bis zu Egon Eiermanns Gedächtniskirchenkomplex in Berlin[19] und die vielen Kirchenskelette wie in Hamburg, Hannover oder auch Ost-Berlin, Magdeburg, Merseburg und Dresden – wurde ein adaptierender, mahnmalhafter Wiederaufbau von Synagogenruinen offenbar an keiner Stelle diskutiert. In den 1950er- und 60er-Jahren wurde keine einzige Ruine als solche erhalten und in eine öffentliche Gedenkstätte verwandelt. Ein „Denkmal-Verlustgefühl", wie es Gabi Dolff-Bonekämper 2011 als konstituierend für die bis heute anhaltenden Rekonstruktionsdebatten um kriegszerstörte Bauwerke herausstellte,[20] hat es in weiten Kreisen der Bevölkerung hinsichtlich der zerstörten Synagogen nicht gegeben – und auch auf Seiten der jüdischen Gemeinden gab es kaum Bestrebungen zur Wiederherstellung. Bemerkenswert ist in dieser Phase jedoch der Wiederaufbau der mittelalterlichen Synagoge in Worms in den Jahren 1958–1961, die 1938 zerstört und später abgeräumt worden war. Mit archäologischer Akribie ging man daran, die historischen Steine zu erfassen und in einen weitgehend getreuen Nachbau einzufügen. Eine Funktion als Gemeindesynagoge war seinerzeit nicht zu erwarten, es ging eher darum, ein verlorenes Baudenkmal museal zu rekonstruieren – und wohl auch darum, das Bild eines zumindest zeitweilig gelungenen Zusammenlebens von Christen und Juden zu konstruieren, das in der Politik der „Wiedergutmachung" der bundesrepublikanischen Nachkriegszeit seine Entsprechung finden sollte.[21]

Die meisten jüdischen Gemeinden strebten hingegen Neubauten an, mit denen verschiedene architektonische Formen des Erinnerns entwickelt wurden. In den 1950er- und 60er-Jahren entstanden Symbolarchitekturen, die durch Standort, Material und Gestalt „Erinnerung" repräsentieren konnten – und die zugleich als Beispiele der „Nachkriegsmoderne" in die Entwicklung der sakralen Bauten einzuordnen sind wie die Synagogen in Stuttgart, Trier oder Hannover.

Ein in mehrfacher Hinsicht einzigartiges Bauwerk dieser Phase entstand 1967 auf dem Gelände des ehemaligen Konzentrationslagers Dachau. Als die gesamte Anlage zu einer Ansammlung religiös motivierter Gedenkorte unterschiedlicher Konfessionen verwandelt wurde, sollte auch eine jüdische Gedenkstätte gebaut werden. Für sie lieferte der seinerzeit erfolgreichste jüdische Synagogenarchitekt, Hermann Zvi Guttmann, den Entwurf.[22] Das

---

20 Vgl. Gabi Dolff-Bonekämper, Denkmalverlust als soziale Konstruktion, in: Adrian von Buttlar u. a. (Hg.), Denkmalpflege statt Attrappenkult. Gegen die Rekonstruktion von Baudenkmälern. Eine Anthologie, Basel 2010, S. 134–145. Zum Umgang mit historischen Synagogen vgl. auch Ulrich Knufinke, Brüche und Spuren. Historische Begegnungen als Kulturgeschichtliche „Exponate" in: Bericht über die 47. Tagung für Ausgabungswissenschaft und Bauforschung, Dresden 2014, S. 65–73, hier S. 69.

21 Vgl. Ita Heinze-Greenberg, Alte Synagoge, Worms, in: Winfried Nerdinger (Hg.), Geschichte der Re-

konstruktion. Konstruktion der Geschichte, München u. a. 2010, S. 351–353.

22 Vgl. Hermann Zvi Guttmann, Vom Tempel zum Gemeindezentrum. Synagogen im Nachkriegsdeutschland, hg. v. Sophie Remmlinger und Klaus Hofmann, Frankfurt a.M. 1989, S. 54–63; zur Anlage vgl. Kai Kappel, Religiöse Erinnerungsorte in der KZ-Gedenkstätte Dachau, München 2010. Auf die Gestaltung anderer KZ-Gedenkstätten kann an dieser Stelle nicht weiter eingegangen werden, doch ist Dachau wegen seiner explizit sakral konnotierten Denkmallandschaft eine besondere Anlage, die hier im Kontext sakraler Erinnerungsarchitektur betrachtet werden soll.

Abb. 6: Dachau, jüdischer Gedenkraum auf dem Gelände des ehemaligen Konzentrationslagers, Architekt: Hermann Zvi Guttmann, 1967

Gebäude ist nach jüdischer Tradition keinesfalls als Synagoge zu betrachten, aber es ist dennoch explizit ein Ort des Gebets. Auf einem Weg durch stilisierten Stacheldraht in das Dunkel einer Höhle durchschreitet der Besucher gleichsam den Weg in das Dunkel der Verfolgung an diesem Ort (Abb. 6). Erst am tiefsten Punkt bietet eine Lichtöffnung einen Ausblick in den offenen Himmel und auf eine Menora aus israelischem Marmor. So zeichnet das Gebäude den in Sakralräumen immer wieder nachgestellten Weg einer Heilserwartung vom Dunkel zum Licht nach, der jedoch in der Architektur jüdischer Gebetsorte kein Vorbild findet. Guttmann, Überlebender der Shoa und nach Angaben seiner Zeitgenossen religiös hochgebildet, unternahm damit den Versuch einer heilsgeschichtlichen Deutung oder wenigstens Einbindung des historischen, selbst erlebten Geschehens, das an diesem Ort nicht repräsentierbar ist:

> „An die düsteren Zeiten, die nicht vergessen werden dürfen, wird der Besucher schon beim
> Herannahen an die Gedenkstätte erinnert. Er betritt sie über die Rampe, zu deren beiden
> Seiten eiserne Geländer den Stacheldraht, der die Konzentrationslager umgab, symbolisch
> darstellen. Beim Eintritt in die Halle richtet sich der Blick des Beschauers nach oben auf die
> runde Öffnung an der höchsten Stelle des Baukörpers. Von dort her strahlt Helle in das Dun
> kel des Raumes und verkörpert das Licht der Hoffnung, welches tief im Judentum verwurzelt
> ist. Am Ende des Hoffens steht die Erlösung – das ewige jüdische Dasein ist hier symbolisch
> ausgedrückt durch den siebenarmigen Leuchter auf dem Hintergrund des Himmels."[23]

Den von Guttmann erhobenen religiösen Deutungsanspruch, fraglich schon für seine eigene Generation der Opfer und Täter, konnten und können die folgenden Generationen

---

23 Guttmann, Vom Tempel [wie Anm. 22], S. 58. Eine religiöse Deutung des Denkmals und damit der Shoa spiegelt sich auch in der zeitgenössischen Rezeption und den Reden zur Einweihung wider, vgl. Stefan Schwarz, Die jüdische Gedenkstätte in Dachau, München 1972.

keinesfalls mehr für sich erheben. Ihnen (also uns) bleibt die Erinnerung in der Gestalt der Historisierung, die sich jedes Mal aufs Neue die Geschichte anhand der Quellen zu vergegenwärtigen hat. Zugleich erschien es nötig, lesbare Metaphern und Symbole zu finden, die das historische Geschehen versinnbildlichen konnten, ohne es zu explizieren. Eine dieser Metaphern ist die des „Bruchs", mit dem die Shoa die Geschichte in eine Zeit davor und eine danach teilt – ein säkularisiertes Konzept religiöser Zeitenwenden. Den „Bruch" abzubilden, darzustellen, wurde seit den 1980er-Jahren im Kontext von Gebäuden und Mahnmalen immer wieder versucht. Prominent sind die „gebrochenen" Gesetzestafeln im Fassadenaufbau des Gemeindezentrums in Frankfurt, das 1986 nach Entwurf von Salomon Korn fertiggestellt wurde.[24]

Dem Konzept des „Bruchs" vordergründig entgegengesetzt ist die Vorgehensweise des Architekten Alfred Jacoby beim Entwurf der Synagoge in Darmstadt.[25] Hier wurde in Deutschland wohl erstmals nach 1945 der Versuch unternommen, formal auf eine historische Synagoge in durchaus postmodern zu nennender Weise anzuspielen. Das Schema des überkuppelten, über dem Grundriss eines griechischen Kreuzes konzipierten Zentralbaus, das seit Gottfried Sempers Synagoge für Dresden (1840) bis ins frühe 20. Jahrhundert zahlreichen Synagogenentwürfen zugrundegelegt wurde, griff Jacoby abstrahierend auf, und für die Gestaltung des Innenraums, besonders des Toraschreins, stand die 1938 zerstörte Darmstädter orthodoxe Synagoge des Architekten Georg Wickop (1906) Pate (Abb. 7 und 8).[26] Eingeweiht am 9. November 1988, 50 Jahre nach der Zerstörung der beiden historischen Synagogen der Stadt, war es erklärter Wille, mit dem neuen Gemeindezentrum eine „Rückgabe" und damit ein Anknüpfen an die Geschichte vor der Shoa zu thematisieren – die von der Stadt herausgegebene Sammlung der Reden zur Einweihung trägt den aus heutiger Sicht merkwürdigen Titel: „Die Bürgerschaft gibt der Jüdischen Gemeinde eine Synagoge zurück".[27]

Nach einer Phase der Stagnation in der Entwicklung der jüdischen Gemeinden, die zwischen 1965 und 1990 kaum Neubauten hervorbrachte, begann mit dem Zuzug jüdischer Einwanderer aus den Staaten der ehemaligen Sowjetunion eine bis in die Gegenwart andauernde „Neubauwelle". Oft wurden Lösungen mit hohem architektonischen Anspruch favorisiert. Dies macht die Bedeutung der Bauten ebenso deutlich wie das große öffentliche Interesse, das ihnen entgegengebracht wird. So wurde über die Einweihung der Münchner Synagoge 2006 auf den Titelseiten der Zeitungen und in den Hauptnachrichten des Fernsehens berichtet – kaum ein anderer Neubau in der Bundesrepublik wird ein so breites, auch internationales Echo gefunden haben wie diese jüdische Einrichtung.[28] Und

---

24 Vgl. Schwarz, Die Architektur [wie Anm. 2], S. 324–325.

25 Vgl. Monika Finger/Mario Lorenz (Hg.), In einem neuen Geiste. Synagogen von Alfred Jacoby, Frankfurt a.M. 2002, S. 42–43.

26 Vgl. Ulrich Knufinke, Darmstadt, Synagoge Bleichstraße, in: Aliza Cohen-Mushlin/Harmen Thies (Hg.), Synagogenarchitektur in Deutschland. Dokumentation zur Ausstellung „… und

ich wurde ihnen zu einem kleinen Heiligtum…" Synagogen in Deutschland, Petersberg 2008, S. 231–233.

27 Die Bürgerschaft gibt der Jüdischen Gemeinde eine Synagoge zurück. Einweihung der Synagoge in Darmstadt 9. November 1988. Ansprachen, Darmstadt 1989.

28 Salomon Korn sieht in der spezifischen Gestaltung ein Sinnbild der Situation der jüdischen Ge-

*Abb. 7: Darmstadt, Synagoge,
Architekt: Alfred Jacoby, 1988*

das Gebäude ist wohl die einzige neue Synagoge in Deutschland, die auf einer Briefmarke verewigt wurde.

Während die Münchner Synagoge am Jakobsplatz einen nicht historisch vorgeprägten Standort besetzt und lediglich mit ihrem Namen – Ohel Jaakov (Zelt Jakobs) – sowohl an den Namen des Platzes anknüpft als auch an den der 1938 zerstörten orthodoxen Synagoge der Stadt, ist ein anderes Projekt der Architekten Wandel Höfer Lorch und Hirsch in mehrfacher Weise eine „Erinnerungsarchitektur". Die Synagoge in Dresden, 2001 eingeweiht, verarbeitet trotz ihrer abstrakt-skulpturalen Gestalt vielfältige Formen des Erinnerns (Abb. 9). Der Komplex aus Synagoge und Gemeindezentrum umschließt den Standort der 1938 zerstörten Synagoge, die 1838–1840 nach Entwurf von Gottfried Semper errichtet worden war.[29] Eine Umrissspur zeichnet die Grundfläche des Semperbaus im Hof des Komplexes nach. Zudem ist eine Gedenkinschrift in die Abschlusswand eingelassen. Als einzige erhaltene Spolie wurde der Davidstern der Sempersynagoge über dem Eingang angebracht. Während gleichzeitig die Frauenkirche, seit der Zerstörung Mahnmal des Bombenkriegs, rekonstruiert wurde, hatte man sich im Wettbewerb um die neue Synagoge für einen Entwurf entschieden, der den historischen Standort explizit nicht wieder bebaute. Die

meinden in Deutschland: „Die architektonische Qualität dieses Sakralbaus liegt vornehmlich im Kontrast zwischen massivem tempelartigen Sockelgeschoss und filigranem gläsernen Aufbau. Damit wird auf baukünstlerischer Ebene die Ambivalenz deutsch-jüdischer Nachkriegsgeschichte, das Schwanken zwischen Provisorium und

Permanenz spannungsvoll in der Schwebe gehalten", Salomon Korn, Museum Synagoge Jakobsplatz München, in: Winfried Nerdinger (Hg.), Material Time. Wandel Hoefer Lorch & Hirsch, Köln 2010, S. 98–100.

29 Vgl. Hubertus Adam, Synagoge Dresden, in: Nerdinger, Material Time [wie Anm. 28], S. 34–37.

Abb. 8: Darmstadt,
Innenraum der Synagoge

minimalistische Architektur macht den Synagogenbaukörper dennoch zu einem Monument, dessen Maßstablosigkeit sich nicht zuletzt aus der Absicht erklärt, ein in der Elbfront Dresdens weithin sichtbares, markantes Bauwerk zu schaffen. Seine schroffe Gestalt lässt wohl kaum eine andere Interpretation zu als die, ein Monument zu sein. Die bewusst verarbeiteten Anregungen stammen nicht aus der Gestalt der Synagoge Sempers, sondern finden sich in einer symbolisch-räumlich und texturell die Geschichte jüdischer Kultstätten nachstellenden Konstellation: Der verdrehte Kubus ist kaum anders als eine Anspielung auf den Tempel und seinen Überrest, die Klagemauer, zu verstehen, das Innere greift mit einem abgehängten Metallvorhang, der den eigentlichen Betraum umhüllt, das früheste Heiligtum der Juden auf, das Zelt der wandernden Bundeslade.[30]

Gänzlich anders in der architektonisch-skulpturalen Ausformung, aber hinsichtlich einer „erinnernden" Intention nicht weniger komplex angelegt ist das Gemeindezentrum mit Synagoge in Mainz von Manuel Herz, fertiggestellt erst 2010 nach einem rund zehn Jahre alten Wettbewerbsentwurf (Abb. 10). Für den Standort der Mainzer Hauptsynagoge,

---

30 „In Analogie zu Tempel und Zelt als den beiden architektonischen Grunderfahrungen des Judentums ist die Synagoge geprägt durch den Gegensatz zwischen dauerhaften und provisorischen Zuständen: einerseits die Massivität der äußeren Hülle, andererseits ein fragiles Gewebe im Inneren", Wandel Hoefer Lorch und Hirsch, Tempel und Zelt, in: Jüdische Gemeinde zu Dresden (Hg.), Einst & jetzt. Zur Geschichte der Dresdner Synagoge und ihrer Gemeinde, Dresden 2001, S. 122–131, hier S. 125. Die Kombination von „fester" Umhüllung und „fragilem", zeltartigen Inneren hatte Salomon Korn bereits 1988 in einem Idealentwurf und einer ausführlichen theoretischen Grundlegung formuliert, vgl. Salomon Korn, Synagoge '88 – ein Entwurf, in: Schwarz, Die Architektur [wie Anm. 2], S. 344–346.

Abb. 9: Dresden, Synagoge und Gemeindezentrum (im Vordergrund), Architekten: Wandel, Hoefer, Lorch und Hirsch, 2001

1912 errichtet und 1938 zerstört, konzipierte Herz auf gebrochen bogigem Grundriss ein Gemeindezentrum mit bewegter Silhouette.[31] Auch hier stellen Spolien, die 1988 – also lange vor dem Neubau – als Mahnmal aufgerichtet worden waren, einen Rückbezug zum historischen Ort her. Aus den Erläuterungen des Architekten erfährt man, dass er die Silhouette des Gebäudes entwickelt habe, indem er ein Band über den Umriss der Buchstaben des hebräischen Wortes „keduschah" gefaltet habe. Das Wort für „erhöhen", „segnen", „Segensspruch" durchdringt in der Absicht des Architekten den gesamten Komplex.[32] Die am meisten herausragende Einzelform, ein Lichttrichter über dem Synagogensaal, steht für das Schofar-Horn, das in der Liturgie immer dann geblasen wird, wenn eine besondere Verbindung zum Herrn signalisiert werden soll. Viele weitere Details lässt Herz als Anspielungen auf die jüdische Text-Tradition lesen. So sind die goldfarbigen Oberflächen des Synagogenraums mit ornamentalen, stilisierten hebräischen Lettern überzogen, aus denen an einigen Stellen tatsächlich lesbare Inschriften mit Tora-Zitaten werden.

Dem anhand der Selbstinterpretationen der Architekten informierten Betrachter werden Bauwerke wie die Dresdner oder die Mainzer Synagoge lesbar – doch ohne eine Erklärung bleiben sie zwar ungewöhnliche und damit auf etwas Nicht-Alltägliches verweisende

31 Manuel Herz, Jüdisches Gemeindezentrum „Licht der Diaspora", in: Coridaß, Gebauter Aufbruch [wie Anm. 2], S. 119–127.

32 „(Quadushah) ist das hebräische Wort für Erhöhen, Segnen bzw. Segensspruch, dessen fünf Buchstaben dem Jüdischen Gemeindezentrum die Form geben", Herz, Jüdisches Gemeindezentrum [wie Anm. 31], S. 121.

Abb. 10: Mainz, Gemeindezentrum mit integrierter Synagoge, Architekt: Manuel Herz, 2010, im Vordergrund Spolien der 1938 zerstörten Synagoge, als Mahnmal aufgestellt 1988

Skulpturen, aber eben auch undechiffrierbar, unlesbar.[33] So wie ein neues Gebäude am Platz eines zerstörten Geschichte überschreibt – und damit schreibt –, verschiebt sich Erinnerung vom Sichtbaren ins nicht mehr Sichtbare. Das dem Objekt Eingeschriebene und Überschriebene wird zu einem Palimpsest offener und verdeckter Spuren – Spuren hinsichtlich des Standorts, an dem schon einmal eine Synagoge stand, die in der Shoa zerstört wurde; Spuren als historisches Material, das als Spolien wiederverwendet wurde; Spuren in historischen Gebäudestrukturen, die neu belebt und gestaltet wurden; neu gelegte Spuren durch formale Übernahmen historischer Vorbilder oder durch symbolische, metaphorische und textliche Verweise.[34] Vielleicht ist die resultierende Unleserlichkeit, das „unspezifische Erinnern", das einzige architektonisch-künstlerische Äquivalent zur Nicht-Darstellbarkeit der Shoa, ein Erinnern, das jenseits allfälliger Banalitäten gerade keinen kohärenten Kanon ikonographisch lesbarer, eindeutiger Formen finden wird.

Da in Synagogen seit der Zerstörung des Jerusalemer Tempels eine spezifische Form architektonischen Verweisens – Erinnerns – an etwas nicht mehr Existentes gepflegt wird,

---

33 Auf die besondere Rolle des Jüdischen Museums Berlin von Daniel Libeskind (2001) bzw. des Denkmals für die ermordeten Juden Europas in Berlin von Peter Eisenman (2005) soll an dieser Stelle nicht eingegangen werden, da sie nicht als Bauten für jüdische Gemeinden errichtet wurden. Dass jüdische Museen und Denkmäler als Teil einer „jüdischen" Architektur betrachtet werden können, erhellt aus dem Band von Ange-

li Sachs/ Edward van Voolen (Hg.), Jüdische Identität in der zeitgenössischen Architektur, München 2004.

34 Vgl. zum Begriff des Palimpsests als „eingeschriebene Erinnerung" Aleida Assmann, Erinnerungsräume. Formen und Wandlungen des kulturellen Gedächtnisses, München 1999 (⁵2010), S. 337–339.

kann der seit 1945 immer wieder unternommene Versuch, ihrer Erscheinung das Gedächtnis an die Shoa einzuschreiben, durchaus als Fortsetzung dieser Tradition jüdischer Architektur verstanden werden.[35] Jedoch: Sind die assoziativen Verweise und Analogien zum
Tempel etwas gleichsam „Innerjüdisches", das Kenntnis und Verständnis jüdischer theolo-
gischer und ikonologischer Tradition erfordert, so ist das Verweben von Synagoge und
Shoa-Denkmal zumindest auch, wenn nicht sogar vorwiegend an nicht-jüdische Betrachter gerichtet, an die Mehrheitsgesellschaft jener Deutschen, die mit eigener Schuld oder der
Schuld ihrer vorangehenden Generationen umzugehen hatten und haben.

Vielleicht ist es keine Überforderung der Architektur, wenn man ihr solche Deutungs-
möglichkeiten einschreibt und sie zugleich im Sinne eines Palimpsests überschreibt. Sicher
ist es aber eine Überforderung der alltäglichen Passanten und Nutzer, von ihnen ein Verständnis für eine solche Bedeutungsperspektive zu erwarten, wenn erst Lesehilfen nötig
sind – so als würde man auf eine „korrekte" Lesart nicht vertrauen können. Jedes solche
Beispiel verspricht eine Programmarchitektur mit singulärem Inhalt zu sein, in die – lesbar
und unlesbar zugleich – „geschichtliche Deutung" eingeschrieben ist – und eben nicht
Erinnerung. Die Rezeption eines solchen Objekts als Auslöser für ein „sich Erinnern" seitens der Betrachter ist kaum überprüfbar, bzw. kaum überprüft. Synagogen sind aber nicht
nur Orte des Gedenkens und Erinnerns – mit unterschiedlichen Perspektiven und Dring-
lichkeiten auf jüdischer und nicht-jüdischer Seite –, sondern auch Orte jüdischer Gemeinden, die Ansprüche und Erwartungen für Gegenwart und Zukunft haben und sicher nicht
bereit sind, mit ihren Gebäuden allein als Denkmale deutsch-jüdischer Geschichte zu dienen. Ob und wie Architektur diese unterschiedlichen Ansprüche und Fragen beantworten
kann, bleibt für mich offen – und ob die gezeigten Beispiele geeignete Antworten darstellen, muss immer wieder neu diskutiert werden, wenn sie nicht als bloße Zeugnisse ihrer
jeweiligen Zeit architekturhistorisch inventarisiert werden sollen.

ABBILDUNGSNACHWEIS

Abb. 1, 4–9 Ulrich Knufinke 2007
Abb. 2, 3 Ulrich Knufinke 2006
Abb. 10 Ulrich Knufinke 2010

---

35 Die Frage nach einer Definition jüdischer Architektur jenseits der funktionalen Bindung an Bau-
aufgaben für Zwecke jüdischer Religionspraxis
wird gerade in der Gegenwart heftig diskutiert,
vgl. zum Beispiel Angeli Sachs/Edvard van Voolen, Does Contemporary Jewish Architecture Ex-
ist?, in: Cohen-Mushlin/Thies, Jewish Architecture in Europe [wie Anm. 11], S. 365–376. Vgl.
auch den kritischen Beitrag von Carol Herselle
Krinsky, Is There a Jewish Architecture?, in:
ebd., S. 353–364; oder Gavriel D. Rosenfeld, Buil-
ding After Auschwitz. Jewish Architecture and
the Memory of the Holocaust, New Haven/Lon-
don 2011.

Gesellschaft, Gemeinschaft und Identität

Andreas Barz

Was bleibt von den Ideen der Re-Education nach dem Ende des Kalten Krieges?

Anmerkungen zur Rettung des Studentendorfes Schlachtensee

Das Experiment Studentendorf – die Entwicklung des Studentendorfes Schlachtensee vom Kollegienhaus bis zur Erhebung in den Rang eines Nationalen Kulturdenkmals

Während in Aachen 1953 das erste Studentendorf der Bundesrepublik Deutschland mit Mitteln des amerikanischen McCloy-Fonds[1] übergeben wird, leben die meisten Berliner Studenten zur selben Zeit noch in Notunterkünften, spartanischen Pensionen oder bei ihren Eltern. Für 14.000 Berliner Studenten stehen 1953 in der bereits geteilten Stadt gerade einmal 200 Wohnheimplätze zur Verfügung. Die in Berlin-Charlottenburg ansässige Technische Universität bringt ihre ersten Studenten in ehemaligen Wehrmachtsbaracken unter, die an Ausstattung und Komfort nur das Allernötigste bereit hielten. In der Siedlung Eichkamp sowie am Zehlendorfer Waldsee gründeten sich erste Wohnheime auf Initiative der Studierenden nach dem Prinzip demokratischer Selbstverwaltung.

Im Zuge der westdeutschen Hochschulreformen propagierten die Wohnheimplaner ausdrücklich den Bau von Kollegienhäusern nach amerikanischem Vorbild, in denen die Studenten zu „politisch bewussten, sozial und demokratisch handelnden, sich für Universität und Gesellschaft engagierenden Staatsbürgern" herangezogen werden sollten.[2] Das favorisierte Kollegienhaus wurde somit sehr rasch zu einem wesentlichen Bestandteil des *Studium Generale,* in dem die Studenten vor einer Vertiefung des Stoffes in den ausgewählten Einzelfächern, in allgemeinbildenden, humanistischen, außeruniversitären Veranstaltungen geschult werden sollten. Parallel wird im Gutachten der deutsch-alliierten

---

1 Namensgeber und Initiator des Fonds war der amerikanische Hochkommissar McCloy. Auf Anregung des ersten Bundespräsidenten Heuss sollte sich der Fonds an der Finanzierung von Studentenwohnhäusern beteiligen, um einem neuen demokratischen Gemeinschaftsleben entsprechenden Raum zu geben und „um einer Restauration farbentragender und schlagender Verbindungen Einhalt zu gebieten". Der Fond sollte sich ursprünglich auch an der Finanzierung einer Studentenstadt in Berlin beteiligen, die für rund 500 Studenten am Rande des Grunewalds geplant war. Das Finanzierungsprojekt scheiterte jedoch, da sich der Fonds mit der Realisierung der Amerika-Gedenkbibliothek bereits übernommen hatte. Vgl. Ralf Zünder, Studentendorf Schlachtensee 1959 bis 1989. Eine Dokumentation. Berlin 1989, S. 24ff.

2 Vgl. ebd., S. 18f.

Reformkommission 1948 gefordert, dass „die Hochschule in erster Linie ihrer pädagogischen Aufgabe gegenüber ihren eigenen Studenten gerecht werden müsse" und dass „zur Einübung freiheitlicher Formen praktischen Zusammenlebens neben der Einrichtung studentischer Vereinigungen und Studentenvertretungen auch collegeähnliche Studentenwohnheime gegründet werden sollten".[3] Die Kollegienhäuser sollten durch Assistenten oder Tutoren geleitet werden. Die Leitung war für die gesamte außeruniversitäre Bildungsarbeit im Kollegienhaus verantwortlich. Arbeitskreise im Beisein der Professoren, gemeinschaftliche Freizeitaktivitäten und Ausflüge, aber auch die Selbstverwaltung der Häuser war Bestandteil des Kollegienhauskonzepts.[4]

1952 nahm auch der Allgemeine Studierendenausschuss (AStA) der 1948 gemeinsam von ehemaligen Humboldt-Studierenden und Professoren gegründeten Freien Universität Berlin die Initiative zur Errichtung eines Kollegiendorfes auf. Die Studierendenzahlen der neuen Universität stiegen von 2.140 im Jahr 1948 auf bereits über 10.000 im Jahr 1957. In ähnlich rasanter Weise entwickelte sich die Zahl der Institute und Lehrstühle und somit die Anzahl der wissenschaftlichen Mitarbeiter und Hochschullehrer. 1957 führte die Hochschulleitung der Freien Universität erstmals einen Numerus Clausus ein, um der wachsenden Zahl der Studierenden Herr zu werden. Das rasante Wachstum löste eine rege Bautätigkeit an der Hochschule aus: 1952–1954 entstand der Henry-Ford-Bau der Architekten Sobotka & Müller, 1953 die Mensa von Fehling+Gogel und 1959 das Otto-Suhr-Institut der Architekten Bruno Grimmek und Werner Klenke. Mit den Neubauten von Instituten, Mensen und Bibliotheken rückte auch der Wohnheimbau stärker in den Fokus des universitären Baugeschehens.

Das durch den Mensaneubau an der Dahlemer Van't-Hoff-Straße der Hochschulleitung vertraute Architektenpaar Fehling+Gogel wurde 1952 vom AStA gebeten, ein Wohnprojekt für rund 500 Studenten zu realisieren. Geplant waren 17 Pavillons in dörflicher Struktur. Obwohl Realisierung und Finanzierung noch nicht gesichert waren, beteiligten sich Fehling+Gogel an der gemeinsamen Konzeption und schlugen mehrere Realisierungsvarianten vor. Bereits 1955 waren die wesentlichen Grundzüge des Dorfkonzeptes niedergelegt, wie ein Zeitungsbericht vom August 1955 belegt. Demnach hat sich der Bezirk Zehlendorf bereit erklärt, ein Grundstück für ein Wohnheim zur Verfügung zu stellen, in dem 500–600 Studenten in Wohngruppen von je 30 Personen in

---

3 Vgl. Susanne Kleemann, Domestizierung oder Radikalisierung? Die Chancen der Wohnheimerziehung, in: Stephan Leibfried (Hg.), Wider die Untertanenfabrik, Köln 1967, S. 181.

4 Dieses sehr stark pädagogisch orientierte Prinzip war nicht selten abhängig von der Motivation der jeweiligen Hausleitungen und somit stark persönlich motiviert. Susanne Kleemann verweist darauf, dass der Kollegienplan der Wissenschaftsräte vorsah, dass möglichst alle Studenten bis zum dritten Semester in Kollegienhäusern unter-

gebracht werden sollten, da Studenten, die während der ersten Zeit ihres Studiums eine Bude bewohnen, vielfach die Freiheit von der Gebundenheit im Elternhaus und von dem Zwang der Kaserne fälschlicherweise als den charakteristischen Teil der akademischen Freiheit und des Studentenlebens überhaupt ansehen werden. Es wurde darauf spekuliert, dass der Beginn des Studiums im Kollegienhaus von bleibender Wirkung sein werde. Vgl. Kleemann, Domestizierung oder Radikalisierung? [wie Anm. 3], S. 185f.

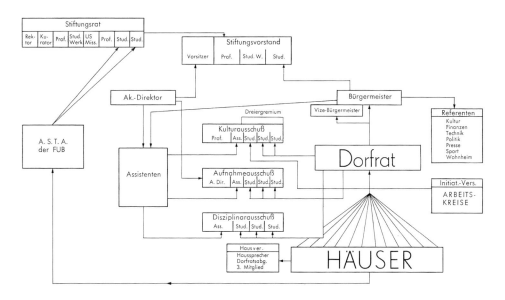

Abb. 1: Beteiligungskonzept Studentendorf Schlachtensee, Schemata ca. 1960

Einzelzimmern leben sollten. Zudem sollten auch wissenschaftliche Assistenten im Wohnheim untergebracht werden. Im selben Jahr wurde an der Potsdamer Chaussee ein geeignetes Baugrundstück angeboten, für das das universitäre Studentenwerk ein befristetes Vorkaufsrecht erwarb. Die erforderlichen Mittel für die Kaufoption, immerhin 40.000 DM, wurden durch die Studenten selbst erbracht. Für den Ankauf und den Bau des Studentendorfes waren zunächst Mittel aus der Berlin-Hilfe und aus dem sozialen Wohnungsbauprogramm des Senats vorgesehen. Im Rahmen ihres *Reeducation*-Programms suchte jedoch auch das State Department und allen voran Eleanor Lansing Dulles, Schwester des US-amerikanischen Außenministers, nach einem geeigneten Studentenwohnprojekt in Berlin. 1956 hatte der Berliner Senat aus Mitteln der Berlin-Hilfe die erforderlichen Gelder für den Grundstücksankauf freigegeben. Das State Departement bewilligte, beeindruckt von der studentischen Ankaufsunterstützung, 7,5 Millionen Mark für den Bau des Dorfes. Die Ford-Foundation stellte zudem Mittel für den Aufbau des Tutorensystems in Aussicht. Das Kollegienhauskonzept nach Vorbild der Häuser in Tübingen und Heidelberg sah vor, dass die anonyme Masse der annähernd 700 Bewohner durch Ausbildung überschaubarer Wohngemeinschaften von 30 Menschen aufgebrochen und die Leitung des Studentendorfes einem anerkannten akademischen Lehrer übertragen werden sollte. Die studentischen Belange sollten darüber hinaus durch eine Selbstverwaltung angemessen vertreten werden (Abb. 1). Weibliche Kommilitonen waren ausdrücklich erwünscht und sollten in eigenen Häusern untergebracht werden. Eine deutliche Absage erteilte der AStA dem parallel in Berlin diskutierten Realisierungsprojekt einer Cité Universitaire für alle Westberliner Hochschulstudenten nach französischem Vorbild.[5]

Die im Januar 1956 von Hermann Fehling und seinem neuen Partner Peter Pfankuch gezeichneten Entwürfe eines Wohncampus waren wegweisend. Die Bauten fächern sich blatthaft und organisch in die Landschaft und gruppieren 24 Pavillons in acht Gruppen entlang einer Grünachse, an deren Ende das zentrale Gemeinschaftsgebäude Platz finden sollte (siehe Abbildungen). Die Wohngebäude waren in den Entwürfen von 1956 in zwei Wohngruppen von je acht bis zehn Studenten gegliedert. Die Gemeinschaftsbereiche waren äußerst großzügig bemessen und durch hohe Verglasungen und raumübergreifende Materialen mit dem Garten und im Sinne des von Ludwig Mies van der Rohe entwickelten Konzeptes der *Fließenden Räume* verbunden. Die Ausgestaltung der *Buden* und das Möblierungskonzept wecken Assoziationen an ein Schiffsdeck und teilen die Bude in einen Schlaf- und in einen Wohnbereich (Abb. 2).

Die überreichten Pläne überzeugten Eleanor L. Dulles vom *Office of German Affairs*, die daraufhin eine Spende des State Department für den Bau bewirken konnte. 1957 geriet der Bau jedoch noch einmal ins Stocken: Das ursprünglich bis zur Tewsstraße reichende Grundstück musste erheblich verkleinert werden. Auch wollte Fehling die vorhandene Bepflanzung aus Birkenwäldern und alten Obstbaumreihen wie auch die originäre Topographie des zur Mitte absinkenden Geländes weitgehend erhalten. Der organische Entwurf aus dem Jahr 1956 wurde daraufhin zugunsten eines kompakteren und landschaftlich ausgewogeneren Konzeptes aufgegeben. Die geschätzten Baukosten für die filigranen Wohngebäude übertrafen zudem die bewilligte Spende und wurden ebenfalls zugunsten kompakterer Typen neu geplant. Am 10. Oktober 1957 war es nach einigem diplomatischen Procedere und sechs Planungsjahren soweit: Aus den USA reiste Eleanor L. Dulles an, um gemeinsam mit Willy Brandt den Grundstein für das Studentendorf Schlachtensee zu legen (Abb. 3). Dulles, die auch für die anderen *Reeducation*-Bauten eine zentrale Verantwortung übernahm, betrachtete vor allem das Studentendorf als ihr *Kind*, dessen Realisierung sie im Jahr der Kongresshalleneröffnung und der *Interbau* unbedingt umgesetzt wissen wollte. Dulles achtete zudem streng darauf, dass die Prinzipien des Kollegienhauses und einer damit verbundenen demokratischen Erziehung einer sogenannten geistigen Elite Anwendung fanden. Auf dem Campus der Universität wurden vier Modellbuden errichtet, in der die Studenten zur Probe wohnen konnten. Das dort präsentierte Wohnmodell stieß weitgehend auf Ablehnung der Studenten. Die in Anlehnung an Reisekojen geplanten Schlafnischen riefen beson-

---

5 Die geplante Studentenstadt sollte im Stadtteil Wilmersdorf errichtet werden und rund 3.500 Bewohner aufnehmen. Zur bautypologischen Kategorisierung hat die Bauwelt in ihrer Ausgabe 35/2012 auch den Siegmundshof als *Studentendorf* vorgestellt. Diese bautypologische Klassifizierung ist nach meiner Auffassung nicht korrekt, da der Siegmundshof der Architekten Peter Poelzig und Klaus H. Ernst eine weitgehend städtische Siedlungsanlage im Sinne der gegliederten und aufgelockerten Stadt darstellt. Konstitutive Elemente eines Dorfes wie Platzanlagen und entsprechende Infrastruktur fehlen im Siegmundshof weitgehend. Das Studentenwohnheim Siegmundshof mit seinen rund 560 Wohnplätzen entspricht daher im Aufbau und in der Typologie viel eher der Cité Universitaire als einem Studentendorf.

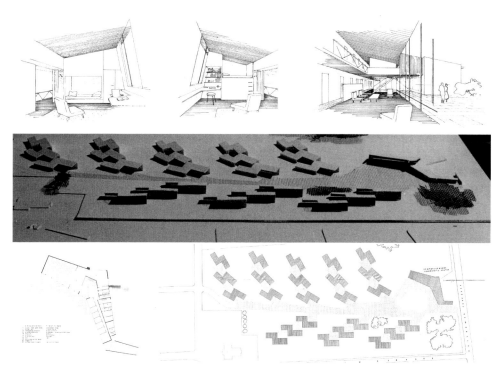

Abb. 2: Modellansicht, Raumentwürfe und Grundrissplanung Studentendorf Schlachtensee 1956 (Freie Universität Berlin, Universitätsarchiv)

ders viel Empörung hervor. Aber auch das vorgestellte Möblierungskonzept und die Lüftung wurden scharf kritisiert. Die Neuplanungen verzögerten das Projekt noch bis 1958. Statt der ursprünglich geplanten 24 Wohnhäuser mit rund 700 Zimmern waren nun 18 Häuser mit 570 Plätzen vorgesehen. Zudem sollten im ersten Bauabschnitt ein Verwaltungsgebäude (Bürgermeisteramt, heute: Rathaus), eine Bibliothek (heute: Fitnessstudio) und ein kleiner Kaufmannsladen (heute: Kinderladen) errichtet werden. Das ursprünglich an der Basis gelegene Gemeinschaftshaus wurde zugunsten eines repräsentativ gestalteten Gebäudeensembles mit Wasserbassins von der Straße in die Mitte der Anlage verlegt. Der Bau, mit Mensa und einem Theatersaal, das Wohnhaus des Akademischen Direktors sowie weitere Wohngebäude waren für einen zweiten Bauabschnitt vorgesehen. Die anfängliche Monatsmiete war nach mehreren Baukostensteigerungen auf 60 Mark festgelegt.[6] Die Umsetzung des ersten Bauabschnittes erfolgte in 14-monatiger Bauzeit und am 1. November 1959 konnten die ersten Studenten in das Dorf einziehen (Abb. 4). Die Fertigstellung des zweiten Bauabschnittes erfolgte nach weiteren Finanzierungshilfen von 1962 bis 1964.

---

6 Vgl. Jürgen Häner, 20 Jahre Studentendorf
Schlachtensee, Berlin 1979, S. 33.

Abb. 3: Eleanor L. Dulles und der Regierende Bürgermeister von Berlin Willy Brandt legen am 10.10.1957 den Grundstein für das Studentendorf Schlachtensee

WELCHE GEMEINSCHAFT WOLLEN WIR BAUEN? DAS STUDENTENDORF ALS TEIL DER *DOPPELHELIX* IM NACHKRIEGSBERLIN.

Eine 1959 unter 8.000 Studierenden der Freien Universität Berlin durchgeführte Meinungsumfrage zum Wohnen in Heimen ergab eine unerwartet hohe Bereitschaft für das Leben in einer studentischen Gemeinschaft. Andererseits äußerten viele der Befragten auch Befürchtungen über eine ideologische Beeinflussung oder glaubten, vom Studium durch ein gestaltetes Gemeinschaftsleben abgelenkt zu werden. Die gemeinsame Verwaltung des Wohnheims auch durch Lehrpersonal empfanden nicht wenige Studierende als Einmischung in die Privatsphäre.[7]

---

7 Vgl. Zünder, Studentendorf Schlachtensee [wie Anm. 1], S. 48.

*Abb. 4: Luft-
aufnahme des
Wohncampus
ca. 1963*

Der Studentenwohnbau als Bauaufgabe hat in Deutschland eine vergleichsweise junge Tradition und hatte vor dem Zweiten Weltkrieg kaum Bedeutung. Mit Ausnahme exponierter Wohnheimprojekte wie beispielsweise das am Dessauer Bauhaus gelegene Atelierhaus – vielen auch als *Prellerhaus* ein Begriff – konzentrierte sich das Baugeschehen meist auf die wenigen weiblichen Studenten, da männliche Studenten weitgehend zur Untermiete logierten. Um jedoch den Einfluss der reaktionären Burschenschaften auf das Leben insbesondere von männlichen Studenten zurückzudrängen, wurde in den 1920er-Jahren der Funktionstyp des Studentenwohnheims entwickelt. Im Dessauer *Prellerhaus* wurden beispielsweise sieben Wohnateliers zusammen mit einer Teeküche und gemeinschaftlicher Toilette an einem Mittelflur zusammengeschlossen. Die Ausstattung und Wohngrundrisse waren außergewöhnlich luxuriös: Es gab gemeinschaftlich nutzbare Bäder und Terrassen und eine Turnhalle im Keller. Die einzelnen Ateliers waren mit Einbauschränken, Waschnischen und Möbeln von Marcel Breuer ausgestattet. Die 28 Ateliers waren rund 20 Quadratmeter groß, 16 Zimmer verfügten über einen eigenen kleinen Balkon.

Nach der Schließung des Bauhauses und der Machtübernahme der Nationalsozialisten entwickelten Andreas Feickert und Heiz Roosch für die nationalsozialistische Studentenschaft das sogenannte Kameradschaftshaus, in der das gemeinsame Leben in „klarer, einfacher Zucht" erfolgen sollte.[8]

---

8 „Auch wenn das kasernierte Leben nicht sonderlich beliebt war und die Nationalsozialisten keine eigene Typologie des Studentendorfes hervorbrachten, bestand die wesentliche Aufgabe ge-

meinschaftlicher Wohnhäuser in der soldatischen Pflichterfüllung gegenüber Führer und Vaterland", so Butter in seinen Anmerkungen zur Sozialgeschichte des Studentendorfes. Siehe: An-

Nach der Befreiung Deutschlands vom Nationalsozialismus waren zunächst sämtliche auf Gemeinschaft ausgerichteten antibürgerlichen Jugendschwärmereien der Vergangenheit in einem besonderen Maße diskreditiert. Das zerstörte Land war zudem nach Kriegsende eines großen Teils seiner akademischen Jugend beraubt. Die allermeisten Universitäten lagen in Trümmern und konnten nur schrittweise wieder eröffnet werden. Nicht wenige Hochschullehrer waren durch ihre Zugehörigkeit zur NSDAP vom Lehrbetrieb ausgeschlossen und erhielten durch alliierte Prüfkommissionen zunächst keinen Entnazifizierungsausweis. Die ersten, zunächst als sogenannte Jugenddörfer konzipierten Wohnanlagen waren aber bereits kurz nach dem Krieg in Planung und sollten den Jugendlichen als Wohn- und Ausbildungsstätte gleichermaßen dienen und ein ziviles Zusammenleben nach dem Krieg ermöglichen. Während einige Projekte patriarchisch ausgerichtet waren, sollten in andern Fällen Schüler und Lehrer gleiches Stimmrecht in der Ausgestaltung des Gemeinschaftsprojektes erhalten.[9] Unterschiede in der Gestaltung der Projekte in Ost und West bestanden zunächst nicht.

Erstmals nach dem Krieg realisierte Studentenwohnheime in München und Potsdam griffen die in der Weimarer Moderne oft verwandte Typologie des Laubenganghauses auf und dies nicht nur aus kosten- und raumklimatischen Gründen, sondern da der Laubengang eine ausgezeichnete kommunikative Plattform für die Hausbewohner darstellt.[10]

Mit der sich verfestigenden Trennung der beiden deutschen Teilstaaten nahmen auch die Entwicklungen in der Architektur jeweils unterschiedliche Wege. Während sich die Architektur in der DDR nach der berüchtigten Moskaureise führender Architekten 1950 einem Wiederaufbau im Sinne nationaler Bautraditionen verschrieb und Formen für eine sozialistische Gemeinschaftsausbildung entwickelte, suchte der Westen Deutschlands Anschluss an die funktionalistische Architektur des International Style. Wie das Hansaviertel als die westliche Antwort auf das Baugeschehen an der östlichen *Stalinallee* betrachtet werden kann, ist das Studentendorf Schlachtensee der Amerikaner die nachfolgende Antwort auf das Studentenwohnheim der Humboldt-Universität in Berlin-Biesdorf der Architekten Kurt Ehrlich und Kurt Läßig aus den Jahren 1953–1954 (Abb. 5). Während sich die Bauten in Biesdorf durch eine strenge Symmetrie und Fassaden in neoklassizistischer Formensprache

dreas Butter, Das Studentendorf Berlin-Schlachtensee. Anmerkungen zur Architektur- und Sozialgeschichte. Unveröffentlichtes Skript als Anlage zum Gutachten des Landesdenkmalamtes Berlin, Berlin 2005, S. 4.

9 Vgl. ebd., S. 5. In Fachzeitschriften aus Skandinavien und der Schweiz finden sich sehr aufgelockerte, aber auch streng axialsymmetrische Dorftypologien. In Unterwellerborn entwarf Curt Siegel zusammen mit den Studenten der Bauhochschule ein Barackendorf, in dem auch das Motiv der Schlaf- bzw. Bettnische verarbeitet wurde. Für das ehemals in Sachsen-Anhalt gelegene Schlieben/Berga – im Nationalsozialismus

zugleich Standort eines Konzentrationslagers – zeichnete Hans Scharoun eine Lageskizze für ein Jugenddorf, in dem das Ziel der Menschenbildung und der Erziehung der Jugend zur Selbständigkeit konstituierend war. Vgl. ebd.

10 In Potsdam errichtet Robert Lenz 1949 für die Richterschule im Schlosspark Babelsberg zwei Internatsbauten nach Schroun'schem Vorbild. In München-Biederstein entstand 1953 aus der Feder der Architekten Harald und Otto Roth ein Wohnheimblock mit durchgehendem Balkon. Harald Roth war Schüler von Paul Bonatz und arbeitete u. a. mit Sep Ruf am Germanischen Nationalmuseum.

auszeichnen, gruppieren sich im Studentendorf Schlachtensee die Wohngebäude lose und scheinbar ohne Ordnung um einen Dorfplatz. Die Häuser bestechen durch lichtdurchflutet Hallen und Einzelbuden. Der heute als Studentenwohnheim „Victor Jara" geführte Wohnkomplex in Biesdorf war ursprünglich als Studentenstadt geplant. Neben einem zentralen Mensa- und Seminargebäude sollten auch ein Schwimmbad und eine Bibliothek errichtet werden. Wie auch in Schlachtensee war in Biesdorf eine Rundumversorgung der 1.625 Studenten gegeben. Rund 125 Angestellte betrieben eine Mensa mit täglich drei Mahlzeiten, beheizten Kohleöfen in den Zimmern und sorgten für Sauberkeit im Wohnheim. Im Keller befanden sich Ausbildungsräume zur Zivilverteidigung, zu der auch eine Sturmbahn für die vormilitärische Ausbildung gehörte. Das Wohnheim in Biesdorf ist durch die Aufgabe der Mehrbettzimmer und eine energetische Erneuerung stark verändert worden. Die ehemaligen Gemeinschaftsräume und Küchen wurden beseitigt und die Fassaden nur vereinfacht wieder hergestellt. Dennoch bleibt der architektonische Gegenentwurf bis heute frappierend, wenngleich sich keine Hinweise auf die Auseinandersetzung mit dem jeweils anderen Gemeinschaftskonzept in den Bauakten finden lassen.

Der Vergleich der beiden Berliner Projekte zeigt, wie unterschiedlich sich die Vorstellungen von Gemeinschaft entwickelten und wie sehr diese das architektonische Bild bestimmten. Den Planern des Studentendorfes Schlachtensee war eine Gemeinschaft zuwider, die sich unter die Doktrin einer Partei stellt. Hermann Fehling, der maßgeblich das Dorfkonzept prägte, hatte die Gemeinschaft selbstbewusster Individuen vor Augen, die für ihren Dialog Begegnungsorte ebenso benötigen wie Rückzugsoptionen ins Private. Dieser Geist bestimmt die Architektur der neuen Berliner Studentenhäuser in Schlachtensee, in Eichkamp, am Dauerwaldweg und am Siegmunds Hof, aber auch in Aachen und in Göttingen, wo eher traditionellere Bauformen realisiert wurden.[11]

Zwischen Bauhaus und expressiver Nachkriegsmoderne: Die Architektur des Studentendorfes

Für die Errichtung von Kollegienhäusern nach amerikanischer Prägung gab es nach dem Zweiten Weltkrieg kaum Vorbilder, da viele der Institutionen auf dem Campus der Universitäten in Altbauten, Schlössern oder Villen untergebracht waren. Die Architektengemein-

---

11 Die Architektur der „Frontstadt Berlin" ist auf beiden Seiten exzeptionell und auf eine besondere Schaufensterwirkung bedacht. In diesem Sinn ist auch der im August 2012 eingereichte Weltkulturerbeantrag zu verstehen, der insbesondere die Gegenentwurfsarchitektur von *Stalinallee* und Hansaviertel in den Fokus nimmt. Nach Thomas Flierl sind sie als sich gegenseitig bedingende *Doppelhelix* zu begreifen. Die Studentendörfer in Aachen (1952–1955 in mehreren Abschnitten vom Bonatz-Schüler Hans Mehrtens errichtet) und Göttingen (1959–1961 von Horst Langer und Andreas Fries in Hanglage errichtet) sind mit ihren schmucklosen Lochfassaden und Satteldächern weitaus konventioneller errichtet als die Berliner Projekte zur gleichen Zeit. Das Studentendorf Göttingen war zudem so geplant, dass die Bewohner in „größtmöglicher subjektiver Bindungslosigkeit" zusammenleben sollten – ein Kollegienkonzept gab es dort ausdrücklich nicht. Vgl. Horst Langer/Andreas Friess, Studentendorf Göttingen, in: Baumeister, 12 (1962), S. 1245ff.

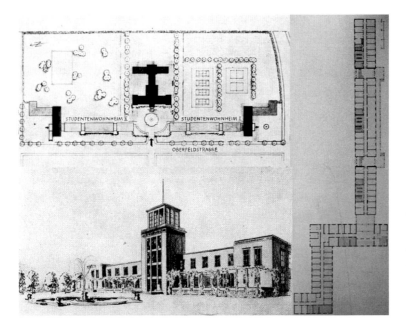

Abb. 5: Lageplan, Regelgeschoss-grundriss und Entwurfsskizze zur geplanten Studentenstadt Berlin-Biesdorf

schaft Fehling, Gogel & Pfankuch[12] konnte also kaum auf publizierte Studentenwohnhaus-Vorbilder zurückgreifen. Hermann Fehling, der in den Büros von Erich Mendelsohn und Hans Scharoun arbeitete und als geistiger Kopf des Studentendorf-Projektes gilt, orientierte sich daher mit seinen Kollegen – allen voran Peter Pfankuch – zunächst an skandinavischen und amerikanischen Wohnhausentwürfen. Der Architekturhistoriker Gunnar Klack hat herausgefunden, dass im Zuge einer intensiven Veröffentlichung von Frank Lloyd Wrights Arbeiten in Deutschland auch dessen Architektur in den Fokus der Berliner Architektengemeinschaft rückte, wo dessen Einfluss deutlich ablesbar ist. Parallelen in der architektonischen Gestaltung des Studentendorfes lassen sich aber auch in Entwürfen von Marcel Breuer und Le Corbusier finden.[13]

Die 18 Wohngebäude des ersten Bauabschnittes des Studentendorfes lassen sich in vier Grundtypen A-B-C-N gliedern, die grundsätzlich im Inneren demselben Ordnungsprinzip folgen. Die Raumabfolge von jeweils einer Halle im Zentrum des Gebäudes, gleichsam das kommunikative Zentrum des Hauses, hin zu den von ihr sich erstreckenden individuellen

---

12 Fehling+Gogel bildeten eine Architektengemein-schaft von 1953 bis 1990. Der Scharoun-Assistent Peter Pfankuch war der erste Mitarbeiter, den Hermann Fehling 1951 mit Bürogründung beschäftigte. Pfankuch schied 1960 als Büropartner aus der Sozietät aus und wurde später zum Sekretär der Sektion Baukunst der Akademie der Künste ernannt.

13 Gunnar Klack erforschte das Gesamtwerk von Fehling+Gogel und verteidigte seine Dissertation unter dem Titel „Gebaute Landschaften. Fehling+Gogel und die organische Architektur: Landschaft und Bewegung als Natur-Narrative" im Mai 2013 an der Technischen Universität Berlin. Eine Veröffentlichung steht zum Zeitpunkt dieses Aufsatzes noch aus.

Abb. 6: Die drei Wohntypenbauten des Studentendorfes (Häuser 8, 2 und 1 v.l.n.r) sowie der Erdgeschossgrundriss des Hauses 8

Wohnbereichen und Gemeinschaftsräumen ist bei allen Gebäudetypen gleich.[14] Auch die Größe der Studentenbuden und die Einrichtungsgegenstände sind übergreifend standardisiert. Jede *Bude* erstreckt sich auf einem Grundriss von rund zehn Quadratmetern und ist immer mit einem Einbauschrank, einem Bett, einem an der Wand befestigten Schreibtisch sowie einem mit dem äußeren Eternitpanel verbundenen Wandregal ausgestattet. In den meisten Zimmern ist eine Wand als Holzwand ausgebildet. Unterschiedlich hingegen ist stets die Anordnung der Einrichtungsgegenstände – insgesamt 36 Möblierungsvarianten wurden von den Architekten gezeichnet – sowie die Farbabfolge der Wände und Decken.

Wie bei der asymmetrischen Außenfassade sollte durch unterschiedliche Farb- und Einrichtungskonzepte die individualisierte Gemeinschaft westlicher Prägung deutlich werden. Kein Bewohner besitzt mehr als andere und dennoch lässt sich sein Wohnbereich sichtlich von anderen unterscheiden. Dieses Prinzip einer individualisierten, selbstbewussten und eben nicht gleichgeschalteten Gemeinschaft hat sich auf die Architektur übertragen bzw. wird umgekehrt durch die Architektur erst ermöglicht. Vor diesem Hintergrund erscheint das Studentendorf Schlachtensee als gebaute Demokratie.[15]

---

14 Die Gewichtung der jeweiligen Bereiche wird auch durch das Verhältnis von individueller Wohnfläche von 40 Prozent zu 60 Prozent Gemeinschaftsfläche deutlich. Vgl. hierzu Kleemann, Domestizierung oder Radikalisierung? [wie Anm. 3], S. 185.

15 Vgl. Dorothea Külbel, Demokratie sanieren, in: Bauwelt 35 (2012), S. 20–27, hier S. 20. Das Demokratische an der Architektur Fehling, Gogel & Pfankuchs ist gleichsam unabhängig vom gewählten Partizipationsmodell und muss nicht zwangsläufig dem Kollegien- oder Tutorenprin-

Abb. 7: Bürgermeis-teramt, Ladenge-bäude und Haus 8 im Studentendorf Schlachtensee nach der Fertigstellung 1960

Nach außen zeichnen sich die Wohnbauten durch ein zwar farblich strenges, jedoch völlig asymmetrisches Fassadenbild aus. Neben den schmalen Stahlfensterprofilen und anthrazitfarbenen Eternitpanelen ist der zweifarbige Putzaufbau konstituierend. Die Fassadenflächen bestehen aus einem durchgefärbten Edelkratzputz, wobei die weißen Flächen auf die Wohnbereiche, die schwarzen auf die Gemeinschaftsbereiche verweisen. Zimmer, Hallen, Küchen und Flure sind großflächig verglast. Die raumübergreifenden Materialabfolgen und bodentiefen Flurverglasungen stützen das Prinzip der fließenden Räume. Neben den Wohngebäuden des ersten Bauabschnitts und der Bürgermeisterei wurden noch zwei kleine eingeschossige Pavillons am zentralen Dorfplatz errichtet, die zentralen Studentendorffunktionen vorbehalten waren. Gegenüber der Bürgermeisterei (Abb. 7) wurde ein nach drei Seiten verglastes Bibliotheksgebäude errichtet, an der südlichen Platzkante ein mit Oberlichtern versehenes Ladengebäude. Beide Gebäude wurden auf studentische Initiative hin neu genutzt: Aus dem Laden wurde eine *Kinderladen*, die Bibliothek wurde zum Sportstudio umgestaltet.[16]

---

zip folgen. Auch nach Abschaffung des Tutorenmodells hat sich das Studentendorf als demokratie- und partizipationsfördernder Ort erwiesen. Die Studentenrevolte der 1968er Bewegung wäre wohl ohne Entfaltungsräume wie dem Studentendorf Schlachtensee und ohne Orte, an denen sich Menschen von ihrer eigenen Gesellschaft emanzipieren können, kaum möglich gewesen.

16 Die Bibliothek war Teil des Kollegien-Konzeptes und bot auf ca. 80 Quadratmetern Bücher und

Zeitschriften an. Durch Finanzierungsschwierigkeiten, aber vor allem auch durch die konkurrierenden Institutsbibliotheken war der Betrieb der Bibliothek nicht mehr rentabel und wurde eingestellt. Das Gebäude wurde zwischenzeitlich als Tischtennis- und später als Fitnessraum genutzt. Auch der Kaufmannsladen überlebte nur kurze Zeit im Studentendorf, angeblich boykottierten die Studenten den Laden, da sie mit seinem Besitzer nicht auf freundschaftlichem Fuße stan-

*Abb. 8: Gemein-
schaftshaus
Studentendorf
Schlachtensee kurz
vor der Fertigstel-
lung 1964*

Das Gemeinschaftshaus, ebenfalls am zentralen Dorfplatz gelegen, wurde erst im zweiten Bauabschnitt realisiert und 1959 planerisch durch Fehling+Gogel neu gestaltet (Abb. 8). Der vormals kubisch geplante Bau erhielt nun eine sehr expressive Form mit auskragendem Dach und weißer Putzfassade. Er erinnert entfernt an die Berliner Philharmonie, bei deren Wettbewerb das Architektentrio nach Scharoun den zweiten Preis gewann.[17] Das Haus enthielt zunächst eine Mensa und einen Veranstaltungssaal für 300 Personen. In den 1970er-Jahren wurde die Fassade wohl aus kosmetischen Gründen mit Eternitplatten verkleidet. Als Ganztagsrestaurant war die Mensa nicht rentabel, da die Studenten sich weitgehend in ihren kleinen Teeküchen auf der Wohnetage und in der Universitätsmensa versorgten. Seit 1974 befindet sich der Club A18 in den Räumen der ehemaligen Mensa.

Der avantgardistische Anspruch des Studentendorfs Schlachtensee erstreckt sich aber nicht nur auf die gebaute Architektur. Auch die städtebauliche und landschaftliche Umgebung sind in das Gestaltungskonzept einbezogen. Der Landschaftsgarten wurde von Hermann Mattern ausgeführt, der wohl als einer der bedeutendsten Gartengestalter der Mitte des

---

den. Auf Initiative der Studentenschaft wurde nach Fertigstellung der Wohngemeinschaftsbauten durch Krämer, Pfennig & Sieverts ein *Kinderladen* gegründet, um den im Studentendorf lebenden Eltern eine Betreuungsmöglichkeit anzubieten.

17 Der Architekt Gunnar Klack vertritt die These, dass mit Ausformulierung der Mattern'schen Gartenplanung Gebäudestellung und Kubatur an den expressiven Wegegrundriss Hermann Matterns angenähert wurden. Der von Mattern weitgehend umgesetzte Idealplan stützt diese Aussage. Das Wettbewerbsergebnis für die Philharmonie ist in der Bauwelt (Januar 1957) ausführlich beschrieben. Parallelen zum später realisierten Gemeinschaftshaus, aber auch zu Entwürfen Frank Lloyd Wrights sind beim vergleichenden Betrachten der Entwürfe frappierend.

20. Jahrhunderts gelten darf (Abb. 9). In scheinbar loser Folge gruppieren sich die Wohnhäuser um den tiefer gelegenen Dorfplatz, der nach griechischem Vorbild die Agora der Studentensiedlung bildet. Diagonal geführte Wege verbinden die Häuser mit der zentralen Platzanlage, die durch eine ebenfalls diagonal angelegte Zufahrtsstraße mit der Nachbarschaft verbunden ist. Die Platzanlage wird durch alle zentralen und gemeinschaftlichen Gebäude gerahmt und durch ein diagonal ausgerichtetes Wasserbecken rhythmisiert. Die Raumabfolgen sind nicht hierarchisch, sondern scheinbar willkürlich gestaltet und zielen nirgendwo auf monumentale Gesten ab. Zwei aus der Gehöftzeit stammende Birkenwäldchen wurden in den Landschaftsgarten integriert und verbinden den Ort mit seiner Geschichte. Die alten Obstbaumspaliere, die Fehling innerhalb seiner Neuplanung unbedingt erhalten wollte, gingen verloren. Das Gestaltungskonzept Matterns für die kleine Siedlungseinheit Studentendorf Schlachtensee fußt ohne jeden Zweifel auf dem Scharoun'schen Modell der Stadtlandschaft, die für den Kunsthistoriker Andreas Butter als „Identifikationsfolie für ein freies, kooperatives Zusammenleben der Menschen" gelten sollte.[18] Laut Butter wurde die von Scharoun für die Wohnzelle entwickelte naturhafte und nicht axiale Raumgestaltung ganz im Sinne der Landschaftsgestaltung der Aufklärung des 18. Jahrhunderts im Studentendorf Schlachtensee auf exemplarische Weise umgesetzt. „Der englische Park wird so angelegt, seine Wege so geführt, dass dem Besucher die Freiheit in der Wahl der Begehung zurückgegeben wird."[19] Dieses vor allem in Schweden seinerzeit programmatisch umgesetzte, sozial konnotierte Gartenbaukonzept war für die deutsche Gartenkunst und für die raumkünstlerische Gestaltung einer studentischen Wohnanlage etwas gänzlich Neues; obgleich sich die Bewohner des Studentendorfes über den Gärtner Mattern nicht nur begeisterten.[20]

Die starken Scharounbezüge in der Raumgestaltung, aber auch in der Architektur des Gemeinschaftshauses sind für Butter nicht verwunderlich, „da alle beteiligten Bau- und Gartenkünstler in enger Verbindung zu ihm standen".[21]

BALANCEAKT UND HERAUSFORDERUNG: DAS DENKMAL STUDENTENDORF IN JÜNGSTER ZEIT.

Was ist geblieben von dem anspruchsvollen Partizipationsprojekt der Gründer? Ist eine Erinnerung an das *Reeducation*-Projekt der Alliierten nach 60 Jahren erfolgreicher Demokratisierung Deutschlands und nach Abzug der Alliierten überhaupt noch möglich? Wie

---

18 Vgl. Butter, Das Studentendorf Berlin-Schlachtensee [wie Anm. 8], S. 8f.

19 Vgl. ebd.

20 Der an eine Heidelandschaft mit prägenden Baumgruppen erinnernde Garten Hermann Matterns ließ ungeachtet großartiger Raumkompositionen nur wenig studentische Nutzung zu. So waren die Rasenflächen durch einzelne Grasstauden nicht als Liegewiesen ausgebildet, son-dern reine Ziergartenfläche. Die diagonalen Wege ließen keine direkten Wegführungen nach draußen zu, sodass überall Trampelpfade entstanden, die später ausgepflastert wurden. Bis auf die kleinen hauseigenen Terrassenflächen boten der Dorfplatz und der Garten keine besonderen Aufenthaltsflächen, was die Bewohner empörte.

21 Vgl. Butter, Das Studentendorf Berlin-Schlachtensee [wie Anm. 8], S. 8.

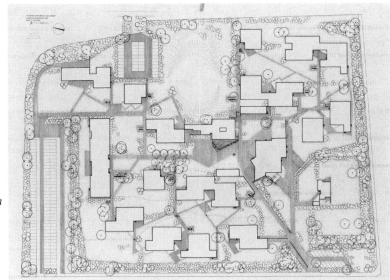

Abb. 9: Lageplan der Außenanlagen des Studenten- dorfs Schlachten- see 1959–1962, Hermann Mattern

bewahrt man ein symbolisch aufgeladenes Monument der deutschen Nachkriegsepoche als lebendiges Zeugnis studentischen Lebens bei gleichzeitiger Einhaltung von Energie- kennziffern und geänderten Ansprüchen an den Wohnkomfort, ohne das Studentendorf zu einem Museum seiner selbst werden zu lassen?

Bevor hier auf das aktuelle Erneuerungsvorhaben eingegangen werden soll, muss je- doch noch rasch die Geschichte der Zerstörung des Studentendorfes erzählt werden: Seit der Inbetriebnahme der Wohnanlage 1959 klagten die Bewohner über eine ungenügende Bauausführung, über undichte Fenster und Dächer, ein schlechtes Raumklima, zu kleine Küchen und schmale Flure. Ein viele Seiten umfassender Baumängelbericht aus dem Jahr 1962 liest sich wie eine Bankrotterklärung an die ausführende Bauleitung. Die meisten Mängel konnten bis heute nicht behoben werden. Ungeachtet einer permanenten Renovie- rung war der Verfall der von Fehling, Gogel & Pfankuch geplanten Wohnanlage seit 1979 nicht mehr zu übersehen. Zwar wurde nach dem Scheitern des Kollegienhauskonzeptes rasch das Wohngemeinschaftskonzept programmatisch verkündet und das Braunschwei- ger Büro Kraemer, Pfennig & Sieverts mit der Errichtung von zwei monolithischen, fünf- geschossigen Doppelwohnblöcken beauftragt, der Altbauanlage des Studentendorfes und seinen Bewohnern half das jedoch nicht. Die Debatte kreiste seither um Abriss und Neu- bau oder um eine radikale Modernisierung zugunsten von Einzelapartments und Woh- nungen. Daniel Gogel schlug in den 1980er-Jahren vor, das Studentendorf abreißen zu lassen und in ähnlicher Form als Apartmenthausanlage, teilunterkellert und mit Solarener- gietechnik ausgestattet, wieder aufzubauen. Die Bewohnerschaft verhielt sich ambivalent, einerseits wollte niemand in einem Museumsdorf verharren, andererseits sollten liebge- wonnene Gewohnheiten aber auch nicht preisgegeben werden. Wohnungsnot und politische Interessen führten zunächst zu einer Aufschiebung des Abrisses in die 1990er-Jahre hinein. Der Mauerfall und der Zusammenbruch der DDR führten zu einem Anstieg der Studierendenzahlen und zu einer Konzentration von Bauaktivitäten im Ostteil der Stadt. Der Westen verharrte dagegen in einer Art Dämmerzustand. 1991 wurde das Studentendorf als ein hervorragendes Zeugnis der westdeutschen Universitätsgeschichte auf die Denkmalliste gesetzt. Die bauliche Malaise löste sich für die Bewohner damit aber nicht. 1999 besann sich der damalige Berliner Senat erneut des Studentendorfes und beabsichtigte, das Denkmal als Gegenwert für die *Berlinische Galerie* einzusetzen. Durch den Auszug aus dem Gropiusbau heimatlos geworden, sollte das Museum in einem feuchten Brauereikeller, zehnmetertief unter der Erde in Kreuzberg als Ankermieter für ein hochpreisiges Wohnquartier eine neue Heimat finden. Das auf teurem Berliner Villengrund gelegene Studentendorf war da ein ideales Tauschobjekt, wollte man sich doch schon lange dieser problematischen und erneuerungsbedürftigen Anlage entledigen. Der Handel schien perfekt, der Grundstücksverkauf deckte die verauslagten Kosten für die *Berlinische Galerie*, Investoren für eine Villenkolonie moderner Prägung waren gefunden, die Denkmalpflege durch das Versprechen, ganze fünf Bauten am Dorfplatz zu erhalten, mundtot gemacht. Nur die verbleibenden Bewohner mussten noch „eingefangen" werden. Die Beharrlichkeit, mit der einige Stadtpolitiker öffentliches Vermögen und öffentliche Fürsorgepflichten preisgaben, ließ die studentische *CIVITAS* erwachen, die sich bereits bei der Abschaffung der Geschlechtertrennung, des Kollegienkonzepts und des Bürgermeisteramtes sowie bei der Vorbereitung der Studentenrevolte 1968 lautstark Gehör verschaffte.

Hardt-Waltherr Hämer, beeindruckt von so viel stadtbürgerlichem Engagement, fühlte sich an den früheren Abrisskampf in der Zeit der Kahlschlagsanierung erinnert und gründete gemeinsam mit den Studenten ein Freundeskreis zur Rettung des Studentendorfes. Ganz in der Tradition früherer Arbeitskreise wurde die Mitarbeit öffentlich und schloss ehemalige Bewohner und Experten aus verschiedenen Bereichen der Stadtentwicklung ausdrücklich ein. Nach einem zähen Ringen und Verkaufsverhandlungen, die an einen mittelalterlichen Basar erinnerten, gelang es der aus der Arbeitsgemeinschaft hervorgegangenen Genossenschaft, das baufällige Studentendorf für zehn Millionen Euro zu erwerben. Dem Bauwerk Studentendorf kam bei der Bemessung des Kaufpreises lediglich ein Erinnerungswert zu, für die Finanzpolitiker war ausschließlich der maximal zu erzielende Grundstückswert von Interesse. Das ganze mutet in Anbetracht der Geschichte des Studentendorfes bizarr an, hatte doch gerade das Land Berlin 1958 durch seine Ankaufsintervention und Schenkung an die Stiftung den bereits damals wertvollen Grund der Bodenspekulation zu entziehen versucht.

Für die Genossenschaft ist der Wert des Bodens heute nur für die Beleihbarkeit im Zuge der Baufinanzierung von Interesse. Die Ziele des genossenschaftlichen Projektes sind klar definiert: Erstens der Erhalt des Wohnortes für Studenten, zweitens die bauliche Konversion des 2006 in den Rang eines Kulturdenkmals von nationaler Bedeutung erhobenen Studentendorfes durch eine seit 30 Jahren geforderte behutsame Erneuerung.

Nicht weniger als 30–35 Millionen Euro werden verbaut sein, wenn die Erneuerung 2022 abgeschlossen sein wird. Mit der Denkmalpflege ist ein minimalistisches, aber hoch

Abb. 10: Die Häuser 20 & 21 (oben) und 4 & 18 (unten) nach ihrer baulichen Erneuerung 2009 und 2013

effizientes Erneuerungskonzept verabredet, das im Inneren der Pavillons die von Fehling, Gogel & Pfankuch geschaffenen Raumkompositionen weitgehend unangetastet lässt. Die Gemeinschaftszonen werden hingegen neu definiert und im Bereich der Studentenbuden durch alternative Wohnformen ergänzt. Aus zwei mach eins und aus drei mach zwei! Zwei Buden bilden künftig ein Apartment, drei Buden eine sogenannte Doublette mit integriertem Bad. Die Haustechnik wird vollständig erneuert, eine geregelte Zu- und Abluftanlage zur Vermeidung von Raumfeuchte und Schimmel wird eingebaut. Die historische Farbausmalung wird wiederhergestellt. Die originären Oberflächen aus Farbputzen, Sichtbeton, Holz und Sichtmauerwerk, Einbaumöbel und Küchen bleiben erhalten, werden ggf. restauriert und/oder wiederhergestellt. Für die Fassadenerneuerung hat die Denkmalpflege „einen Architektenstrich im Plan" als maximalen Wärmedämmverbundauftrag genehmigt. Für die mit der Erneuerung beauftragten Büros von Autzen & Reimers Architekten sowie seit 2011 von Winfried Brenne Architekten bedeutet das eine Aufweitung der Fassade um vier bis sechs Zentimeter (Abb. 10). Das reduziert den Energieverbrauch um rund 50 Prozent und erhält vollständig den feingliedrigen Fassadenaufbau der Häuser. Keine Laibung wird beeinträchtigt, kein noch so transparentes Fassadenraster durch Einbauten gestört. Die Stahlrahmenprofile, nun thermisch getrennt und mit einer Dreischeibenverglasung versehen, werden den Originalen nachgebildet, die innenliegenden Stahlprofile restauriert und wo sie verloren gingen wieder hergestellt. Der denkmalgeschützte Landschaftsgarten wurde in einem Gartenpflegewerk durch das Büro von Uwe Neumann erfasst und bewertet und wird nach alten Plänen im Sinne Matterns wiederhergestellt.

Was bedeutet all das nun für den Erinnerungsort Studentendorf, dem immer noch ein Überschuss an symbolischer Bedeutung eigen ist? Zwar wurde das von den Amerikanern und Eleanor L. Dulles favorisierte Kollegienhauskonzept bereits in den 70er-Jahren beendet und wird nach dem Willen der Betreiber auch nicht wieder entstehen. Dennoch bleibt der demokratische Erziehungsauftrag aktuell und ist verantwortungsvolle Aufgabe der studentischen Bewohnerschaft und des Betreibers. Die Unterstützung der Studentischen Selbstverwaltung, wie sie in Schlachtensee und in vergleichbaren Studentendörfern in Göttingen und Aachen seit Jahrzehnten existiert, bleibt programmatisches Ziel der Betreiber. Fünf Jahrzehnte erfolgreiche studentische Mitbestimmung lassen keinen Zweifel an dem Gründungskonzept des Studentendorfes aufkommen. Das miteinander Leben und Lernen, die Achtung und der Respekt vor fremden Kulturen sind auch heute noch ein wichtiges und zu schützendes Gut und der wesentliche Grund, das Studentendorf in das Erinnerungsprojekt *Moderne* aufzunehmen.

Das Studentendorf Schlachtensee bleibt neben den fünf bekannten Berliner Bauten der *Reeducation* vor allem ein Ort der Erinnerung an das Demokratisierungsversprechen der Alliierten nach den Verheerungen des deutschen Nationalismus. Für dieses Glücksversprechen wurde eine architektonisch herausragende und im Vergleich zu anderen Studentendörfern einzigartige Form gefunden. Als ein bedeutender Ort in der westdeutschen universitären Emanzipationsbewegung haben sich das Studentendorf Schlachtensee und seine Bewohner dauerhaft in die Berliner Geschichte eingeschrieben. Der gesamtstädtische Versuch, das Studentendorf Schlachtensee zu retten, der beinahe 20 Jahre andauerte, ist ein bemerkenswertes Zeichen für eine neue, demokratische Gesellschaft, die die Gründer beim Bau vor Augen hatten.

Abbildungsnachweis

Abb. 1, 8 Archiv der Studentendorf Schlachtensee eG
Abb. 2 Freie Universität Berlin, Universitätsarchiv
Abb. 3 Landesarchiv Berlin
Abb. 4 Freie Universität Berlin, Universitätsarchiv, Aufnahme: Reinhard Friedrich
Abb. 5 Deutsche Architektur 5/1955
Abb. 6 Landesarchiv Berlin und Archiv der Studentendorf Schlachtensee eG
Abb. 7 Freie Universität Berlin, Universitätsarchiv, Aufnahme: Reinhard Friedrich
Abb. 9 Architekturmuseum der Technischen Universität Berlin in der Universitätsbibliothek
Abb. 10 Mila Hacke, ArchitekturFotografie

Denkmalpflege und Theoriediskurs

Ingrid Scheurmann

Erinnern und Vergessen in Zeiten von „Big Data". Zu den Prämissen aktueller Denkmal- und Erbediskurse

Die Dialektik von Erinnern und Vergessen ist es, die Siegfried Zielinski zufolge „jenes Arsenal generiert, das wir zum Denken nach vorn, aber auch zum Denken von Geschichte benötigen."[1] Obgleich diese Erkenntnis sowohl unter Historikern und Philosophen als auch unter Psychologen oder Neurobiologen gleichermaßen unstrittig ist, entzündet sich fachlicher Dissens doch an der Frage nach den Kriterien, die diese Selektionsprozesse steuern, sowie nach deren Objektivierbarkeit und Verbindlichkeit. Denkmaldebatten etwa kreisen seit jeher um das Thema „Was ist ein Denkmal?" und suchen damit nach zeitgemäßen Begründungen für die Unterscheidung von Denkmalen und Nicht-Denkmalen. Das gilt für die Nationaldenkmale des 19. Jahrhunderts ebenso wie für die Ensembles des frühen 20. Jahrhunderts, die Industrie- und Gartendenkmale der Nachkriegszeit oder das unbequeme Erbe seit den Wendejahren um 1989. Solchen Wert- und Bewertungsfragen immanent sind Bilder von Geschichte und Gegenwart, die sich zumeist im Duktus eindeutiger Vorher-Nachher-Bilder ausweisen und die Selektion des Erinnerungswürdigen im Wesentlichen aus Gegenwartskritik motivieren (Abb. 1).[2] Mochte die Scheidelinie zwischen kollektivem Erinnern und Vergessen im 19. Jahrhundert noch durch das Aufkommen des Barock gezogen und der Kreis der Denkmalkandidaten durch den Monumentenbegriff ohnehin eingegrenzt sein, so ist die gesellschaftliche Realität der Denkmalpflege heute ungleich komplexer und die Geschichte alles andere als eine klare Größe. Dazu nachfolgend einige Problematisierungen, die die aktuellen Voraussetzungen denkmalpflegerischen Nachdenkens über Erinnern und Vergessen zu erhellen vermögen, den einschlägigen Diskurs der vergangenen Jahrzehnte indes nicht zu resümieren vorgeben.[3]

---

1 Siegfried Zielinski, (An) Archive. Die Abschaffung der Gegenwart und das Archiv der Zukunft, in: Bernhard Serexhe (Hg.), Konservierung digitaler Kunst: Theorie und Praxis. Das Projekt digital art conservation, Karlsruhe 2013, S. 95–113, S. 98.

2 S. u. a.: Ingrid Scheurmann, Von der Denkmalbildung zur Denkmalvermittlung. Eine Umwertung? In: Kommunizieren – Partizipieren. Neue Wege der Denkmalvermittlung (Deutsches Nationalkomitee für Denkmalschutz 82), Bonn 2012, S. 27–38.

3 S. u. a.: Tilmann Robbe, Historische Forschung und Geschichtsvermittlung. Erinnerungsorte in der deutschsprachigen Geschichtswissenschaft, Göttingen 2009.

Abb. 1: Plakat des Deutschen Nationalkomitees für Denkmalschutz zum Europäischen Denkmalschutzjahr 1975

KONTEXTUALISIERUNG 1: SPEICHERFRAGEN

Das Feuilleton der Frankfurter Allgemeinen Zeitung hat kürzlich über ein in den Hallstädter Bergen angelegtes Tontafelarchiv informiert, dem die nicht ganz unbescheidene Aufgabe zugedacht ist, die Erinnerung der Menschheit zu bewahren. Das Projekt, das manch einem ein Stirnrunzeln ob der Vergeblichkeit solcher Bemühungen abgerungen haben wird, stellt in seinem Rückgriff auf eines der ältesten Speichermedien der Menschheit einen Kommentar dar zu Perspektiven unserer ebenso speicher- wie erinnerungswütigen Gesellschaft, der radikaler nicht sein könnte: Die Kurzlebigkeit digitaler Medien führt mittelfristig zu einem in seinen Dimensionen noch kaum abschätzbaren Erinnerungsverlust und Abhilfe ist derzeit nicht in Sicht.[4] Hat sich das Versprechen des digitalen

---

4 Irmgard Berner, Die Botschaft der Festplatte. Menschheitserinnerung auf Ton gebrannt: Tief in Österreichs Bergen entsteht ein Archiv, das unsere digitalen Daten analog aufbewahrt, in: FAZ vom 21. 8.2013, S. 28.

Zeitalters auf Verbreiterung und Demokratisierung dessen, was gespeichert und damit erinnert werden kann, auch bewahrheitet, so erweisen sich die immer kürzer werdenden Halbwertzeiten der Speichermedien selbst als latenter Angriff auf das kulturelle Gedächtnis der Gegenwartsgesellschaften. Der Medienwissenschaftler Bernhard Serexhe spricht diesbezüglich von einem „Systemwechsel des kulturellen Gedächtnisses" bzw. einer „Zeitenwende".[5] Der analoge, seit Jahrtausenden bewährte Ton-Speicher lässt sich vor diesem Hintergrund als eine moderne Arche Noah verstehen. Dabei ist zu fragen, zu welchen Erinnerungen welcher Menschen und Kulturen Zugang gewährt wird, denn das, was in digitaler Form auf wenigen leistungsfähigen USB-Sticks Platz hätte, stößt im analogen Speicher rasch an seine räumlichen Grenzen. Speicherraum und Speicherzeit stehen, darauf hat Peter Weibel hingewiesen, in einem umgekehrt proportionalen Verhältnis zueinander: Expandiert „der Speicherraum […] ins virtuell Unendliche, [so implodiert] die Speicherzeit […] gegen Null."[6] Analoge Speicher hingegen versprechen „ewige" Speicherzeit – dies auch die Botschaft von Martin Kunzes in Kooperation mit der Historisch-Kulturwissenschaftlichen Fakultät der Universität Wien entwickelten Hallstädter Archiv „Memory of Mankind".[7]

Nicht zuletzt ist Kunzes Projekt als kritischer Kommentar zu der Unesco-Initiative „Memory of the World" aus dem Jahr 1992 zu verstehen,[8] wird die Bewahrung des Weltdokumentenerbes – „Bücher, Handschriften, Partituren, Unikate, Bild-, Ton- und Filmdokumente, die das kollektive Gedächtnis der Menschen in den verschiedenen Ländern unserer Erde repräsentieren"[9] – hier doch vorderhand auf dem Weg der Digitalisierung und der sich dadurch eröffnenden Teilhabemöglichkeiten angestrebt. Kritiker beklagen, dass auf europäischer Ebene inzwischen mehr Geld für die Speicherung des Erbes ausgegeben werde als für dessen Substanzerhalt und die Unesco mit ihren Digitalisierungskampagnen auch vor Ländern nicht Halt mache, wo „noch nicht einmal die Originale substantiell erfasst, geschweige denn geschützt sind."[10] Die weltweiten digitalen Wissenschaftsspeicher füllen sich somit kontinuierlich; Museen, Archive, Sammlungen und nicht zuletzt die Denkmalpflege – allesamt „Vorsorgebehörden gegen das Vergessen"[11] – suchen ihr Wissen in Form von Daten zu sichern, es recherchierbar und damit zugänglich zu machen.

Vordergründig haben damit die komplexen und zeitaufwändigen wissenschaftlichen Bewertungsprozesse an Dringlichkeit verloren – große Speicherräume und rasche Such-

5 Bernhard Serexhe, Born-digital – aber noch in Kinderschuhen, in: Ders. 2013 [wie Anm. 1], S. 21–35, S. 21.

6 Peter Weibel, The Digital oblivion. Zu einer materiellen Geschichte der Medien, in: Serexhe 2013 [wie Anm. 1], S. 196–206, S. 204.

7 http://www.memory-of-mankind.com/de/home. html (30.9.2013). Das Projekt wirbt unter anderem mit dem Hinweis: „Wer nicht dabei ist, wird nie existiert haben."

8 http://www.unesco.de/mow.html (19.9.2013).

9 Das Gedächtnis der Menschheit. Das Dokumentenerbe der UNESCO, München 2010, S. 5.

10 Bernhard Serexhe, Zum Systemwechsel des kulturellen Gedächtnisses und zur Konservierung digitaler Kunst, in: Ders. 2013 [wie Anm. 1], S. 77–87, S. 84.

11 Manfred Schneider, Liturgien der Erinnerung. Techniken des Vergessens, in: Merkur. Deutsche Zeitschrift für europäisches Denken 459 (1987), S. 675–686, S. 683.

ergebnisse verlagern das Problem der Entscheidung über Erinnern und Vergessen in die Zukunft.[12] Tendenziell leisten die technischen Möglichkeiten damit aber einer „Überfüllung" der Speicher Vorschub, die es am Ende immer schwerer macht, aus der Masse des Gesammelten das zu generieren, was werthaltig und erinnerungswürdig ist. Da sich Bewertungsprozesse nicht beliebig rationalisieren lassen, regiert bei größer werdenden Speicherkapazitäten und kürzer werdenden technologischen Innovationsphasen am Ende das Zufallsprinzip.[13] Über Erinnern und Vergessen würde es unter solchen Voraussetzungen nicht mehr nachzudenken lohnen.

Nun mögen sich Denkmalpfleger damit trösten, dass die „steinernen Zeugnisse" der Vergangenheit von den veränderten Zeit-Raum-Erfahrungen der Gegenwartsgesellschaft und deren „digitaler Not" (Joachim Müller-Jung) nicht tangiert werden,[14] die Flüchtigkeit und das Ephemere der zeitgenössischen Kultur für sie mithin keine wirkliche Herausforderung darstellen. Eingedenk dessen, dass erst das Wissen um Denkmale und Ensembles diese in der Wahrnehmung von anderen historischen Bauwerken unterscheidet, erweist sich eine solche Beruhigung indes als vorschnell, denn auch das Denkmalwissen ist, vermittelt über Archive und Dokumentationen, Teil der digitalen Welt. Die skizzierten Prozesse betreffen somit auch das bauliche Erbe – dies allerdings in anderer und zunächst weniger dramatischer Weise als etwa die digitale Kunst. Diesbezüglich sprach die Unesco bereits im Jahr 2003 von einem „heritage at risk".[15] Farbfotografien, Filme, Videos und CD-ROMs verlieren in unterschiedlich kurzen Abständen ihre Qualität bzw. müssen upgedatet werden, verändern damit sowohl ihre Materialität als auch ihre Ästhetik (Abb. 2, 3). Was das auf lange Sicht für den kunsthistorischen Werkbegriff bedeutet, für die Vorstellungen von Zeugenschaft und Authentizität, und was bei vordergründiger „Bewahrung" auf dem Wege technologischer Anpassung an Information verlorengeht oder als „Un-Daten"[16] dem Vergessen überantwortet wird, berührt die hier zur Diskussion stehenden Themen im Kern.

KONTEXTUALISIERUNG 2: GESCHICHTSFRAGEN

Der sogenannte moderne Denkmalbegriff basiert auf der Erfahrung der fundamentalen Geschichtlichkeit aller Dinge und attestiert dem Historischen zentralen Denkmalwert. Das hatte nicht zuletzt das Geschichtlichwerden des Ästhetischen oder Kunstschönen zur Folge, wie es Alois Riegl bereits in seinem wegweisenden Denkmalkultus von 1903 dar-

12 S. u.a. Thomas Thiels Bericht über eine neue „quantitative Geschichte" (Ders.: Mittel auf der Suche nach einem Zweck. Vom Nutzen und Nachteil großer Datensätze für die Geschichte, in: FAZ 13.2.2013, S. N 5).

13 Weibel, The Digital oblivion [wie Anm. 6], S. 204.

14 Joachim Müller-Jung weist darauf hin, dass die ersten Datenarchive angefangen haben, „die

Speicherung neuer Daten zu verweigern." Ders., Wird „Big Data" zur Chiffre für den digitalen GAU?, in: FAZ 6.3.2013, S. N 1.

15 http://www.unesco.org/culture/ich/index.php?pg=00006 (30.9.2013).

16 Müller-Jung, Wird „Big Data" zur Chiffre [wie Anm. 14].

Abb. 2: Jeffrey Shaw, The Legible City, 1989–1991. Das interaktive Medienkunstwerk muss fortlaufend konserviert und neuen Hardwarevoraussetzungen angepasst werden.

gelegt und was schon seinerzeit die Selektionsfrage insofern radikalisiert hat, als der gesellschaftlichen Erinnerung sämtliche mehr als 60 Jahre alten (öffentlichen) Bauten als Denkmale anempfohlen wurden.[17] Als Kriterium der Unterscheidung dient mithin das schiere Überdauern in der Zeit. Dabei beruht die allgemeine Emporwertung der geschichtlichen gegenüber ästhetischen Werten in der Zeit um 1900 auf der Annahme, dass kunsthistorische Werte zeitbedingt und damit subjektiv seien, das Historische hingegen eine objektive und somit verlässliche Beurteilungsbasis für die Entscheidung über Erinnern und Vergessen darstellen würde. Ohne auf diese Ableitung im Einzelnen Bezug zu nehmen, sei darauf hingewiesen, dass diese von Georg Dehio, Cornelius Gurlitt und anderen geteilte Hypothese bereits im Kontext der Debatte um die „Krise des Historismus" fundamental erschüttert worden ist;[18] dessen ungeachtet hat sie das Denkmaldenken bis heute bestimmt.

---

17 Alois Riegl, Der moderne Denkmalkultus 1903, in: Ernst Bacher (Hg.), Kunstwerk oder Denkmal? Alois Riegls Schriften zur Denkmalpflege (Studien zu Denkmalschutz und Denkmalpflege 15), Wien 1995, S. 136.

18 Ernst Troeltsch, Die Krisis des Historismus, in: Die neue Rundschau, Nr. 33, Jahrgang der freien Bühne. Berlin 1922, Bd. I, S. 572–590; s. auch: Stephanie Warnke, Geschichtlichkeit als Denkmalwert. Die Denkmaltheorien im Kontext der historischen Disziplinen um 1900, in: Die Denkmalpflege 1 (2011), S. 42–48.

Abb. 3: Michael Naimark: Karlsruhe Moviemap, 1991, 2009. Interaktive Installation, die eine Straßenbahnfahrt simuliert. Erste Konservierungsmaßnahmen dienten der Erhaltung des Originals, ein zweiter konservatorischer Eingriff hatte dessen Reinterpretation zum Inhalt und die Veränderung des Erscheinungsbildes zur Folge.

Konkurrierende Geschichtsbilder und Forschungsperspektiven haben die grundlegende Relativierung des Historischen indes immer wieder unterstrichen und die vermeintliche Eindeutigkeit der Geschichte spätestens im Zuge der postmodernen Aufkündigung des „Kollektivsingulars der Geschichte" (Reinhard Koselleck) und der nachfolgenden Revitalisierung einer „Geschichte im Plural" (Konrad Jarausch) zertrümmert.[19] Manfred Schneider zufolge, gibt es damit keine „Geschichte mehr im Sinne einer sprachlichen Darstellbarkeit oder genauer: einer Erzählbarkeit von Vergangenem."[20] Auch Erinnern und Vergessen – sieht man vom Holocaust-Erinnern in diesem Kontext einmal ab – entbehren seither des gesellschaftlichen Konsenses. Nicht zuletzt die Parallelität von „offizieller" Denkmalpflege und „partikularer" Erinnerungskultur führt das gegenwärtig sinnfällig vor Augen. Mit den immer kürzer werdenden Halbwertzeiten von Baumaterialien und technologischen Standards gewinnt die Objektivierbarkeit von Bewertungsprozessen gleichzeitig jedoch an Dringlichkeit – und dies bei zunehmender Masse des für eine solche Auswahl zu

19 Mit dem Begriff des „Kollektivsingulars der Geschichte" hat Reinhart Koselleck den Prozess der Verwissenschaftlichung der Geschichte in der Zeit um 1800 beschrieben. Im Zuge der „Erosion nationaler Meistererzählungen" pluralisiert sich das Geschichtsverständnis heute erneut. S. Konrad H. Jarausch, Rückkehr zur Nationalgeschich-te. Antworten auf die Krise der nationalen Meistererzählungen, in: Christina Jostkleigrewe u. a. (Hg.), Geschichtsbilder. Konstruktion – Reflexion – Transformation, Köln/Weimar/Wien 2005, S. 259–280, S. 265, 277.

20 Schneider, Liturgien der Erinnerung [wie Anm. 11], S. 684.

berücksichtigenden Bestands.[21] Sind es nur die großen öffentlichen Bauten, die als Denkmalkandidaten in Frage kommen, oder auch das Serielle und Alltägliche? Das Kuriose und Seltene oder das Typische? Das technologisch Avancierte oder die Adaption an das Heimische? Die Fragen ließen sich nahezu beliebig ergänzen. Sie offenbaren als Dilemma jedweder „angewandten" Wissenschaft,[22] auf gesellschaftliche Relevanz und Wertigkeiten Bezug nehmen zu müssen, ohne dass sich diese heute noch eindeutig definieren lassen würden. Wertentscheidungen gestalten sich bezeichnenderweise unterschiedlich – je nachdem, ob sie aus nationaler, lokaler oder globaler Warte gefällt werden.[23] Grundsätzlich lassen materielle Objekte solche diversen Befragbarkeiten auch zu, geht es aber um Entscheidungen über Denkmalwürdigkeit, wird die Verbindlichkeit von Urteilen und Konsens vorausgesetzt, wie sie in dieser Form gesellschaftlich nicht mehr gestützt werden. Geht man so weit, in der von australischen und nordamerikanischen Forschern beförderten „Big History" die Zukunft der Geschichtswissenschaften sehen zu wollen,[24] dann erledigt sich diese Fragestellung angesichts der „longue durée" einer solchen Betrachtung mittelfristig allerdings ohnehin von selbst, reduzieren sich unsere Zeitperspektiven in dieser Transzendierung des anthropozentrischen Weltbildes doch auf Geringfügigkeiten, die ein Menschheit, Natur und Kosmos gleichermaßen einbeziehendes Weltgedächtnis getrost dem Vergessen überantworten kann.

KONTEXTUALISIERUNG 3: ZEIT, RAUM UND MATERIE

Die Paradigmenwechsel vom analogen zum digitalen Zeitalter und von der nationalen zur globalen oder kosmischen Weltwahrnehmung betreffen die menschlichen Grunderfahrungen von Raum und Zeit, mithin auch sein Verständnis von Geschichte, grundlegend. Dehnt sich der Raum ins nahezu Grenzenlose aus, so wird die Zeit zur Echtzeit komprimiert.[25] Alles ist an jedem Ort der Welt gleichermaßen erfahrbar, das Gegenwärtige ebenso wie das Vergangene. Die heutige Kultur ist „im Grunde eine Realtime-Kultur […] was sich ereignet, ist schon Vergangenheit."[26] Hans-Ulrich Gumbrecht spricht diesbezüglich von einem „Gleichzeitigkeitsraum",[27] in dem alle Dinge – zumindest virtuell – präsent sind.

---

21 Das betrifft vor allem Bauten der Nachkriegszeit.

22 Georg Dehio hat die Denkmalpflege als „angewandte Geschichtswissenschaft" bezeichnet. S. Vierter Tag für Denkmalpflege. Erfurt 25. und 26. September 1903. Stenographischer Bericht, Berlin 1903, S. 138.

23 Einschlägig: Wilfried Lipp/Michael Petzet (Hg.), Vom modernen zum postmodernen Denkmalkultus. Denkmalpflege am Ende des 20. Jahrhunderts (7. Jahrestagung der Bayerischen Denkmalpflege, Passau 1993), München 1994.

24 David Christian, Maps of Time. An Introduction to Big History, Berkeley 2004. S. auch: https://course.bighistoryproject.com/bhplive (30.9.2013).

25 Wolfgang S. Kaschuba, Die Überwindung der Distanz. Zeit und Raum in der europäischen Moderne, Frankfurt/Main 2004. – s. auch: Ingrid Scheurmann, Das Denkmal als Marke. Vom Konservieren und Restaurieren in der Nachfolge Georg Dehios, in: Dies./Hans-Rudolf Meier (Hg.), Echt, alt, schön, wahr. Zeitschichten der Denkmalpflege, München/Berlin 2006, S. 96–107.

26 Weibel, The Digital oblivion [wie Anm. 6], S. 202.

27 Hans-Ulrich Gumbrecht, 1926. Ein Jahr am Rand der Zeit, Frankfurt/Main 2003, S. 468. –

Bereits 1986 hat der britische Historiker Eric Hobsbawm eine „Zerstörung der Vergangenheit" beklagt und die zeitlichen Dimensionen aufgehoben gesehen in einer „Art permanenter Gegenwart".[28] Francis Fukuyama diagnostizierte das Ende der Geschichte, Dietmar Kamper die Nach-Moderne als Posthistoire und Boris Groys die Gegenwart als „neue Ewigkeit".[29] Mit solchen Beurteilungen einher geht der Hinweis auf den Verlust angestammter Orientierungen und Identitäten. Diese sucht der entwurzelte Mensch nicht von ungefähr in der Geschichte als Inbegriff von Kontinuität, Tradition und Dauerhaftigkeit. Insofern ist es auch kein Widerspruch, dass Pierre Nora der Gegenwart die Signatur des Gedenkens zuschreibt und ihr Geschichtsversessenheit attestiert[30] – dies indes in Form „einer Geschichte zweiten Grades", d. h. als Erinnerungskultur.[31] Und Erinnerung, so wiederum Martin Sabrow, ist die eigentliche Pathosformel der Gegenwartsgesellschaft.[32]

Im Zuge des erinnernden Blicks auf die Vergangenheit hat die Geschichte ihr kritisches Potential zugunsten einer mehrheitlich affektiven und nostalgischen Zuwendung eingebüßt. Historische Themenparks, Mittelaltermärkte und Retro-Looks künden davon ebenso wie die populären Erwartungen an die Denkmalpflege, das aus der Geschichte Vorhandene mit einem neuen Glanz zu versehen, es zum Strahlen oder Klingen zu bringen. Schöne Stadtbilder mit Kopfsteinpflaster, Butzenscheiben und Sichtfachwerk antworten auf entsprechende Bedürfnisse ebenso wie die allerorten mobilisierten Wünsche nach Rekonstruktion markanter Symbolbauten. So ordnen sich die Bilder von Geschichte unter den Voraussetzungen ihrer permanenten Verfügbarkeit neu, dies umso mehr, als dem beliebigen Zugriff auf den „Zitatenschatz" der Vergangenheit ein technologischer Fortschritt korrespondiert, der es zulässt, das gewünschte Bild des Alten auch in eine neue materielle Form zu übertragen (Abb. 4, 5). Eine Besonderheit der Gegenwartskultur liegt demnach in ihrem Verlust von Zukunftsgewissheit[33] und dem damit aufs Engste verknüpften Verzicht auf Zukunftsvisionen begründet. Stattdessen projiziere die Gesellschaft, Aleida Assmann zufolge, ihre Utopien in die Vergangenheit und nutze die vorhandenen Technologien zur Geschichtskorrektur.[34] Geschichte scheint damit „eine beliebige Rekonstruktion auf der

---

s. auch: Ingrid Scheurmann, Mehr Substanz – Bemerkungen zum Geschichtsbild der modernen Denkmalpflege oder: Warum sind Baudenkmale unbequem?, in: Hans-Rudolf Meier/Dies. (Hg.): DenkmalWerte. Beiträge zu Theorie und Aktualität der Denkmalpflege, München/Berlin 2010, S. 59–74, S. 59f.

28 Eric Hobsbawm, Das Zeitalter der Extreme. Weltgeschichte des 20. Jahrhunderts, München 1995, S. 17.

29 Francis Fukuyama, Das Ende der Geschichte. Wo stehen wir?, München 1992; Dietmar Kamper, Nach der Moderne. Umrisse einer Ästhetik des Posthistoire, in: Wolfgang Welsch (Hg.), Wege aus der Moderne. Weinheim 1988, S. 163–174; Boris Groys, Leben in der Kältezone, in: Die Zeit Nr. 36 vom 30.8.2012, S. 66.

30 Pierre Nora, Das Zeitalter des Gedenkens, in: Ders. (Hg.), Erinnerungsorte Frankreichs, mit einem Vorwort von Etienne François, München 2005, S. 543–575.

31 Zit. nach Robbe, Historische Forschung [wie Anm. 3], S. 17.

32 Martin Sabrow, „Erinnerung" als Pathosformel der Gegenwart, in: Ders. (Hg.), Der Streit um die Erinnerung, Leipzig 2008, S. 9–24.

33 Martin Sabrow, Die DDR erinnern, in: Ders. (Hg.), Erinnerungsorte der DDR, München 2009, S. 11–27, S. 22.

34 Aleida Assmann, Rekonstruktion – Die zweite Chance, oder: Architektur aus dem Archiv, in: Winfried Nerdinger/Uta Hassler (Hg.), Geschichte der Rekonstruktion. Konstruktion der Geschichte, München u. a. 2010, S. 16–23, S. 17.

Abb. 4: An der Vozdvyzhenska-Straße im Zentrum von Kiew entsteht ein repräsentatives Wohnquartier mit ausschließlich historisierenden Architekturen. Zitate heimischer wie internationaler Bauten prägen das Ensemble ebenso wie eklektische Material- und Stilkombinationen.

Basis verfügbarer Daten geworden zu sein."[35] Hier im traditionellen Jargon der Denkmalpflege von Fälschung oder Täuschung zu sprechen,[36] greift m.E. insofern zu kurz, als die unterstellte absichtsvolle Irreführung keineswegs intendiert ist.[37] Stattdessen ist zu konstatieren, dass die Frage der materiellen Echtheit im öffentlichen Diskurs gar nicht mehr die Rolle spielt, die Fachleute ihr beimessen.

35 Serexhe, Born-digital [wie Anm. 5], S. 21.

36 Michael Falser, Ausweitung der Kampfzone. Neue Ansprüche an die Denkmalpflege 1960–1980, in: Adrian von Buttlar u. a., Denkmalpflege als Attrappenkult. Gegen die Rekonstruktion von Baudenkmälern – eine Anthologie, Basel 2011, S. 88–97, S. 94; Jürgen Tietz, Geliebte Fälschungen. Rekonstruktionen aller Art, in: Die Denkmalpflege 1 (2008), S. 68–71, S. 69.

37 Winfried Nerdinger, Zur Einführung – Konstruktion und Rekonstruktion historischer Kontinuität, in: Ders./Hassler, Geschichte der Rekonstruktion [wie Anm. 34], S. 10–14; Eva von Engelberg-Dockal, „Historisierende Architektur" als zeitgenössischer Stil: in: Birgit Franz/Hans-Rudolf Meier (Hg.), Stadtplanung nach 1945. Zerstörung und Wiederaufbau. Denkmalpflegerische Probleme aus heutiger Sicht (Arbeitskreis Theorie und Lehre der Denkmalpflege 20), Holzminden 2011, S. 30–36.

Abb. 5: Am Grecheskaya-Platz in Odessa sind historische Architekturzitate einer modernen Glas-Stahl-Architektur vorgeblendet. Ähnliche Kombinationen aus Alt und Neu prägen etwa auch die Fassade des 2012 fertiggestellten Fußballstadions.

Offenkundig wandelt sich mit der veränderten Raum-Zeit-Erfahrung im Kontext der Virtualisierung auch die Bedeutung von Materie und Materialität als Träger von Information und kulturellem Gedächtnis. Ungeachtet dessen, dass der sogenannte *material turn* deren gesellschaftliche Relevanz hervorhebt[38] und die Anlage von Materialarchiven diese Forschungsperspektive zu bestätigen scheint, ist die zitierte Fokussierung doch ebenso sehr geeignet, die schwindende Selbstverständlichkeit der Dinge und die damit verbundenen Verlusterfahrungen zu unterstreichen. Nicht zuletzt kann Bruno Latours Akteurs-Theorie in diesem Kontext als Hinweis darauf verstanden werden, dass die Dinge nicht nur Gegenüber der Menschen sind, sondern auch etwas mit ihm „machen" und schon deshalb für den Einzelnen wie die Gesamtgesellschaft unverzichtbare Ankerpunkte darstellen.[39] Das gilt in besonderer Weise für historische Artefakte, denen als Symbole, Wahrzeichen und Identitätsstifter eine Bedeutung zugemessen wird, auf die zurückzukommen sein wird.

Dessen ungeachtet gehört die Vielfalt der Erscheinungs- und Bearbeitungsformen von Dingen im Zeitalter der Digitalisierung zu einer von Entwertung und Vergessen bedrohten

---

38 Zusammenfassend: Doris Bachmann-Medick, Cultural Turns. Neuorientierungen in den Kulturwissenschaften, Reinbek ⁴2010.

39 Bruno Latour, Eine neue Soziologie für eine neue Gesellschaft. Einführung in die Akteur-Netzwerk-Theorie, Frankfurt/Main 2007.

Abb. 6: Vision der Burg Guedelon in Zentralfrankreich im Zustand der avisierten Fertigstellung 2025

Spezies, entspricht den Möglichkeiten des Updatens doch eine Reproduzierbarkeit von Geschichte, die der materiellen Träger von Information nicht mehr zu bedürfen scheint. Wolfgang Kaschuba spricht in diesem Zusammenhang von „inszenierten Authentizitäten" resp. „kulturellen Kulissen".[40] Für das fragile Verhältnis von Erinnern und Vergessen hat das zur Folge, dass nicht mehr die Empirie der historischen Überreste im Sinne Johann Gustav Droysens den Bezugsrahmen der erinnernden Gesellschaft darstellt, sondern das, was die Gesellschaft memorieren möchte, d. h. gegenwartsfixierte Visionen des Historischen im Sinne Aleida Assmanns. Als vermeintliche Traditionsinseln entstehen so auch die folklorisierten Orte des internationalen Tourismus „am typischsten als künstlich patinierte() Neubau(ten)".[41] Die gerade auf Basis traditioneller Handwerkskunst entstehende „karolingische Klosterstadt" Meßkirch oder die burgundische Burg Guédelon (Abb. 6) können als beredte und kommerziell erfolgreiche Beispiele dienen.[42] Eine vergleichbare

---

40 Kaschuba, Die Überwindung der Distanz [wie Anm. 25], S. 256, 251.

41 Ebd., S. 252.

42 S. u. a. das Projekt „Karolingische Klosterstadt Meßkirch", eine touristische „Zeitreise in das Mittelalter", eine 1:1 Realisierung nach dem St. Gallener Klosterplan. http://www.campus-galli.de/ 30.9.2013.

Verdichtung historischer Zeichen bietet die materielle Überlieferung zumeist nicht.[43] Gegenüber solchen populären Geschichtsbildern sind historische Zeugnisse, insbesondere diejenigen, die diesen Kriterien nicht standzuhalten vermögen, von gesellschaftlicher Entwertung und damit von Vergessen bedroht. Im Kontext von Identitätsstiftung einerseits und Kommerzialisierung andererseits avanciert das Ästhetische – ob alt oder alt-neu – zum eigentlichen Ausweis von Geschichte. Gesellschaftliches Erinnern und Vergessen reduziert sich damit tendenziell auf Schönheitsfragen.[44] Negativ schlägt dieser Trend heute vor allem bei Bauten der Nachkriegszeit zu Buche; hier bilden ästhetische Abwertung, Vergessen-Wollen und Zerstören derzeit eine fatale Symbiose.[45]

Offenkundig beginnen Zeit, Raum und Materie als traditionsreiche Koordinaten denkmalpflegerischer Erinnerungsbewahrung im Zeitalter von Virtualisierung und Globalisierung ihre Funktion als Wahrnehmungskonstanten einzubüßen, kollektives Erinnern und Vergessen ihre Verbindlichkeit zugunsten partikularer und tendenziell auch flüchtiger Geschichtsbezüge zu verlieren. Der geänderte Handlungsspielraum der Denkmalpflege reflektiert diese Entwicklungen.

TRANSFORMATION 1: VOM DENKMAL ZUM KULTURELLEN ERBE

Im Kontext der veränderten Raum-Zeit-Erfahrungen hat die Denkmalpflege ihren Gegenstand in zweierlei Hinsicht neu zu definieren begonnen: zum einen in Richtung einer transkulturellen Betrachtung historischer Artefakte[46] und zum anderen in Form einer Aufwertung von deren immateriellen Sinn- und Bedeutungsschichten. Die derzeitige Konjunktur des kulturellen Erbes nimmt darauf Bezug und hat im öffentlichen Diskurs den Denkmalbegriff in den Hintergrund zu drängen begonnen. Gleichzeitig hat dieser Prozess die Historisierung der Charta von Venedig (1964) als des maßgeblichen Grundsatzdokuments der Nachkriegsdenkmalpflege vorangetrieben und internationale Dokumente wie die Unesco-Convention von Nara (1994) und die Erklärung über das immaterielle Erbe (2003) initiiert, die die ausschließliche Bindung des Echtheitsbegriffs an die materielle Substanz aufkündigen und als Seismographen des zitierten Wertewandels betrachtet werden können.[47]

43 Nerdinger, Zur Einführung [wie Anm. 37], S. 10, verweist mit Bezug auf den Wiederaufbau von Warschau, Dixmuiden oder Arras auf die Bewahrung von „Erinnerung durch Wiederholung von Formen". Dabei ist zu konstatieren, dass es etwa in Flandern keineswegs um die Wiederholung der Vorgängerbauten ging, sondern um die Schaffung typisch flämischer Architekturen.

44 Ingrid Scheurmann, Vom Kunstunwert zum unbequemen Denkmal. Zum denkmalpflegerischen Nachdenken über das Verhältnis von Geschichte und Ästhetik, in: Birgit Franz/Waltraud Kofler-Engl, Umstrittene Denkmale (Arbeitskreis Theorie und Lehre der Denkmalpflege 22), Holzminden 2013, S. 16–27.

45 Aus der Fülle der aktuellen Literatur sei verwiesen auf: Olaf Gisbertz (Hg.), Nachkriegsmoderne kontrovers. Positionen der Gegenwart, Berlin 2012.

46 Markus Harzenetter u. a. (Hg.), Fremde Impulse. Baudenkmale im Ruhrgebiet, Münster 2010; Michael Falser/Monica Juneja (Hg.), Kulturerbe und Denkmalpflege transkulturell. Grenzgänge zwischen Theorie und Praxis, Bielefeld 2013.

47 http://whc.unesco.org/archive/nara94.htm; zum immateriellen Erbe s. Anm. 15.

Dabei schließt der Erbebegriff in seiner aktuellen Verwendung nicht nur diverse Artefakte und Praktiken ein, er reflektiert auch ein gewandeltes Verhältnis des Einzelnen zu den Dingen. *Erbe* oder *heritage* versprechen eine persönliche Relation, Besitz oder zumindest Teilhabe, wohingegen der traditionelle Begriff des Denkmals zwar eine Gesellschaft voraussetzt, die durch Inwertsetzung einzelne Bauten aus der Masse des Vorhandenen sondert und sie als Denkmale adelt, dies indes, ohne dass damit ein Versprechen an den Einzelnen verbunden wäre. Das Denkmal steht ihm als Anderes und prinzipiell Fremdes gegenüber; nicht von ungefähr haben es die Altvorderen mit „Ehrfurcht", „Pietät" und „Andacht" betrachtet.[48] Demgegenüber wird Vergangenheit im Gewand des Erbes verfügbar und – David Lowenthal zufolge – im Grunde zur Heimat.[49] Dabei öffnet sich zwischen dem Welterbe der Menschheit und dem persönlichen Erinnerungsort eine gewaltige Bandbreite potentieller Geschichtsbezüge, die den Erbebegriff transnational, national, regional, lokal oder partikular auszuleuchten imstande sind und jeweils anderes erinnern und anderes auch vergessen. Mehr noch: Laut Faro-Konvention von 2005 kann die Teilhabe am Erbe dauerhaft oder befristet, sie kann punktuell oder breit gefächert sein.[50] Und auch die Erbengemeinschaften sind alles andere als stabil: Moderne Migrationsbewegungen bedingen heterogene und zudem zeitlich befristete Kollektive.[51] Entsprechend heterogen und instabil gestalten sich die Wertprämissen, auf die sich Konservierung und Musealisierung als Ausdruck eines gesetzlich garantierten öffentlichen Interesses beziehen. Offenkundig wird in der Summe alles irgendwie und irgendwo erinnert, das aber von allen anders. Der postmodernen Ort- und Heimatlosigkeit im Sinne Marc Augés[52] korrespondiert insofern eine Instabilität von Werten bzw. „eine immer schnellere Verfallszeit des Geltenden". Alles ist „nur noch im Fluss […], nichts mehr end-gültig."[53]

Vor diesem Hintergrund ist die Geschichte für das Individuum wie für die Gemeinschaften, an denen es partizipiert, weniger als Ausweis konkreter, vormals etablierter, historischer, kunsthistorischer, städtebaulicher, kultur- oder technikgeschichtlicher Werte relevant denn als allgemeiner Garant von Orientierung und Zugehörigkeit. Dem vergleichsweise offenen Erbebegriff korrespondiert mithin auf der Werteskala der gleichermaßen unspezifische Begriff der Identität (Abb. 7).[54] Gegenüber den gesetzlich fixierten

---

48 Ingrid Scheurmann, Denkmalwerte heute. Vom historischen Zeugniswert und seiner Substanz in den Denkmaldiskursen des 20. Jahrhunderts, in: Winfried Speitkamp (Hg.), Europäisches Kulturerbe. Bilder, Traditionen, Konfigurationen (Arbeitshefte des Landesamts für Denkmalpflege Hessen 23), Stuttgart 2013, S. 15–26, S. 18ff.

49 David Lowenthal, „History" und „heritage". Widerstreitende und konvergente Formen der Vergangenheitsbetrachtung, in: Rosmarie Beier (Hg.), Geschichtskultur in der zweiten Moderne, Frankfurt/New York 2000, S. 71–94, S. 80.

50 http://www.coe.int/t/dg4/cultureheritage/heritage/Identities/default_en.asp (30.9.2013).

51 Gabi Dolff-Bonekämper hat diesbezüglich verschiedentlich für eine Differenzierung in locals, non-locals, former und new locals plädiert.

52 Marc Augé, Nicht-Orte, München ²2011.

53 Kaschuba, Die Überwindung der Distanz [wie Anm. 25], S. 246, 255.

54 Lutz Niethammer bezeichnete den Identitätsbegriff 1995 als „Plastikwort". Ders., Diesseits des ‚Floating Gap'. Das kollektive Gedächtnis und die Konstruktion von Identität im wissenschaftlichen Diskurs, in: Kristin Platt/Mihran Dabag (Hg.), Generation und Gedächtnis. Erinnerungen und kollektive Identitäten, Opladen 1995, S. 25–50, S. 27.

Abb. 7: Das Projekt „Textbrücken" thematisiert Identitätsbildungsprozesse innerhalb des Ruhrgebiets im Rahmen des Kulturhauptstadtprojekts Ruhr 2010. Hier das Beispiel Unna, Hertinger Straße, Fahrtrichtung Venlo

und wissenschaftlich zu begründenden Denkmalwerten hält damit ein Wert Einzug in die Denkmaldebatte, der der Partikularisierung und dem Orientierungsbedürfnis der Gegenwartsgesellschaft Rechnung trägt und – ähnlich wie Riegls Alterswert zuvor – einen gefühlsmäßigen und zugleich anti-elitären Zugang zu den Dingen ermöglicht.[55] „Geborgenheitsversprechen" (Martin Sabrow)[56] und „gesellschaftliche Sinndeutung" (Konrad Jarausch)[57] sind Attribute dieses neuen Denkmalwerts,[58] mithin das Vermögen, „Bedeutung hervorzubringen" und die unübersichtlich gewordene Welt „zu gliedern."[59] Das populäre Begriffspaar Identität und Erbe indiziert somit zweierlei: Zum einen reagiert es auf ein verändertes Verständnis von Geschichte, das der Bezugnahme auf die Vergangenheit höheres Interesse entgegenbringt als der Vergangenheit selbst, zum anderen formuliert es Angebote auf Teilhabe und ist nicht zu Unrecht gekoppelt an Forderungen nach Partizipation. Das Versprechen des Web 2.0 hat damit auch die Denkmalpflege erreicht.

55 S. u. a. Carola Ilian, Identitässtiftung als Denkmalwert!? Vermittlung und Überprüfung denkmalpflegerischer Wertsetzungen, Dresden 2011.

56 Sabrow, Die DDR erinnern [wie Anm. 33], S. 25.

57 Jarausch, Rückkehr zur Nationalgeschichte [wie Anm. 19], S. 270.

58 http://www.denkmalpflege-forum.de/Download/Leitbild_Denkmalpflege_Imhof_Verlag.pdf (30.9.2013).

59 Rudolf Schlögl bezieht sich mit dieser Aussage auf Symbole, Ders.: Symbole in der Kommunikation. Zur Einführung, in: Ders./Bernhard Giesen/Jürgen Osterhammel (Hg.), Die Wirklichkeit der Symbole. Grundlagen der Kommunikation in historischen und gegenwärtigen Gesellschaften, Konstanz 2004. S. 9–38, S. 9.

Transformation 2: Von der Erfassung zur Kategorisierung

Als Karl Friedrich Schinkel und nach ihm Georg Dehio und andere über Denkmale nachdachten, gestaltete sich der Kreis der für die Nachwelt zu bewahrenden Bauwerke noch übersichtlich, und das Historische zeichnete sich durch eine deutliche Trennung von der Gegenwart aus. Das „Was" des Erinnerns war somit nicht die vorherrschende Frage, vielmehr das „Wie". Heute hat sich diese Priorität nahezu umgekehrt. Konnte der wissenschaftliche und technologische Fortschritt das „Wie" des Erhaltens weiter perfektionieren, so ist die Frage nach dem „Was" seit den Debatten der 1960er- und 70er-Jahre nicht nur gekennzeichnet durch das Problem der Masse, sondern auch durch einen Wertedissens. Gleichzeitig hat der Denkmalbegriff im Zuge der Globalisierung und der nachfolgenden Diskussion über kulturelles Erbe eine ins Unendliche gehende Ausweitung gefunden, die Zeit hingegen, die für Dokumentation und Bewertung zur Verfügung steht, „implodiert" auch hier „gegen Null".[60] Gesellschaftliche Akzeptanz erfahren angesichts dessen vor allem die sog. *urban icons*.[61] Als Wahrzeichen und Symbole von Gemeinschaft sind diese „Hauptdenkmale" (Paul Clemen)[62] geeignet, „besonders identitätsrelevante Ereignisse" und Dinge „aus dem Fluss der Zeit" herauszunehmen, sie zu verewigen und zu sakralisieren.[63] Alles andere scheint demgegenüber dem Bereich des Partikularen anzugehören, ist damit potenziell strittig und keineswegs verbindlich. So stehen denn die Listen des „Welt- und Naturerbes der Menschheit", des europäischen oder nationalen Kulturerbes materiell wie stilistisch einem pluralen Erbe gegenüber – Walter Kempowskis „Sammelei von Schicksalen"[64] ebenso wie Orhan Pamuks Istanbuler Museum der Unschuld (Abb. 8, 9), einer Ansammlung von Alltagsgegenständen, deren Parfümfläschchen und Zigarettenkippen sich in ihrer Sinnhaftigkeit nur demjenigen erschließen, dem das zugehörige Narrativ vertraut ist.[65]

Angesichts der Masse des potenziell Erinnerungswürdigen bietet sich die Klassifizierung – gegenteiligen Behauptungen von Konservatoren zum Trotz – als Maßnahme gegen Nivellierung und Vergessen an. Grundsätzlich lösen lassen sich die komplizierten Bewertungsfragen dadurch indes nicht. Stellte die Welterbeliste ursprünglich so etwas wie den kleinsten gemeinsamen Nenner dessen dar, was die Menschheit auch über kriegerische Zeitläufte hinweg zu bewahren trachtet, so führt ihre Ausdehnung tendenziell zur Wieder-

60 Weibel, The Digital oblivion [wie Anm. 6].

61 S. u. a. Ingrid Scheurmann, Stadtbild in der Denkmalpflege. Begriff – Kontext – Programm, in: Sigrid Brandt/Hans-Rudolf Meier (Hg.), Stadtbild und Denkmalpflege. Konstruktion und Rezeption von Bildern der Stadt, Berlin 2008, S. 140–149.

62 Paul Clemen, Der Krieg und der Zustand der Kunstdenkmäler auf dem westlichen Kriegsschauplatz, in: Kriegstagung für Denkmalpflege, Stenografischer Bericht, Brüssel 1915, S. 11–41, S. 11.

63 Christoph Schneider, Symbol und Authentizität. Zur Kommunikation von Gefühlen in der Lebenswelt, in: Schlögl/Giesen/Osterhammel, Die Wirklichkeit der Symbole [wie Anm. 59], S. 101–133, S. 101.

64 Walter Kempowski, Alkor, Tagebuch 1989, München 2001, S. 173.

65 Orhan Pamuk, Die Unschuld der Dinge. Das Museum der Unschuld in Istanbul, München 2012; http://www.istanbulreiseleiter.com/das-museum-der-unschuld.html (30.9.2013).

Abb. 8: Das von dem Schriftsteller Orhan Pamuk nach seinem gleichnamigen Roman konzipierte und 2012 eröffnete Museum der Unschuld in Istanbul mit Alltagsgegenständen der 1970er- und 80er-Jahre, die das Romangeschehen illustrieren und authentifizieren

holung der Bewertungsmalaise und zu neuen Listen angesichts neuer Denkmalkandidaten. Werthierarchien allein bieten keine Antworten auf die komplizierten Erinnerungsprozesse der Gegenwartsgesellschaften, allenfalls leisten sie der weiteren Kommerzialisierung der „Hauptdenkmäler" Vorschub. Demgegenüber könnten Toleranz für das Andere und die Erhaltung von Differenz Kriterien liefern für eine schutzbedürftige individualisierte Welt. Die modernen Zeitläufte haben die Menschen auf eine Überholspur katapultiert, die ihnen stabile Raum-Zeit-Verortungen nahezu unmöglich macht. Statt auf ein Gegenüber orientiert zu sein, scheint jeder auf sich selbst zurückgeworfen. Die eigene Identität wird so zum Ideal und Programm zugleich. Erinnern und Vergessen büßen unter diesen Voraussetzungen ihre einstmals normative Bedeutung ein, sie avancieren zu Angeboten, Einladungen zur Teilhabe, und das historische Erbe zu einer potentiellen Stütze des Individuums in einer zunehmend entgrenzten und entzeitlichten Welt.

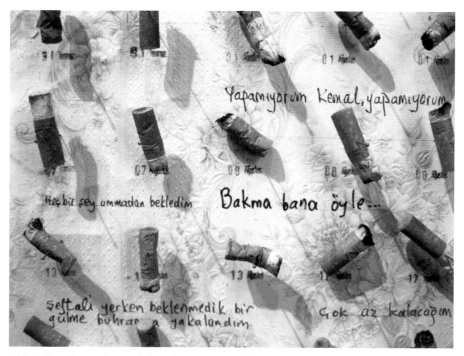

Abb. 9: Das fiktionale Geschehen des Romans erhält durch die museale Präsentation der vermeintlichen Zeugnisse Qualitäten eines Erinnerungsortes.

FAZIT

Die Denkmalpflege als „Vorsorgebehörde gegen das Vergessen"[66] muss den neuartigen partikularen Erinnerungen und Partizipationswünschen mit „Wertinnovationen" begegnen,[67] die über eine nochmalige „Erweiterung des Denkmalbegriffs" (Willibald Sauerländer) hinausgehen. Vielmehr bedarf es der Anerkenntnis der Relativität auch der eigenen „Standards" und – in Analogie etwa zu den Geschichtswissenschaften – der Akzeptanz einer „Denkmalpflege zweiten Grades",[68] die auch partikularen Geschichtszeugnissen Raum gewährt. Wenn der französische Historiker Georges Duby 1980 noch mit der Aussage, Geschichte sei der „kontrollierte Traum des Historikers"[69] provozieren konnte, so werden

---

66 Schneider, Liturgien der Erinnerung [wie Anm. 11].

67 Lipp, Vom modernen zum postmodernen Denkmalkultus [wie Anm. 23], S. 10.

68 Verwiesen sei hier auf das Verhältnis von Geschichte und Erinnerungskultur, s. dazu Robbe, Historische Forschung [wie Anm. 3].

69 S. Torsten Barthmann, Reinhart Koselleck: Zeitschichten. Studien zur Historik. Frankfurt/Main 2000, in: H-Soz-u-Kult 10.9.2000.

etwaige Objektivitätsbehauptungen heute längst mit einem Fragezeichen versehen.[70] Der bereits von Alois Riegl vorgenommene Perspektivenwechsel von der historischen Empirie zur Wahrnehmung hat das Erinnern und Vergessen in der Moderne radikal verändert und den Denkmalzugang individualisiert. In Zeiten allgemeiner Verfügbarkeit und Kommerzialisierung kann die Denkmalpflege als Wissensspeicher und Vermittlungsinstitution aber dennoch ein wichtiges Korrektiv darstellen, wenn sie Geschichte zuweilen gegen den Strich bürstet und das Historische nicht nur in seinen ästhetischen Komponenten würdigt, sondern auch in seiner Fremdheit, seinem kritischen und demokratischen Potenzial. Vormals Vergessenes mag da neue Bedeutung erlangen.

ABBILDUNGSNACHWEIS

Abb. 1 Deutsches Nationalkomitee für Denkmalschutz, Bonn
Abb. 2, 3 ©ZKM Karlsruhe
Abb. 4, 5 ©Ingrid Scheurmann
Abb. 6 http://momentum-magazin.de/de/burgbau_2/
Abb. 7 ©Straßen NRW
Abb. 8, 9 ©Ahmet Aybar, http://www.istanbulreiseleiter.com/

---

70 Thomas Nipperdey, Kann Geschichte objektiv sein? Historische Essays, München 2013.

Hans-Rudolf Meier

Fremdheit und Alterität in der Architektur der Moderne

Sich im Kontext von Geschichtsbildern in der Architektur des 20. und 21. Jahrhunderts über Fremdheit und Alterität zu äußern, beinhaltet eine doppelte Herausforderung: Einerseits gilt es, den Architekturdiskurs nach der Fremd- und Andersartigkeit von Architektur zu befragen, wobei das Phänomen insbesondere als Verhalten zur Geschichte untersucht werden soll, andererseits ist die Nennung von Fremdheit *und* Alterität auch als Aufforderung zur Differenzierung zwischen den beiden Begriffen zu verstehen. Es geht demnach um den Versuch, den im französischen Poststrukturalismus begründeten, in den historischen Disziplinen von der Mediävistik ausgehenden und in den letzten Jahren in den Literatur- und Kulturwissenschaften weiterentwickelten Alteritätsdiskurs auf seine Tauglichkeit für unser Fachgebiet zu überprüfen.

Mit diesem Unterfangen knüpfe ich an einen früheren Differenzierungsversuch an, der dem Bemühen galt, die Andersheit gleichsam als dritten Status in der Debatte über die Fremd- und Vertrautheit von Denkmalen zu etablieren.[1] Wie dort soll auch hier ein pragmatischer, von den Objekten ausgehender Ansatz verfolgt werden. Der Alteritätsdiskurs ist inzwischen weit aufgefächert; längst wird nicht mehr *die* Alterität diskutiert, vielmehr ist von Alterität*en*, Alterität zwischen Singular und Plural und Alteritäten mit fast beliebigen Adjektiven die Rede.[2] Dabei wird die Relation zwischen Alterität und Fremdheit unterschiedlich gewertet: Während etwa für Bernhard Waldenfels das Fremde niemals in die eigene Ordnung einzugliedern ist, das Andere aber nur anders ist, kehren Anja Becker und Jan Mohr in ihrem jüngst publizierten Überblick über die „Alterität als Leitkonzept für historisches Interpretieren" die Wertung um: Sie betonen, das ‚Andere' sei nicht nur ‚fremd', sondern ‚anders', eine Tautologie, die sie mit Georg Simmels Topos von den Bewohnern des Sirius illustrieren, die uns nicht eigentlich fremd seien, denn „sie existieren überhaupt nicht für uns, sie stehen jenseits von Fern und Nah."[3]

---

1 Hans-Rudolf Meier, Zwischen Fremdheit und Identität: Zur Alterität des Denkmals, in: Marion Wohlleben (Hg.), Fremd, vertraut oder anders? Beiträge zu einem denkmaltheoretischen Diskurs, München/Berlin 2009, S. 141–150.

2 Vgl. den Forschungsbericht: Anja Becker/Jan Mohr, Alterität. Geschichte und Perspektive eines Konzepts. Eine Einleitung, in: Anja Becker/Jan Mohr (Hg.), Alterität als Leitkonzept für his-

torisches Interpretieren (Deutsche Literatur. Studien und Quellen Bd. 8), Berlin 2012, S. 1–58, bes. S. 11ff.

3 Becker/Mohr [wie Anm. 2], S. 40; Bernhard Waldenfels, Fremdheit und Alterität im Hinblick auf historisches Interpretieren, in: ebd., S. 61–71; Georg Simmel, Soziologie. Untersuchungen über die Formen der Vergesellschaftung, Leipzig 1908, S. 685f.

In diese grundsätzliche Begriffsdiskussion einzusteigen, würde allerdings im gegebenen Kontext zu weit vom Thema wegführen. Alterität soll daher im Folgenden als heuristischer Begriff verwendet werden, um über ihn Relationen der Verschiedenheit sowie Grade der Nicht-Vertrautheit zu differenzieren. Zum Einstieg werden an einem „Klassiker" der Moderne zwei Aspekte unterschiedlicher Andersheit veranschaulicht. Es folgen Überlegungen zur Alterität als Kennzeichen der Moderne, um schließlich Alteritätspraktiken als Verhalten zur Geschichte in der Architektur der späten Moderne zu diskutieren.

I. DIE KLASSISCHE MODERNE ZWISCHEN ANDERS, FREMD UND VERTRAUT

Im Jahre 1927 wurde im Rahmen einer dem Thema „Wohnung" gewidmeten Bauausstellung des Deutschen Werkbundes in Stuttgart die Weißenhofsiedlung als Mustersiedlung der architektonischen Avantgarde errichtet; sie sollte das Neue Bauen (und Neue Wohnen) in exemplarischer Weise veranschaulichen, den „Sieg des neuen Baustils"[4] verkünden (Abb. 1). In nur 21 Wochen errichteten 17 Architekten des progressiven Werkbundflügels und der internationalen Avantgarde 21 Häuser mit 63 Wohnungen, die während der dreimonatigen Ausstellung von einer halben Million Menschen besucht wurden. Dass es der Ausstellung tatsächlich gelang, zum Paradigma der „weißen Moderne" zu werden, zeigt nicht zuletzt ihre Rezeptionsgeschichte. Das wird besonders deutlich in der antimodernen Polemik, wie sie bildmächtig durch die nationalsozialistische Denunziation der Siedlung als „Araberdorf" bekannt geworden ist (Abb. 2).[5] Der geplante Abbruch der bereits leergezogenen Siedlung wurde nur durch den Krieg verhindert.

Der Araberdorf-Vergleich der Nazis greift die bereits vor der Ausstellung öffentlich gemachte Kritik des rechten Werkbundflügels auf. Schon 1926 hatte Paul Bonatz in einer im Schwäbischen Merkur erschienenen Polemik gegen Ludwig Mies van der Rohe als Leiter des Weißenhof-Projekts geschrieben, die Kuben erinnerten mehr an orientalische Vorstädte denn an Stuttgart: „In vielfältigen horizontalen Terrassierungen drängt sich in ungewöhnlicher Enge eine Häufung flacher Kuben am Abhang hinauf, der eher an eine Vorstadt Jerusalems erinnert als an Wohnungen in Stuttgart."[6]

Exemplarisch lässt sich in diesem Fall zwischen Alterität und Fremdheit differenzieren: Das „Andere" der Avantgarde, die sich bewusst vom traditionellen Bauen und dem Formenreichtum des Jugendstils absetzt, wird – die nachweisbaren mediterranen Anregungen der „weißen Moderne" hypostasierend und sie zugleich antisemitisch umdeutend – zum Fremden, zum Nichtzugehörigen, letztlich zum zu Eliminierenden. *Alter*, das andere von zweien, von *Alteritas* (griech. *heterótes*), wird zu *alius*, zum (ganz) anderen (griech. *xenos*).

4 Walter Curt Behrendt, Der Sieg des neuen Baustils, Stuttgart 1927.
5 Alfons Leitl, Die Kochenhofsiedlung in Stuttgart, in: Bauwelt 24/43 (1933), S. 1–16, hier S. 2.
6 Paul Bonatz, Noch einmal die Werkbundsiedlung, in: Schwäbischer Merkur, 5. Mai 1926; Stefanie Plarre, Die Kochenhofsiedlung – Das Gegenmodell zur Weißenhofsiedlung. Paul Schmitthenners Siedlungsprojekt in Stuttgart von 1927 bis 1933, Stuttgart 2001, S. 88; Wolfgang Voigt/Roland May (Hg.), Paul Bonatz 1877–1956, Tübingen/Berlin 2010, S. 20f.

Abb. 1: Stuttgart, Weißenhof-Siedlung, zeitgenössische Postkarte

Waldenfels charakterisiert diese grundsätzliche Differenz wie folgt: „Während das Andere die bloße numerische oder generische Verschiedenheit bezeichnet, […] bezeichnet das Fremde eine Geschiedenheit. Es bezeichnet Ferne, Abwesenheit, Unzugänglichkeit, Nichtzugehörigkeit, einen Bezug also, der […] einen Entzug einschließt."[7] Dagegen ist Alterität stärker relational und setzt schon aus etymologischen Gründen so viele Gemeinsamkeiten des Anderen mit dem Einen voraus, dass es überhaupt zu einer den Vergleich ermöglichenden Paarbildung kommt.[8]

An den Klassikern der Weißenhofsiedlung und ihren nicht weniger klassischen Fotografien lässt sich ein zweiter für die Diskussion der modernen Architektur wesentlicher Alteritätsaspekt veranschaulichen: jener der Zeitlichkeit. Betrachtet man heute die bekannten Fotos des Hauses von Le Corbusier und Pierre Jeanneret mit dem davor geparkten zeitgenössischen Sportwagen (Abb. 3), ergibt sich der merkwürdige Effekt, dass dieser als Oldtimer einer anderen Zeit zugehörig scheint, während man das Haus durchaus als uns

7 Waldenfels [wie Anm. 3], S. 61.
8 Becker/Mohr [wie Anm. 2], S. 40. Der ebd., S. 43, vorgebrachte Vereinbarungsvorschlag unterscheidet zwischen „Alterität" und „Andersheit", was in Hinblick auf die fremdsprachige Diskussion problematisch erscheint. Es wäre dann im Sinne von Emmanuel Lévinas zu differenzieren zwischen „Anderheit (= Alterität)" und „An-

dersheit": Emmanuel Lévinas, Die Zeit und der Andere, übersetzt und mit einem Nachwort versehen von Ludwig Wenzler, Hamburg ²1989. „Altérité" wird dort mit „Anderheit" und nicht mit „Andersheit" übersetzt, „um darauf aufmerksam zu machen, dass es [Lévinas] nicht um ein bloßes Anders-sein, sondern um das ‚ein Anderer sein' geht." (ebd. im Nachwort, S. 69, Anm. 6).

*Abb. 2: Dieselbe Postkarte wie Abb. 1 mit der Weißenhof-Siedlung als „Araberdorf",
erstmals in Leitl 1933*

zugehörig empfindet. Was einst als kongeniale Kombination Moderne verkörperte, ent-
zweit sich in eigentümlicher Weise: Das Automobil – dessen Schönheit Marinetti im ersten
futuristischen Manifest aufgrund seiner Modernität und Dynamik jener der Nike von Sa-
mothrake vorzog[9] – erweist sich als Zeugnis der Vergangenheit, der Andersheit/Alterität
des Historischen, während wir im Haus, das einst die neue andere Baukunst repräsentierte,
den quasi zeitlosen, jedenfalls uns vertrauten und zugehörigen Klassiker erkennen (Abb. 4).

An diese Beobachtung anknüpfend, stellt sich – auf das erste Bildbeispiel zurückkom-
mend – die Frage, was es war, was in den 1920er- und 30er-Jahren dieses andere Bauen als
so radikal fremd erscheinen ließ. War es nur die Form oder war es vielmehr auch der damit
ursprünglich verbundene gesellschaftspolitische Anspruch? Der Form allein wäre mit
einer formalen „Lösung" zu begegnen gewesen, wie es die „Germanisierungen" in den
1930er-Jahren auch in Stuttgart dann exemplifizierten: Das Haus Bloch-Tank von Oskar
Bloch und Ernst Guggenheimer wurde nach der Vertreibung der jüdischen Erbauer 1938
durch Theodor Kummerer und Paul Hein mit den signifikanten Elementen „klassisch"
deutscher Architektur umgebaut und umgedeutet: Walmdach, einfache Kubaturen und
stehende Fenster mit Fensterläden sind charakteristisch für die unter dem Schlagwort „um

---

9 Filippo Tommaso Marinetti, Le Futurisme, in: Le
   Figaro, 55. Jg, Nr. 51, 20. Februar 1909, S. 1; Thomas Anz u. a. (Hg.), Expressionismus. Manifeste
   und Dokumente zur deutschen Literatur 1910–
   1920, Stuttgart 1982, S. 588–591.

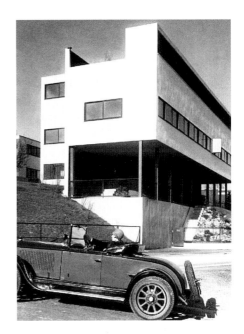

Abb. 3: Stuttgart, Weißenhofsiedlung, Haus von Pierre Jeanneret und Le Corbusier mit zeitgenössischem Sportwagen

1800" idealisierte Architektur (Abb. 5).[10] Die Weißenhofsiedlung repräsentierte aber, wie Sigfried Giedion ausführte, eine „doppelte Umstellung" – oder eben Andersheit – der Moderne: Neben derjenigen von der industriellen statt der handwerklichen Fertigung ging es auch um „die Vorahnung einer neuen Lebensgestaltung."[11] Dieser gesellschaftliche Anspruch büßte mit der Entpolitisierung der Avantgarde und dem Werden des modernen Stils allerdings bald an Brisanz ein. Es war ein erklärtes Ziel von Philip Johnson, Henry-Russell Hitchcock und Alfred Barr Jr., mit dem „International Style" den Bezug der Moderne zur Politik und insbesondere zum sowjetrussischen Konstruktivismus zu tilgen, „in order to present a Modernism less threatening to capitalist America".[12] Die Avantgarde war

---

10 Das Beispiel bei Dietrich W. Schmidt, Die Stuttgarter Schule 1918–1945. „dass diese Furcht zu irren schon der Irrtum selber ist", in: Kai Krauskopf/Hans-Georg Lippert/Kerstin Zaschke (Hg.), Neue Tradition. Vorbilder, Mechanismen und Ideen, Dresden 2012, S. 151–183, bes. 163f.

11 Sigfried Giedion, Raum, Zeit, Architektur. Die Entstehung einer neuen Tradition, Basel/Boston/Berlin 1976, S. 362, als Selbstzitat von: Ders., L'Exposition du Werkbund à Stuttgart 1927, und: La Cité du Weissenhof, in: Architecture Vivante, Paris 1928. Dagegen Julius Posener, Weißenhof und danach, in: Jürgen Joldicke/Egon Schirmbeck (Hg.), Architektur der Zukunft – Zukunft der Architektur, Stuttgart 1982, S. 16, für den die sozialen Inhalte unbestimmt geblieben sind.

12 Owen Hatherley, Militant Modernism, Winchester 2008, S. 51; Winfried Nerdinger: Architektur und gesellschaftspolitisches Engagement, in: L'architecture engagée. Manifeste zur Veränderung der Gesellschaft, hg. von Winfried Nerdinger in Zusammenarbeit mit Markus Eisen und Hilde Strobl, München 2012, S. 6.

Abb. 4: Das Haus heute als „zeitloser" Zeitgenosse

zum Stil und damit zur formalen Frage geworden, die dann freilich Ende der 1940er und zu Beginn der 1950er-Jahre mit der sog. Formalismus-Debatte in der DDR vorübergehend neue Sprengkraft erlangte und dabei ähnliche Fremdheitspolemik entfachte. Die von der Sowjetunion ausgehende Kampagne nahm nicht nur das Ansinnen von Johnson und Co. allzu wörtlich, sondern folgte ihnen auch in der Negierung des sowjetischen Beitrags zur Architekturmoderne. In seiner Polemik gegen die Architektur der Moderne am 3. Parteitag der SED im Jahre 1950 griff Walter Ulbricht auf den Fremdheitsvorwurf zurück, als er zu den modernen Bauten in Berlin bemerkte, diese könnten „ebenso gut in die südamerikanische Landschaft passen."[13] Im Folgejahr konkretisierte er die Anwürfe und nannte als explizit „schlechtes Beispiel" Hannes Meyers Gewerkschaftsschule in Bernau, die „genauso in Amerika oder Afrika stehen könnte".[14] Noch einmal war die Architektur der Moderne

13 Walter Ulbricht, Der Fünfjahrplan und die Perspektiven der Volkswirtschaft, in: Protokoll der Verhandlungen des III. Parteitages der Sozialistischen Einheitspartei Deutschlands, 20.–24.07. 1950 in Berlin, 2 Bände, Berlin 1951, Band 1, S. 338–416, hier S. 379; dazu: Jörg Kirchner, Architektur nationaler Tradition in der DDR (1950–1955). Zwischen ideologischen Vorgaben und künstlerischer Eigenständigkeit, Diss. Hamburg 2010, S. 107.

14 Ebd.; Walter Ulbricht, Kunst und Wissenschaft im Plan. Aus der Rede des Stellvertreters des Ministerpräsidenten, gehalten am 31. Oktober vor der Volkskammer, in: Aufbau. Kulturpolitische

Abb. 5: Stuttgart, Zeppelinstr. 32, Haus Bloch-Tank 1929/30 und nach der „Germanisierung" 1930/38

damit ganz pauschal das Andere, das Nicht-Zugehörige. Schon nach kurzer Zeit allerdings sollte sie auch im anderen Deutschland – zuerst in der Praxis, in den 1970er-Jahren schließlich auch im theoretischen Überbau – wieder das Eigene werden.

Monatsschrift 7/12 (1951), S. 1072. Bemerkenswert ist, dass einen Monat später Henselmann nachtritt und in einem Aufsatz im Neuen Deutschland explizit Meyer und dessen Bernauer Bundesschule des ADGB als Negativbeispiel hervorhebt: Hermann Henselmann, Der reaktionäre Charakter des Konstruktivismus, Reprint in: Elmar Schubbe (Hg.): Dokumente zur Kunst-, Literatur- und Kulturpolitik der SED, Stuttgart 1972, S. 216–220.

II. Moderne und Geschichte: anders und fremd

Alterität, als Anspruch, neu und damit anders zu sein, ist konstituierend für die Moderne. Das ist auch etymologisch zu belegen, ist doch der Moderne-Begriff selber relational. Der um 500 aufkommende Neologismus *modernus* bezeichnete die neue, eigene Zeit, die sich von der nun als Vergangenheit erkannten Antike/*antiquitas* und – so die Differenzierung in Cassiodors *Variae* – den jüngst zurückliegenden, mit *vetus/vetustas* bezeichneten Ereignissen und Zeiträumen absetzte.[15] Dieses (Selbst-)Bewusstsein, anders zu sein als das, was bis anhin galt, ist seither definierendes Charakteristikum zumindest aller selbsternannter Moderne(n). Mit ihren Manifesten – oft mehr noch als mit ihren Bauten – grenzen sie sich von der Tradition ab.[16] Dies freilich nicht, ohne jeweils eine eigene große Erzählung, eigene Geschichtsbilder zu konstruieren. Besonders anschaulich wird das in Giedions „Entstehung einer neuen Tradition", mit welcher der CIAM-Generalsekretär 1941 die Architekturgeschichte aus der Sicht der Avantgarde formulierte.[17] Giedion lässt in „Raum, Zeit und Architektur" beispielsweise die Reihe von wellenförmigen Fassaden mit Borrominis San Carlino in Rom beginnen, zeigt dann die Crescents von Bath, um das Ganze in Corbusiers „Entwurf für Wolkenkratzer in Algier, 1931" münden zu lassen. Damit aber keinesfalls der Verdacht aufkommen könnte, der Meister habe sich für seine Einfälle der Historie bedient, lautet die Bildunterschrift zu letzterem „Spätbarocke Raumkonzeptionen kamen in die Nähe moderner Lösungen wie dieser hier."[18]

Bemerkenswert an diesem gleichsam teleologischen Zugriff auf die Architekturgeschichte ist die mit der Selektion verbundene Tendenz zur Negierung der grundsätzlichen Andersheit des Vergangenen; von „staunender Fremdheit […], die den Abstand wahrt" zwischen Gegenwart „und der jahrhundertealten Stadt" – wie es Heinrich Wakkenroder formulierte[19] –, kann keine Rede sein. Diese Aneignung der Vergangenheit ist kennzeich-

---

15 Dazu Hans-Rudolf Meier, Der Begriff des Modernen und das Ende der Antike. Ein neuer Blick auf die materiellen Zeugen des Altertums, in: Franz Alto Bauer/Norbert Zimmermann (Hg.), Epochenwandel? Kunst und Kultur zwischen Antike und Mittelalter (Antike Welt, Sonderbd.), Mainz 2001, S. 67–74, und Ders., „Summus in arte modernus": Begriff und Anschaulichkeit des ‚Modernen' in der mittelalterlichen Kunst, in: Marburger Jahrbuch für Kunstwissenschaft 34 (2007), S. 7–18.

16 Ulrich Conrads, Programme und Manifeste zur Architektur des 20. Jahrhunderts (Bauwelt Fundamente 1), Basel ²2000 (1965); vgl. auch Nerdinger/Eisen/Strobl [wie Anm. 12].

17 Giedion, Raum, Zeit, Architektur [wie Anm. 11]; dazu Hans-Rudolf Meier, Geschichtlichkeit der Form – Formen der Geschichtlichkeit. Sigfried Giedion und die Zeitgenossenschaft der Archi-

tekturgeschichte, in: Verena Krieger (Hg.), Kunstgeschichte und Gegenwartskunst. Vom Nutzen und Nachteil der Zeitgenossenschaft, Köln u. a. 2008, S. 69–80.

18 Giedion, Raum, Zeit, Architektur [wie Anm. 11], S. 125.

19 Brief Heinrich Wakkenroders aus Nürnberg an seine Eltern 1793. In der Geschichte nur das Eigene zu sehen, illustriert Giedions Eingangsdiktum zur anonymen Geschichte: „Die Geschichte ist wie ein Zauberspiegel: Wer in ihn hineinblickt, sieht sein eigenes Bild in Gestalt von Entwicklungen und Geschehnissen. Die Geschichte […] enthüllt sich nur in Bruchstücken, entsprechend dem jeweiligen Standpunkt des Beobachters." Sigfried Giedion, Die Herrschaft der Mechanisierung. Ein Beitrag zur anonymen Geschichte, Hamburg ²1994, S. 19 (Mechanization Takes Command, 1948).

nend für Fortschrittsmodelle; man könnte sie mit Friedrich Nietzsche der „monumentalischen Historie" zuordnen, für die schon Nietzsche die Gefahr konstatierte, in die Nähe von Fiktion und Mythologie zu geraten.[20]

Diese partielle Aneignung der Vergangenheit findet sich wieder in urbanistischen Projekten der Avantgarde. In Le Corbusiers Planungen der 1920er-Jahre für das Zentrum von Paris sind nur wenige zu erhaltende Monumente vom Kahlschlag ausgenommen. Sie dienten der Inszenierung des Eigenen, wie Thomas Will in seiner Untersuchung der Rolle der alten Stadt in den Projekten der Moderne gezeigt und treffend zusammengefasst hat mit „düsterer Hintergrund und reizende Reste" (Abb. 6).[21] Der Avantgarde war die historische Stadt grundsätzlich fremd. So zeugen der futuristische Wunsch Antonio Sant'Elias, „alle Monumente, alle gepflasterten Bürgersteige, Arkadengänge und Treppenfluchten in die Luft (zu) sprengen",[22] ebenso wie Bruno Tauts Imperativ „Lasst sie zusammenfallen, die gebauten Gemeinheiten!"[23] und Le Corbusiers *Ville contemporaine* und *Plan Voisin* von einem Verhältnis zur alten Stadt, das kaum mehr als Alterität, sondern als grundsätzliche Fremdheit zu bezeichnen ist. Das äußerte sich noch in den Nachkriegsplanungen, sah man in den bombenzerstörten Städten doch die späte Verwirklichung der geforderten Tabula Rasa als Voraussetzung für den Bau neuer, zeitgemäßer Städte.

Zwar wurden solche Konzepte kaum irgendwo konsequent umgesetzt, aber Fremdheit blieb charakteristisch für einen den radikalen Bruch mit Geschichte und Bautraditionen propagierenden Strang der Moderne. Ihr verdanken wir in der baulichen Umsetzung insbesondere die Megastrukturen, die als UFOs apostrophierten quasi autonomen Großgebilde der 1960er- und 70er-Jahre, die ihre Fremdheit auch nach einer oder zwei Generationen noch bewahrt haben und daher heute besonders gefährdet sind (Abb. 7). Es ist die Schwierigkeit, Zeugnisse einer Geschichtskonzeption des permanenten Neubeginns zu erhalten und in das der Denkmalpflege zugrundeliegende Modell der Überlagerung von Zeitschichten zu integrieren. Das Problem besteht dabei im parasitären Verhalten solcher Bauten zum Bestand: Dieser dient nur als Hintergrundfolie zur Hervorhebung der Verschiedenheit oder – wie beim jüngsten Projekt des Cardin-Turms in Mestre/Venedig – um das Prestige des Historischen zur Aufmerksamkeitserzeugung zu nutzen.

---

20 Friedrich Nietzsche, Vom Nutzen und Nachteil der Historie für das Leben, in: Friedrich Nietzsche, Sämtliche Werke. Kritische Studienausgabe, Band 1, München 1980, S. 262.

21 Thomas Will: Düsterer Hintergrund und reizende Reste. Zum Bild der alten Stadt in den Projekten der Moderne, in: Sigrid Brandt/Hans-Rudolf Meier (Hg.), StadtBild und Denkmalpflege. Konstruktion und Rezeption von Bildern der Stadt (Stadtentwicklung und Denkmalpflege 11), Berlin 2008, S. 176–195.

22 Messaggio sull'architettura moderna, Ausstellungskatalog des Gruppo Nuove Tendenze, Mailand 1914; dt. in: Rayner Banham, Die Revolution der Architektur. Theorie und Gestaltung im Ersten Maschinenzeitalter, Reinbek 1964, S. 103–110.

23 Bruno Taut, Die Auflösung der Städte, Hagen 1920, Blatt 1; dazu zuletzt: Hilde Strobl, „Wir bauen, weil wir müssen" – Bruno Tauts Architekturutopien für eine friedliche Gesellschaft, in: Nerdingern/Eisen/Strobl [wie Anm. 11], S. 154–169, hier: S. 165.

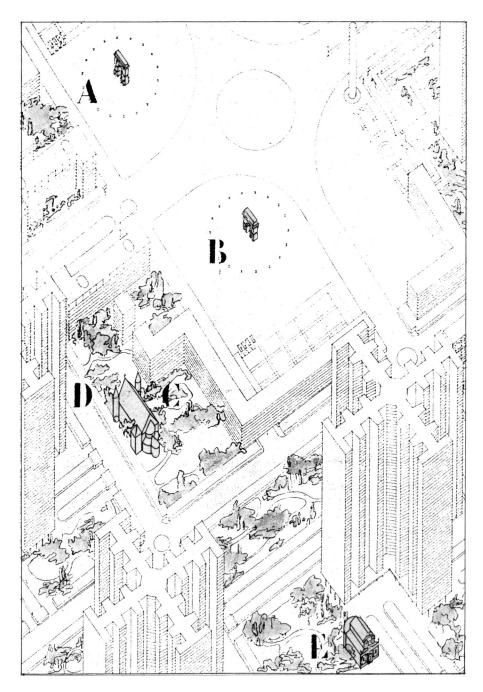

Abb. 6: Le Corbusier, Plan Voisin (Ausschnitt), Vorzeichnung zur Axonometrie des Zentrums mit erhaltenen Bauwerken (A: Porte St-Denis, B: Porte St-Martin, C: St-Martin-des-Champs)

Abb. 7: Ein bis heute umstrittenes
„UFO": das ICC in Berlin

III. Alteritätspraktiken: Abgrenzung vom und Einverleibung des Anderen

Interessanter als solche Fremdheitskonzepte sind im Zeichen des Themas Geschichtlichkeit und Erinnerungskultur in der Architektur des 20. und 21. Jahrhunderts die Verfahren zum Zeigen der Alterität, welche die Moderne im direkten Umgang mit dem historischen Bestand entwickelt hat und die bezeichnend für moderne Geschichtskonzepte sind. Neben den radikalen Fremdheitsgesten gab es immer Praktiken der Auseinandersetzung mit der Architektur gewordenen Geschichte, verstärkt natürlich seit der Krise der modernen Planungs- und Machbarkeitsparadigmen und der damit verbundenen Hinwendung zur historischen Stadt. Offensichtliches Zeugnis für ein aus dem Alteritätsbewusstsein der Moderne resultierendes Bauverhalten ist dabei die inszenierte Fuge zwischen Alt und Neu. Wolfgang Pehnt hat vor kurzem die formalen Strategien, mit Neuem auf den Bestand zu reagieren, systematisiert und die „Kunst der Fuge" als ein inzwischen durch einen Paradigmenwechsel selbst historisch gewordenes Phänomen analysiert. [24] Repräsentiert wird dieses in Deutschland in exemplarischer Weise durch das Œuvre von Karl-Josef Schattner (Abb. 8).[25] Das Bauen im Bestand zwingt zur Auseinandersetzung mit der Tradition, zu der man sich irgendwie zu verhalten hat. Das durchaus analytische Bemühen um das Verständnis des Vorhandenen zielt auf eine angemessene Reaktion, die aber – typisch modern – auf der Inszenierung der Differenz aufbaut. Die Fuge thematisiert das Andere der eigenen Architektur als Polarität zum traditionellen Bauen, als eine Andersheit, die sich in der Regel in der Form, im Material und in der Oberflächenbehandlung artikuliert.

---

24 Wolfgang Pehnt, Ein Ende der Wundpflege? Veränderter Umgang mit alter Bausubstanz, in: Harald Bodenschatz/Hans Schultheiß (Hg.), Zur Zukunft der alten Stadt. In memoriam August Gebeßler. Die alte Stadt 36/1 (2009), S. 25–44.
25 Wolfgang Pehnt, Karljosef Schattner. Ein Architekt in Eichstätt, Stuttgart 1988.

Die ikonografische Botschaft lautet: „Achtung, jetzt beginnt etwas Anderes, eine andere Aufgabe, eine andere Epoche."[26] Der Begriff der Alterität (oder zumindest die Beschreibung als Andersheit) erscheint in solchen Kontexten besonders plausibel, baut die Differenz doch auf der Relation, auf dem Verhalten zum andern und eben nicht auf Fremdheit oder einer scheinbar absoluten Autonomie auf.

Durch die inszenierte Andersheit und die Hervorhebung mittels der Fuge bleibt diese Differenz freilich auch in der historischen Distanz sichtbar. Es kommt nicht zu der ansonsten durch den Zeitverlauf oft zu beobachtenden relativen Angleichung einst unterschiedlicher Teile: Was zu verschiedenen Zeiten entstand, scheint mit zeitlichem Abstand ähnlicher da gleichermaßen als „alt". Die Fuge verhindert diese scheinbare Angleichung, macht sie doch für alle Zeiten den Abstand zweier Teile deutlich. Mit Le Corbusier und der Avantgarde ist dieses doch eigentlich ganz andere Verhalten insofern vergleichbar, als auch dieses Geschichtskonzept letztlich das eigene Werk als eine Art Endpunkt sieht.

Zu dieser Wahrnehmung des Alten durch den Kontrast mit dem Neuen bemerkt mit Roger Diener ein Vertreter eines sehr reflektierten Bauens im historischen Kontext mit Bezug auf eine der Ikonen des inszenierten Kontrasts kritisch:

> „So erschöpft sich Alt und Neu. Nie waren Denkmäler wohl weiter von Riegls Alterwert entfernt gedacht als hier. Schließlich droht das dialogische Spiel mit der Zeit und ihrem Zeugnis am Bauwerk in Wahrheit die Dimension der Zeit aufzuheben. Um das festzustellen, mag es helfen, sich ein künftiges Projekt für ein solches Bauwerk zu denken. Es ist nicht vorstellbar. Selbst die besten Beispiele wie Carlo Scarpas Museo Castelvecchio in Verona, scheinen ausgereizt. Künftige Architekten werden dort nicht mehr wie Scarpa Neues gegen Altes setzen können."[27]

Ein zur „Kunst der Fuge" komplementäres Verfahren der Alterisierung als Verhalten zur Geschichte ist die Integration von Altem in das Neue. Die Praxis der Spolienverwendung ist in der Moderne zwar nicht alltäglich, doch findet man, einmal auf das Phänomen aufmerksam geworden, zahlreiche signifikante Beispiele.[28] Dabei erstaunt nicht, dass – anders als im Historismus, als Spolien in der Regel harmonisch in den Neubau integriert wurden – in der Moderne durch die Einverleibung historischer Bauglieder die Differenz hervorgehoben wird. Nicht selten ist das inhaltlich begründet. Das wird sofort plausibel, wenn die Spolien als Teil der Erinnerungsstrategie an den Bruch erinnern sollen, der zur Fragmentierung und Zerstörung des Herkunftsbaus der wiederverwendeten Bauglieder geführt hat. Exemplarisch dafür steht das Jüdische Gemeindezentrum in Berlin-Charlottenburg, das

---

26 Ebd., S. 34.

27 Roger Diener, Denkmalpflege und Architektur, in: Eingriffe in den historischen Baubestand: Probleme und Kriterien (Eidgenössische Kommission für Denkmalpflege 1), Bern 1992, S. 47–53, hier: S. 48.

28 Hans-Rudolf Meier, Rückführungen. Spolien in der zeitgenössischen Architektur, in: Stefan Alte-

kamp/Carmen Marcks-Jacobs/Peter Seiler (Hg.), Perspektiven der Spolienforschung, Band 1: Spoliierung und Transposition (Topoi 15), Berlin/Boston 2013, S. 333–349; Ders., Architektur als Palimpsest. Spolien in der Gegenwartsarchitektur, in: Der Architekt 2/2013, S. 42–45.

Abb. 8: Eichstätt, Katholische Universität, Lehrstuhl für Publizistik, Neubau 1985/87 von Karl-Josef Schattner, dem Meister der „Kunst der Fuge"

20 Jahre nach der sog. Reichspogromnacht errichtet wurde und für das Teile der zerstörten Synagoge wiederverwendet wurden.[29] Der Haupteingang in den neuen Gemeindebau greift die Breite der ihm vorgesetzten Portalspolie auf, ansonsten wird mit der Architektur kein Bezug zum Alten genommen. Die Spolien unterstreichen damit den Bruch, an den ja auch erinnert werden soll. Sie verdeutlichen, dass das Neue nicht durch den normalen Fluss der Zeit bedingt ist, sondern durch einen radikalen und erzwungenen Akt der Zerstörung. Zugleich zeugen sie von der Ortskontinuität, damit vom Scheitern von Hitlers

29 Biagia Bongiorno, Spolien in Berlin nach 1945. Motive und Rezeption der Wiederverwendung von Fragmenten (Berliner Beiträge zur Bauforschung und Denkmalpflege 13), Petersberg 2013, S. 89ff.

Vernichtungsplänen und – wie der Vorsteher der Gemeinde Heinz Galinski in seiner Ansprache zum Richtfest am 10. November 1958 ausführte – vom Willen der Juden, sich in Berlin zu behaupten.

Positiv konnotiert war der durch die Spolie visualisierte Bruch beim ehem. Staatsratsgebäude in Berlin-Mitte.[30] Der politische Bruch von 1918 wurde 1950 durch die Sprengung des kriegsbeschädigten Schlosses baulich nachvollzogen. Die Spolie im Neubau verweist auf die positive Bewertung der auf dem Balkon vollzogenen Handlung: die Ausrufung der (Räte-)Republik durch Karl Liebknecht im November 1918. Sie steht – in der Geschichtsinterpretation der DDR – am Anfang der (proletarisch-)demokratischen Staatlichkeit Deutschlands, in deren Nachfolge sich die DDR sah. Der Balkon gibt daher auch wesentliche Maße des Nachfolgebaus vor.

Portale waren und sind bevorzugte Orte der Spolienverwendung.[31] Portalspolien thematisieren als konkrete Materialisierung an kritischer Stelle – am Durchgang von innen nach außen – die Zugehörigkeit zu verschiedenen Welten: der Vergangenheit, aus der sie materiell stammen, und der Gegenwart, in der sie im neuen Kontext als das sichtbar Andere verbaut sind. Die Portalspolie erweitert damit den transitorischen Ort des Ein- und Durchgangs um die vierte, zeitliche Dimension; mit der Spolie öffnet sich – gleichsam in Konkretisierung der Metapher – das „Fenster in die Geschichte".

Die Spolien beziehen sich in diesen Beispielen immer auf einen kontinuierlich genutzten Ort, während ihre Andersheit auf ein ebenso konkretes Ereignis in der Vergangenheit verweist. Die Moderne kennt aber auch Spolienverwendung ohne örtliche und zeitliche Referenz. Ich habe das andernorts ausgeführt am Beispiel der Bauten von Rudolf Olgiati, der in den 1950er- bis 70er-Jahren in Graubünden einen betont modernen, in seiner Ortlosigkeit und Andersheit utopischen Regionalismus entwickelte und dabei in seinen Bauten Spolien von irgendwoher einbaute, die an „bessere Zeiten der Baukunst" erinnern sollten.[32] Auch Luigi Moretti verwendete in seinen Bauten mehrfach Spolien oder Pseudo-Spolien. Zu den bekanntesten zählt die spektakuläre Palazzina il Girasole in Rom. Es ist einer der interessantesten Bauten des modernen Rom, mehrdeutig, zugleich klassisch und antiklassisch, und entsprechend hat ihn Robert Venturi in „Komplexität und Widerspruch" erwähnt.[33] Dazu passt die Verwendung einer fingierten Spolie (Abb. 9), die als Referenz an die Antike zu sehen ist. Sie ist Teil des Konzepts, mit dem Moretti im Sockelbereich den Übergang von der Natur zur Architektur thematisiert. Es geht hier nicht um eine Referenz an einen bestimmten Ort, sondern um die „Störung der Form" als manieristisches Stil-

30 Ebd., S. 129ff.

31 Iris Engelmann/Hans-Rudolf Meier: „Passagen (…), die in ihr vergangenes Dasein führen" – Spolienportale in der Architektur der Moderne, in: Architectura 40/2 (2010), S. 189–200.

32 Meier, Rückführungen [wie Anm. 28], S. 337.

33 Robert Venturi, Komplexität und Widerspruch in der Architektur (Bauwelt Fundamente 50), Wiesbaden 1978, S. 34. Den Hinweis auf die (Pseudo-)Spolie in diesem Bau verdanke ich Alessandro Brodini. Vgl. jüngst auch: Corrado Bozzoni/Daniela Fonti/Alessandra Muntoni (Hg), Luigi Moretti. Architetto del novecento, Rom 2011, S. 193 und 371.

Abb. 9: Rom, Palazzina il Girasole von Luigi Moretti, 1947/50, Sockelzone Via G. Schiaparelli mit fingierter Spolie eines Beins im Fenstergewände

prinzip zur Steigerung der Aufmerksamkeit.[34] Zugleich wird hier aber auch nochmals der spezifisch moderne Zugriff auf die Reste der Geschichte deutlich, den Will bei Le Corbusier mit „den in den kubistischen und dadaistischen Collagen montierten Materialfragmenten" verglichen hat.[35]

Kehren wir abschließend nochmals zum konkreten Ortsbezug zurück. In den 1970er- und 80er-Jahren war mehrfach die Verwendung materieller Reste der Vorgängerbebauung bei innerstädtischen Einkaufszentren der ersten postmodernen Generation zu beobachten. Dieter Bartetzko hat damals solche Verfahren als Alibi-Aktionen kritisiert: „Fragwürdig an dieser Spolienarchitektur ist […], dass sie […] zur Rechtfertigung oder als Trost für brutale

34 Ernst Gombrich: Zum Werke Giulio Romanos: 1. Der Palazzo del Tè, in: Jahrbuch der kunsthistorischen Sammlungen in Wien, NF 8 (1934), S. 85.

35 Will, Düsterer Hintergrund [wie Anm. 21], S. 193.

Abb. 10: Würzburg,
Kaufhof mit Spolien der
Vorgängerbebauung

und leichtfertige Eingriffe in den Gesamtorganismus der Stadt benutzt werden kann."[36] Dem 1984 errichteten Kaufhof in Würzburg mit seiner Mischung aus Anpassungsarchitektur und eingebauten Mauerfragmenten, Fenster- und Portalspolien billigt Bartetzko immerhin ernsthaftes Bemühen um die Integration der Altstadt-Fragmente zu (Abb. 10).

Seit einigen Jahren ist ein erneutes Drängen der Shopping-Malls in die Innenstadt festzustellen. Bei dieser neuen Generation innerstädtischer Konsumtempel gehört eine viel großflächigere und offensivere Spolienverwendung geradezu zum Konzept ihrer Durchsetzbarkeit. Den „Schlossarkaden" in Braunschweig ist die Fassade des ehemaligen Stadtschlosses vorgesetzt worden, während für den Eingang in die „Stadtgalerie" in Hameln, der ein ganzes Viertel der im Krieg nicht zerstörten historischen Altstadt geopfert wurde, die

---

36 Dieter Bartetzko, Verbaute Geschichte. Stadterneuerung vor der Katastrophe, Darmstadt 1986, S. 85.

Fassade des barocken Kreishauses weiterverwendet wurde. Spolien scheinen ein strategisches Mittel der Konsensbildung geworden zu sein: Das Andere – die Spolien – fungieren hier als das Vertraute, um dem Neuen den Schrecken des Fremden zu nehmen.[37]

Dass es dafür nicht barocker Formen bedarf, zeigen die „Centrum-Galerie" in Dresden und die „Höfe am Brühl" in Leipzig, wo jeweils nicht nur die Namen an die abgebrochenen Vorgänger aus DDR-Zeiten erinnern, sondern von diesen auch die Fassadenverkleidung zitiert bzw. weiterverwendet werden. Die Spolien heben hier nicht mehr die Andersheit hervor, sondern evozieren vielmehr Kontinuität; sie fügen sich damit in den von Wolfgang Pehnt unlängst konstatierten „Holistic turn", den in neuerer Zeit beobachteten Trend, nicht mehr die Hinzufügung und Veränderung hervorzuheben, sondern über Brüche hinweg ein „Ganzes" erscheinen zu lassen.[38]

„Alterität als Zeitsignatur", um Karl-Siegbert Rehbergs Formulierung aus seinen vergleichenden Beobachtungen zur „Fremdheit" als Wahrnehmungsbedingung aufzugreifen,[39] tritt damit in den Hintergrund. Ex negativo zeigt sich damit ein möglicher Nutzen des Alteritätsbegriffs für die Diskussion von Aspekten der Zeitlichkeit. Ein Differenzierungsgewinn seiner Verwendung oder seines Mitdenkens könnte darin liegen, Verschiedenheiten zu unterscheiden und zu reflektieren, postulierte „Ganzheitlichkeiten" (gerade der Moderne) zu hinterfragen und die Relationalität von Modernebegriff und -diskurs bewusster wahrzunehmen.

ABBILDUNGSNACHWEIS

Abb. 1 Archiv des Verf.
Abb. 2 Archiv des Verf., erstmals in Leitl 1933 (wie Anm. 5)
Abb. 3 Repro aus: 100 Jahre Deutscher Werkbund 1907/2007, Ausstellungskatalog München, 2007
Abb. 4, 8–10 Foto: H.R. Meier
Abb. 5 Repro aus Schmidt 2012 (wie Anm. 10)
Abb. 6 Hervorhebung und Foto: Thomas Will, Dresden
Abb. 7 Foto: Messe Berlin GmbH

---

37 Meier, Rückführungen [wie Anm. 28], S. 338f.
38 Pehnt, Ein Ende der Wundpflege? [wie Anm. 24], S. 36ff.
39 Karl-Siegbert Rehberg, Alterität zwischen Pluralisierungsversprechen und Exklusion, in: Becker/ Mohn [wie Anm. 2], S. 417–434, hier: S. 417ff.

Olaf Gisbertz

„Nachkriegsmoderne" weitergelesen: Chancen für Identität und Erinnerung im (Denkmal-) Diskurs der Moderne?

Als 1968 die Studierenden der Technischen Universität Braunschweig den 80. Geburtstag von Johannes Göderitz auf dem Campus der altehrwürdigen Carolo-Wilhelmina begingen, blickte der Jubilar auf ein bewegtes Leben als Architekt und Städtebauer zurück: auf eine Zeit als „persönlicher Assistent" des „Weltbaumeisters" und „Visionary in Practice"[1] Bruno Taut in Magdeburg – und somit auf einen Karrierebeginn, der ihn wenige Jahre später, nach dem Weggang Tauts aus Magdeburg, in die Lage versetzen sollte, selbst alle wesentlichen kommunalen Leitlinien für die Architektur und den Städtebau dieser bedeutsamen Metropole der Weimarer Republik zu definieren und in die Realität des „Neuen Bauens" zu überführen.[2] Die zu seinen Ehren ausgerollten Girlanden und Spruchbänder – „Göderitz mit 80 Jahr – noch ohne Muff in seinem Talar" – (Abb. 1) mögen darauf hindeuten, dass in der braunschweigischen Provinz – wo Göderitz in den Wiederaufbaujahren nach Ende des Zweiten Weltkrieges eine weitere Karriere als Stadtbaurat und Hochschullehrer begann – die Studentenproteste zwar weniger heftig ausgetragen wurden als in westdeutschen Großstädten. Dennoch wirkte der Veränderungsdruck auf bestehende Strukturen in Politik, Wirtschaft und Gesellschaft wohl nicht minder stark.[3] Längst hatte sich die

---

1 Herman George Scheffauer, Bruno Taut. A Visionary in Practice, in: Architectural Review 52, 1922, S. 155–159.

2 Johannes Göderitz (geb. 1888) begann nach dem Studium der Architektur und seiner Ausbildung zum Regierungsbauführer eine Laufbahn in der preußischen Verwaltung. 1921 folgte er dem Ruf Bruno Tauts an das Städtische Hochbauamt Magdeburg, dessen kommissarische Leitung er nach dem Rückzug Tauts ab 1923 übernahm. 1927 wurde er zum Stadtbaurat gewählt, 1934 nach Hitlers Machtergreifung in den Ruhestand versetzt. 1936–45 war er in Berlin ehrenamtlicher Geschäftsführer und wissenschaftlicher Sachbearbeiter in der Deutschen Akademie für Städtebau-, Reichs- und Landesplanung e.V. 1939–40 war er Leiter der Arbeitsgruppe *Organische Stadterneuerung*, 1943–1944 Referent der Landesplanungsgemeinschaft Mark Brandenburg und der Abt. Technische Planung (Wiederaufbau zerstörter Städte im Reichsministerium Speer). Wenige Wochen nach Ende des Krieges kam er nach Braunschweig, wo er bis 1953 das Amt als Stadtbaurat (Dezernent für Bauwesen) innehatte. Zugleich engagierte er sich bis 1968/70 in der Braunschweiger Hochschullehre. Vgl. Olaf Gisbertz, Bruno Taut und Johannes Göderitz in Magdeburg. Architektur und Städtebau der Weimarer Republik, Berlin 2000, S. 116–119 u. S. 143–144.

3 Schreiben von Roland Ostertag an den Autor, o.D. (Poststempel: 09.06.2011). Vgl. Olaf Gisbertz, Marke und Mythos – Braunschweiger Schule, in: Klaus Jan Philipp/Kerstin Renz (Hg.), Architekturschule. Programm – Pragmatik – Propaganda, Tübingen 2012, S.166–169.

Abb. 1: Johannes Göderitz, Feier zu seinem 80. Geburtstag auf dem Hochschulforum der
TU Braunschweig, 24. Mai 1968

öffentliche Kritik an den bestehenden Verhältnissen in der Bundesrepublik auch gegen
führende Architekten und Städtebauer gewandt. Die Presse titulierte sie 1969 als „Kistenmacher im Büßerhemd"[4]. Spöttische Karikaturen blieben nicht aus.

MYTHOS: ZWEITE ZERSTÖRUNG

Die städtebaulichen Leitbilder für den Wiederaufbau standen auf dem Prüfstand wie nie
zuvor, auch die Leistungen von Johannes Göderitz, der mit seiner Schrift „Die gegliederte und aufgelockerte Stadt"[5] das Leitbild einer ganzen Wiederaufbaugeneration im Westen geliefert hatte – und damit nach 1957 auch in der ehemaligen DDR nicht unbekannt
geblieben war. Zum Europäischen Denkmalschutzjahr unter dem Motto „Eine Zukunft
für unsere Vergangenheit" (Abb. 2) ließ der damalige Bundespräsident Walter Scheel
1975 verlauten, dass die Architektur und der Städtebau der Nachkriegszeit mehr „histo-

---

4 Karl Heinz Krüger, Architekten – Kistenmacher
   im Büßerhemd, in: Der Spiegel, 39/1977, S. 206–
   223.

5 Johannes Göderitz/Hubert Hoffmann/Roland
   Rainer, Die gegliederte und aufgelockerte und
   Stadt, Tübingen 1957.

Eine Zukunft für unsere Vergangenheit

Abb. 2: Buchcover,
Eine Zukunft für
unsere Vergangenheit.
Denkmalschutz und
Denkmalpflege in der
Bundesrepublik
Deutschland, München
1975

Denkmalschutz und Denkmalpflege
in der Bundesrepublik Deutschland

rische Bausubstanz"[6] vernichtet hätten als zuvor die Alliierten-Fliegerbomben, die auf Nazi-Deutschland abgeworfen wurden, um der Schreckensherrschaft ein Ende zu bereiten. Das Nachrichtenmagazin „Der Spiegel" beschwor das Szenario in bildhaftem Vokabular: „Wo noch vor wenigen Jahrzehnten Butzenscheiben auf eine zeitlose Biedermeier-Idylle blickten, rattern Presslufthämmer und Schaufelbagger. Klotzige Zweckbauten – Parkhochhäuser, Kaufhausblöcke und Bürosilos – entstellen längst die Silhouette der ehemaligen Residenzen und Reichsstädte. Türme und Torbogen, Stiegen und Zinnen, die unversehrt die Bombennächte des Zweiten Weltkriegs überstanden, sind nun vom Untergang bedroht."[7]

Die Ideale der Nachkriegsmoderne, für die Johannes Göderitz als Architekt, Städtebauer und langjähriger Hochschullehrer wie kaum ein anderer in Braunschweig und in der jungen Bundesrepublik stand, hatten im Westen endgültig ausgedient.

---

6 Walter Scheel, Vorwort, in: Eine Zukunft für unsere Vergangenheit. Denkmalschutz und Denkmalpflege in der Bundesrepublik Deutschland. Katalog zur Wanderausstellung im Auftrag des Deutschen Nationalkomitees für das Europäische Denkmalschutzjahr, München 1975, o.S.

7 Eine Zukunft für die Vergangenheit. Spiegel-Report über die Sanierung deutscher Altstädte, in: Der Spiegel, 25/1974, S. 44.

LEITBILD: HISTORISCHE EUROPÄISCHE STADT

Heute, wo nachfolgende Architektengenerationen die Qualitäten der „europäischen (historischen) Stadt" wiederentdeckt haben,[8] werden die letzten Hinterlassenschaften der Moderne und Nachkriegsmoderne erneut in Frage gestellt, offene durchgrünte Stadträume durch Platz- und Straßenräume geschlossen und letzte Erinnerungen an die Vergangenheit einer geteilten Republik getilgt.[9] Auch das Oeuvre von Architekten, die bereits in den Zwanzigerjahren ihre Karrieren begonnen oder ihr Architekturstudium aufgenommen hatten, um nach der „Stunde Null" 1945 zu gefragten Experten in Architektur und Städtebau aufzusteigen, droht auf die „Schwarzliste" der gescheiterten Träume vom Bauen und aus dem Bewusstsein der Geschichtsschreibung zu geraten, wenn es nicht auch eine Gegenbewegung gäbe.

Das „Abrissunternehmen Moderne", wie die Süddeutsche Zeitung vor wenigen Jahren im Feuilleton titelte,[10] hat viele junge Initiativen landauf, landab auf den Plan gerufen, um über Erhalt und Weiterbauen der Nachkriegsmoderne nachzudenken.

GEGENBEWEGUNG: LIEBE DEINE STADT

Ob es um die Mensa in Weimar, die Beethovenhalle in Bonn oder das Landtagsgebäude in Hannover geht: Die öffentliche Debatte um diese Bauten der Moderne wird vor allem von einer Generation von Künstlern, Fotografen, Architekten und Wissenschaftlern getragen, die erst in den 1960er- und 1970er-Jahren des 20. Jahrhunderts geboren wurde. Sie haben erkannt, dass sich Kunst, Wissenschaft und Öffentlichkeitsarbeit für eine gemeinsame Sache verbünden müssen, um eine nachhaltige Wirkung auf denkmalpflegerischem Terrain zu hinterlassen.

Eine der erfolgreichsten Kampagnen dieser Art entstand in Köln und glich einem Kunsthappening: Unter dem Motto „Liebe deine Stadt" wurden einige gefährdete Bauten der Nachkriegsära prämiert und durch Laudatoren gewürdigt (Abb. 3).[11] Es folgte bürgerschaftliches Engagement in anderen Städten: die Architekturwerkstatt Bonn, die Mensadebatte in Weimar, der Bürgerprotest in Tübingen und die Aktionen vom Netzwerk Braunschweiger Schule, zuletzt mit einer Kampagne „Achtung modern!"[12] im Braunschweiger

8 Vgl. Boris Schade-Bünsow, Mäcklers Strategie. Nachlese zur Konferenz zur Schönheit und Lebensfähigkeit der Stadt, No. 4, in: Bauwelt, 19/2013, S. 6.

9 Jascha Philipp Braun, Tagungsbericht Frei-Raum unter dem Berliner Fernsehturm: Historische Dimensionen eines Stadtraums der Moderne, 03.05.2013, Berlin, in: H-Soz-u-Kult, 23.05.2013, http://hsozkult.geschichte.hu-berlin.de/tagungsberichte/id=4844 (25.09.2013).

10 Ira Mazzoni, Abrissunternehmen Moderne, in: Süddeutsche Zeitung, 18.02.2010.

11 Merlin Bauer, Liebe Deine Stadt – öffentliche Angelegenheiten Köln. Ein Projekt im Rahmen der Landesinitiative StadtBauKultur NRW. Köln 2009.

12 Es handelte sich um eine Initiative der Arbeitsgruppe Denkmalpflege in der Braunschweigischen Landschaft e.V., des Forums Architektur der Stadt Wolfsburg und des Netzwerks Braunschweiger Schule e.V. Mit einem Auftakt und

*Abb. 3: Merlin
Bauer, Liebe
deine Stadt,
Köln*

Land (Abb. 4) zur identifikatorischen „Inwertsetzung von Bauten", für die es momentan keine Lobby, wohl aber eine Gegnerschaft zu geben scheint.[13]

Alle Initiativen setzen auf die Einbindung von Zeitzeugen, häufig eine in breiten Kreisen bekannte Persönlichkeit, die in den Medien höchste Aufmerksamkeit generiert. Die intensiven Diskussionen um Grundfragen einer architektonischen Identität mit Blick auf die „Nachkriegsmoderne" haben viele Gruppen bestärkt, ihre Aktivitäten über die akut vom Abriss bedrohten Einzelbauwerke hinaus auszudehnen und die in die Jahre gekommene „Spät-Moderne" in den Blick zu nehmen, ihre gestalterischen Qualitäten in Architektur und Freiraumplanung zu erkennen und Sanierungsstrategien zu entwickeln.

TROTZ DENKMALSCHUTZ – OHNE SCHUTZ

In vielen Städten – in Ost und West – musste man in den vergegangenen 15 Jahren mit ansehen, wie manches Highlight der Architektur aus den Nachkriegsjahrzehnten und der Boomära der 1960er- und 1970er-Jahre durch eine Sanierung zwar technisch aufge-

---

sechs Veranstaltungen vor Ort wurden im Frühjahr 2013 in Braunschweig, Wolfsburg und Wolfenbüttel sieben Beispielbauten aus den 1960er und 1970er-Jahren erkundet. An den sieben Veranstaltungen der 1. Staffel nahmen über 700 Gäste teil; die 2. Staffel 2014 fand ebenso großen Zuspruch.

13 Martin Mosebach, Dieser Schrott soll schön sein?, in: Frankfurter Allgemeine Zeitung, 26.06.2010. Ders., Arme neue Stadt, in: Jörn Düwel/Michael Mönninger, Traum und Trauma. Stadtplanung der Nachkriegsmoderne, Berlin 2011, S. 15–30. Vgl. auch Alan Posener, „Bitte abreißen! Nachkriegsarchitektur steht nicht unter Naturschutz", in: Die Welt, 16.11.2010.

1/6 2013

ACHTUNG modern! Architektur zwischen 1960 und 1980

Braunschweig, Hauptbahnhof
Erwin Dürkop, 1960
Berliner Platz 1, 38102 Braunschweig

Abb. 4: ACHTUNG modern! Projektkarte aus dem sechsteiligen Set zur gleichnamigen Kampagne, 2013

wertet, aber gestalterisch „entwertet" wurde. Davon nicht verschont blieben auch in Denkmallisten eingetragene Bauwerke, etwa das für seine „atemberaubende Grandezza"[14] bewunderte Okerhochhaus in Braunschweig, das Dieter Oesterlen 1954 nach seiner Berufung an die TH Braunschweig für die Architekturfakultät der „Braunschweiger Schule" entwarf. Der schlanke, hoch emporstrebende Einbund am Ufer der Oker besaß ein ganz aus der Konstruktion entwickeltes, feingliedriges Fassadenrelief. Form und Funktion bildeten eine Symbiose, die an der Außenhülle des Gebäudes – von den wohldurchdachten Proportionen bis hin zum fein geschichteten Fugennetz – bis ins Detail hinein spürbar war. Was nach der Sanierung[15] von der Fassade durch Materialtausch und Fensterplagiate blieb (Abb. 5), ist bei einer plan gezeichneten Oberfläche nur noch eine Simulation des Gewesenen.

Die Wahrnehmung der Bauherren damals unterscheidet sich kolossal von den Wünschen der Nutzer und Eigentümer heute: Die an einem Sanierungsprojekt Beteiligten können sich häufig nicht aus einer Gemengelage von Zwängen heutiger Bauvorschriften, Brandschutzauflagen und Wärmeschutzverordnungen befreien. Es mangelt vor allem an Know-how für denkmalgerechte Sanierungskonzepte und an einem Dialog zwischen den verschiedenen Interessengruppen und der Öffentlichkeit. Die Kontroverse um Erhalt und Abriss ist vorprogrammiert – wie aktuell bei dem von Egon Eiermann entworfenen IBM-Campus in Stuttgart oder dem BASF-Hochhaus von Hentrich und Petschnigg in Ludwigs-

---

14 Walter Dechau, In die Jahre gekommen – Hochhaus der TU Braunschweig, 1954–56, Architekt Dieter Oesterlen (1911–1994), in: Deutsche Bauzeitung, 4/2002, S. 79–83.

15 Vgl. hierzu Bettina Maria Brosowsky, Kaputtsaniert – Dieter Oesterlens Braunschweiger Okerhochhaus, in: Bauwelt, 33/2010, S. 3–4.

Abb. 5: Braunschweig, Okerhochhaus,
Dieter Oesterlen, Zustand nach der
Sanierung, 2010

hafen.[16] Dies gilt vor allem dann, wenn zudem die betriebswirtschaftlichen Rechnungen gegen eine behutsame Sanierung und Weiternutzung sprechen und sich damit jegliche Identifikationspotenziale für die in die Jahre gekommene Architektur aufheben.

Die fehlende Akzeptanz für die „gealterte Moderne", der wegen vermeintlich fehlender Traditionsbezüge auch eine werkimmanente Historizität ihrer Architektur abgesprochen wird,[17] ist vielleicht typisch für eine Zeit, die sich gerne mit Schlossattrappen und rekonstruierten Scheinarchitekturen umgibt. Die Moderne hat ihre einst empathische Zukunftsperspektive verloren. Leider haben auch manche Bauten von besonderer Güteklasse – selbst wenn sie sich in denkmalpflegerischer Obhut befinden – wohl keine dem Denkmal angemessene Zukunft. Und man muss sich fragen, warum manche Gebäude trotz erheb-

---

16 Der alten IBM-Zentrale droht der Abriss, in: Stuttgarter Zeitung, 13.04.2013; BASF will Hochhaus in Ludwigsburg abreißen, in: Immobilienzeitung, 19.10.2012, http://www.immobilien-zeitung.de/1000011277/basf-will-hochhaus-in-ludwigshafen-abreissen (13.12.2012).

17 Dieter Hoffmann-Axthelm, Kann die Denkmalpflege entstaatlicht werden? Eine Streitschrift, Gutachten der Bundestagsfraktion von Bündnis 90/Die Grünen, Entwurf, Berlin 2000, 3.2, 2., Vgl. Vereinigung der Landesdenkmalpfleger in der Bundesrepublik Deutschland (Hg.), Entstaatlichung der Denkmalpflege? Von der Provokation zur Diskussion – Eine Debatte über die Zukunft der Denkmalpflege, Berlin 2000.

licher Substanzeingriffe dennoch als Baudenkmale (weiter-)geführt werden? Ob ein Abbild, eine Attrappe oder ein Plagiat mit „vorgetäuschter" Fassade gesellschaftliche Identität widerspiegelt?

SIMULIERTE ERINNERUNG – WEB 2.0

In der digitalen Welt, wo das Web 2.0 das Internet in den „Cyberspace" katapultiert hat, wo es möglich ist, neue Identitäten in einem „Second Life" anzunehmen und virtuelle Räume zu betreten, kann die Generierung von Erinnerungswerten durch eine simulierte Echtheit oder vorgetäuschte Authentizität schließlich die Grenze zur realen Welt überschreiten. Schon die Medienkritiker der 1960er- und 1970er-Jahre haben auf die Risiken einer virtuellen, vom Computer erzeugten Scheinwelt hingewiesen.[18] Durch Rekonstruktionen im Maßstab 1:1 lässt sich das digitale Bild am Computer heute ohne viel Aufwand in den realen Maßstab des Stadtraums übertragen.[19]

So steht dem klassischen, erst um 1900 ausgebildeten Paradigma der Denkmalpflege zur Bewahrung eines weitgehend materiellen Substanz- und Alterswertes (Georg Dehio und Alois Riegl) längst eine kulturelle Praxis der kollektiven Erinnerung an „Gedächtnisorten"[20] – losgelöst von Raum und Zeit – entgegen. In der Decodierung ihrer Mechanismen bleibt der Laie aber meist sich selbst überlassen, wenn es nicht einen umfassenden Apparat an sachkundigen Sekundanten gäbe, der ihm bei Museumsbesuchen und Stadtführungen auf die Sprünge helfen würde.

Deshalb muss danach gefragt werden, ob weitgehender Materialaustausch und rekonstruierende Ergänzungen am Bestand eingetragener Baudenkmäler – besonders in Bezug auf die (Nachkriegs- und Spät-)Moderne – bedenkliche Simulationsprozesse in Gang setzen? Bietet die reale Architekturproduktion nach genauem Hinsehen und Verstehen des Vorgefundenen nicht auch Chancen für architektonische Lösungen jenseits konstruierter Geschichtsbilder zwischen Tradition und Moderne?

MODERNE VERSUS TRADITION DER ORTE

Die Liste kriegszerstörter Bauten in Deutschland ist lang, ebenso die derjenigen Bauten, die im Wiederaufbau nach 1945 rekonstruierend neuerrichtet wurden. Diese konzentrieren sich vor allem an jenen Orten, die sich nach der ersten Trümmerbeseitigung an der Bewahrung von noch ablesbaren Stadt- und nutzbaren Infrastrukturen orientierten. Ein

---

18 Marshall McLuhan, Understanding Media, Düsseldorf/Wien 1968, S. 50–57. Jean Baudrillard, Der symbolische Tausch und der Tod, München 1982, S. 12.

19 Paul Sigel/Bruno Klein (Hg.), Konstruktion urbaner Identität. Zitat und Rekonstruktion in Architektur und Städtebau der Gegenwart, Berlin 2006. Vgl. Philip Oswalt, Bilddaten – Rekonstruktion und Utopie, in: Arch+ 204 (2011), S. 62–65.

20 Aleida Assmann, Der lange Schatten der Vergangenheit. Erinnerungskultur und Geschichtspolitik, Bonn 2007, S. 217.

amerikanischer Beobachter in Deutschland überschrieb seinen Bericht zum Wiederaufbau als „Voice of The Phoenix"[21], denn außerhalb der durch die Denkmalpflege geadelten „Traditionsinseln" ließ das Konzept auch viel Platz für Neues. Im „unstillbaren Hunger nach Authentizität" (Baudrillard) wird manches davon gegenwärtig einer Revision unterzogen. Wie in Berlin, Potsdam und Dresden wendet sich die „Bildregie"[22] dem Verlorenen zu, so etwa nahe des Braunschweiger Schlosses mit dem werbenden Großbanner-Hinweis auf der nachkriegszeitlichen Horten-Fassade (Abb. 6): „Das Magniviertel beginnt hier!" – ohne Hinweis übrigens, dass es sich beim Magniviertel um eine Traditionsinsel handelt, ein historisierendes (Re-)Konstrukt der Moderne.

Inszenierung von Authentizität

Zu den Traditionsinseln in Braunschweig gehört des Weiteren der sogenannte Altstadtmarkt mit dem ab 1946 rekonstruierten Gewandhaus. Dessen Giebel zählt heute zu den beliebtesten Fotomotiven in Niedersachsen, nach dem freilich erst etliche Dezennien später rekonstruierten Knochenhaueramtshaus in Hildesheim.

Für den heutigen Besucher besteht wenig Zweifel an der Authentizität der Giebelfront aus der Zeit der Renaissance. Und das hat Gründe, unterliegen architektonische Reproduktionen in der Simulation von Geschichtlichkeit doch mehr als andere Güter der materiellen Kultur dem Prozess unreflektierter Authentifizierung.[23]

In der Simulation von Geschichtlichkeit und der (Re-)Konstruktion von Erinnerungsorten – das hat die lang anhaltende Debatte um Phantomsimulationen und gefälschte Baumodelle im Streit um die Berliner Mitte[24] offengelegt – können gesellschaftlich ausgehandelte Wertkategorien von „Alt" gegen „Neu", „Echt" gegen „Unecht" und „Täuschung" gegen „Wahrhaftigkeit" leicht gegeneinander ausgespielt werden, besonders wenn die jeweiligen simulierten Szenarien durch Quellen und entsprechende Expertisen historisch nachweisbar erscheinen. Dennoch können solche Debatten auch Potenziale für einen sinnvollen Umgang mit „Altem" und „Neuem" eröffnen. Diese Thematik beschäftigte aus den Erfordernissen der Baupraxis heraus auch schon manchen Architekten der Nachkriegszeit.

---

21 John Burchard, The Voice of The Phoenix. Postwar Architecture in Germany, Cambridge 1966, S. 17–45.

22 Werner Sewing, Bildregie. Architektur zwischen Retrodesign und Eventkultur, Gütersloh/Berlin 2002.

23 McLuhan, Understanding [wie Anm. 18].

24 Manfred f. Fischer, Non Possumus. Zur Phantomsimulation von drei Fassaden des ehem. Stadtschlosses am Marx-Engels-Platz in Berlin, in: Kunstchronik 46 (1993), S. 589–604; ebenso Hanno-Walter Kruft, Rekonstruktion als Restauration? Zum Wiederaufbau zerstörter Architektur, in: Kunstchronik 46 (1993), S. 582–589. Vgl. dagegen Wolfgang Schäche, Ist Rekonstruktion unmoralisch? Anmerkungen zu einem Reizthema, in: Annette Tietenberg (Hg.), Das Kunstwerk als Geschichtsdokument, München 1999, S. 158–164.

Abb. 6: Braunschweig,
Horten-Fassade, Bohlweg,
Januar 2012

RESTAURIERUNG ODER NEUGESTALTUNG

Der Titel „Restaurierung oder Neugestaltung von historischen Bauten"[25], den Dieter Oesterlen für seine Antrittsvorlesung an der Architekturabteilung der Technischen Hochschule Braunschweig 1953 wählte, erscheint in der heutigen Debatte um Erinnerung und Identität in der Architektur der Moderne aktueller denn je.

Die damals von Oesterlen anlässlich seiner Berufung gestellten Fragen nach geschichtlicher Bedeutung des Bauwerks, Veränderung der Funktion und Nutzung, Erhalt der Bausubstanz und „Echtheit" müssen nun rund 50 Jahre später für viele *seiner* Bauten gestellt

25 Dieter Oesterlen, Restaurierung oder Neugestaltung von historischen Bauten, Antrittsvorlesung in der Architekturabteilung der Technischen Hochschule, in: Dieter Oesterlen, Bauten und Texte 1946–1991, Berlin 1992, S. 232–236. Vgl. im Folgenden auch: Olaf Gisbertz/Frederik Siekmann, „Restaurierung oder Neugestaltung" – Denkmalpflerische Strategien für die Nachkriegsarchitektur, in: Landeshauptstadt Dresden (Hg.), Zwischen Wunschtraum und Wirklichkeit? Denkmalpflegepraxis im baukulturellen Kontext, Akten der Tagung des Amtes für Kultur und Denkmalschutz, 6.–8.März 2013, S. 54–58.

werden. Im Spiegel aktueller Diskurse antizipiert seine Antrittsvorlesung damit auch den heutigen Umgang mit der Nachkriegsarchitektur in Deutschland zwischen denkmalgerechtem Erhalt und kreativem Weiterbauen.

DENKMAL-DISKURSE HEUTE UND DAMALS

Dieter Oesterlen gehört wohl zu den einflussreichsten Architekten des Wiederaufbaus in Westdeutschland. In seinem breit gespannten Werk hat er sich immer wieder um einen sensiblen und zugleich zeitgenössischen Umgang mit historischem Baubestand bemüht.[26] Zeitlebens ging es dem Architekten und Hochschullehrer auch um „das schwierige, verantwortungsvolle, aber auch reizvolle Geschäft vom […] Umgang mit Baudenkmalen".[27] Unter den rund 80 Projekten, die nach 1945 bis zu seinem Tod 1994 realisiert wurden, finden sich allein 23 Projekte, bei denen bestehende Baudenkmale weiter-, auf- oder umgebaut wurden. Auch während seiner Tätigkeit als Hochschullehrer in Braunschweig widmete er sich dieser Thematik in zahlreichen Schriften und Vorträgen.

Weniger Beachtung fanden bislang seine Gedanken um „Denkmalwerte". Gleichwohl besitzen seine Überlegungen einen hohen Grad an Aktualität für die Denkmalpflege-Debatte der Gegenwart, nicht zuletzt wenn es um die inzwischen gealterte „Nachkriegsarchitektur" geht, für die Oesterlen selbst eintrat. Heute wie damals stehen Architekten und Denkmalpfleger vor ungelösten Problemen: Bei Unterschutzstellung, Erhalt und Sanierung von Baudenkmalen aus der Nachkriegszeit wird die Frage nach Wahrung von Authentizität nach wie vor kontrovers diskutiert. Eine verbindliche Schutz-, Erhaltungs- und Entwicklungsstrategie für die Architektur dieser Ära scheint kaum in Sicht, zumal wenn der „marode gewordenen" Bausubstanz nach über 50 Jahren Standzeit jegliche Denkmaleigenschaften abgesprochen werden. Nicht wenige fordern, den Denkmalwert nicht an der Überlieferung von „originaler" Bausubstanz zu messen,[28] sondern am Wert der architektonischen Idee. Leitbegriffe wie „Substanzdenkmalpflege" auf der einen Seite

---

26 Anne Schmedding hat in ihrer Dissertation 2011 über den Architekten festgestellt, dass Oesterlen nicht für eine Moderne stehe, die radikal mit historischen Formen breche, sondern für die Verbindung von Tradition und zeitgemäßem Raum, für einen Ansatz, der in der momentanen Diskussion um zeitgenössische Architektur und Rekonstruktion Vorbild sein könne. Anne Schmedding, Dieter Oesterlen. Tradition und zeitgemäßer Raum, Berlin 2012, S. 11. Jedoch muss einschränkend hinzugefügt werden, dass Oesterlens Paradoxon von Tradition und Moderne kein Alleinstellungsmerkmal im Kreis jener Architektengeneration war, die in den 1930er-Jahren an deutschen Hochschulen ausgebildet

worden war und schon während oder bald nach Ende des Krieges in Amt und Würden gelangte. Vgl. auch Werner Durth, Deutsche Architekten. Biografische Verflechtungen 1900–1970, München 1992. Kai Kappel, Memento 1945? Kirchenbau aus Kriegsruinen und Trümmersteinen in der Westzone und in der Bundesrepublik Deutschland, München/Berlin 2008, S. 36–51.

27 Oesterlen, Bauten [wie Anm. 25], S. 235.

28 Vgl. hierzu Astrid Hansen, Substanz und Erscheinungsbild – Chancen eines denkmalgerechten Umgangs mit der Nachkriegsmoderne, in: Olaf Gisbertz (Hg.), Nachkriegsmoderne kontrovers. Positionen der Gegenwart, Berlin 2012, S. 155.

und „Bilddenkmalpflege" auf der anderen Seite durchziehen die Diskurse und formulieren heute ein Paradoxon in Theorie und Praxis der Denkmalpflege.

FRAGE NACH AUTHENTIZITÄT

Mit seiner Antrittsvorlesung zum Thema „Restaurierung oder Neugestaltung von historischen Bauten" beteiligte sich Oesterlen 1953 an einer – angesichts flächendeckender Kriegszerstörungen – breit geführten Debatte um Strategien des Wiederaufbaus, der Rekonstruktion und des Weiterbauens. Mit der Berufung Oesterlens bekannte sich die Braunschweiger Hochschule deutlich zur gesellschaftlichen Verantwortung der Architekten.

Während die öffentliche Meinung damals oft eine klare Haltung im Umgang mit den zerstörten Baudenkmälern zeigte – nämlich „Wiederaufbau in genau der selben Form, wie sie einstmals waren"[29] – stellte sich für Oesterlen die Frage nach der Authentizität eines solchen Vorhabens: „Nur wenige Einsichtige verstehen, daß es eine Fälschung wäre."[30] Sein Augenmerk lag auf einem angemessenen Verhältnis von Alt und Neu, so dass er den Titel seiner Antrittsvorlesung relativierte: „Wie weit Restaurierung und wie weit Neugestaltung?"[31] Im Mittelpunkt seiner Festrede stand aber – von der Forschung bislang kaum beachtet – der Begriff des „modernen Denkmalkultus" seit 1900.

SUBSTANZ- UND ALTERSWERTE VERSUS GEFÜHLSWERTE

Oesterlen warnte vor einer „Überbetonung des Gefühlswertes", jener Kategorie der ästhetischen Wahrnehmung, die schon Alois Riegl in seiner wegweisenden Schrift zum „modernen Denkmalkultus" von 1903 als „Stimmungswirkung"[32] benannte und die bis heute in jeder streitbaren Denkmaldebatte mitschwingt, vor allem angesichts einer latenten Sehnsucht nach Authentizität in einer „geschichtsvergessenen" wie bildbessenen"[33] Gesellschaft. Schon Oesterlen war sich dessen bewusst und forderte, „nicht imitierte, falsche Gefühls- und Inhaltswerte, sondern absolute und nutzbare Werte zu schaffen"[34] – letztlich auch um „die Chance einer Verbesserung des Alten zu nutzen".[35]

---

29 Oesterlen, Bauten [wie Anm. 25], S. 232.

30 Ebd.

31 Ebd.

32 Vgl. Eva-Maria Höhle, Der „gefühlte Wert des Denkmals", in: Hans-Rudolf Meier/Ingrid Scheurmann (Hg.), Denkmalwerte. Beiträge zur Theorie und Aktualität der Denkmalpflege. Georg Mörsch zum 70. Geburtstag, Berlin/München 2010, S. 41–46, hier S. 43: „Der zentrale Angelpunkt im Denkmalkultus ist der Alterswert, der sich im Unterschied zum historischen Wert dem Betrachter auf dem Weg der ästhetischen Wahrnehmung erschließt und als Sinnbild des Werdens und Vergehens eine positive Stimmungslage im Betrachter evoziert."

33 Ira Mazzoni, Geschichtsvergessen und bildbessessen. Rekonstruktionen und die Krise der Denkmalpflege, in: Hans-Rudolf Meier/Ingrid Scheurmann (Hg.), Denkmalwerte. Beiträge zur Theorie und Aktualität der Denkmalpflege. Georg Mörsch zum 70. Geburtstag, Berlin/München 2010, S. 101–107.

Unter bestimmten Vorgaben präferierte Oesterlen das Restaurieren und die originalgetreue Ergänzung überkommener Gebäudeteile, er sah aber auch divergierende Möglichkeiten zu einer neuen Gestaltung gegeben: erstens die „sinngemäße wertgleiche Übersetzung bzw. Weiterentwicklung der ehemals gewesenen Konstruktionen und Formen in die unserer Zeit"; und zweitens „lebendiger, wertgleicher Kontrast."[36] Die Weiterentwicklung des Alten in die Gegenwart und die kontrastierende Gegenüberstellung von Alt und Neu haben das gesamte Oeuvre Oesterlens geprägt. Es erstaunt, wie sehr Oesterlen die Denkmaldebatte seiner Zeit reflektierte, nicht nur Gegenwärtiges zur Diskussion stellte, sondern auch tief in die Debatte um „Denkmalwerte" eintauchte; wie er nicht zuletzt aber auch die zeitgenössische Kunsttheorie bemühte, um Gegensätzliches in Einklang zu bringen. Der Blick in eine vielgelesene Publikation, die in Kunst und Architektur eine Rezeption ungeahnter Reichweite hervorbrachte, mag dies belegen.

ABSTRAKTION UND EINFÜHLUNG

Wilhelm Worringer erklärte die Neuauflage seiner Dissertation 1948 mit „dem Disponiertsein einer ganzen Zeit für eine grundlegende Neuorientierung ihrer ästhetischen Wertmaßstäbe, [… ein] unzweideutiger Beweis für [… ihre] zeitaktuelle Fälligkeit."[37] Es handelt sich um eine Schrift, die im Jahr der Werkbund-Gründung 1907 zum ersten Mal erschienen war und allein bis 1959 fünf Neuauflagen erfuhr (Abb. 7). „Abstraktion und Einfühlung", so der Titel seines Werkes, gehörte über rund fünf Jahrzehnte hinweg zu den populärsten Schriften der Kunsttheorie, die auch nicht ohne Einfluss auf den zeitgenössischen Architekturdiskurs blieb. Worringers Thesen trafen den Nerv der Zeit: „Abstraktion und Einfühlung" blieb das Gegensatzpaar, das einer emotional konnotierten Kunsttheorie unter Aspekten der modernen Wahrnehmungspsychologie das Wort redete, aber zugleich nach höheren Gesetzmäßigkeiten fragte. Worringers einfache Formel für ästhetisches Erleben – „Ästhetischer Genuss ist objektivierter Selbstgenuss"[38] – vermochte es beinahe, die verschiedenen Positionen der modernen Kunst zu vereinen. Auch die Architekturdebatte der „Stunde Null" um eine Moderne nach 1945 konnte Halt in Worringers Leitthesen finden:

> „Wir stellen also den Satz auf: die einfache Linie und ihre Weiterbildung in rein geometrischer Gesetzmäßigkeit musste für den durch Unklarheit und Verworrenheit der Erscheinungen beunruhigten Menschen die größte Beglückungsmöglichkeit darbieten. Denn hier ist der letzte Rest von Lebenszusammenhang und Lebensabhängigkeit getilgt, hier ist die höchste absolute Form, die reinste Abstraktion erreicht; hier ist Gesetz, ist Notwendigkeit, wo sonst nur die Willkür des Organischen herrscht."[39]

---

34 Oesterlen, Bauten [wie Anm. 25], S. 233.

35 Ebd.

36 Ebd., S. 234.

37 Wilhelm Worringer, Abstraktion und Einfühlung. Ein Beitrag zur Stilpsychologie, München

1959, darin: Vorwort zur Neuauflage zur Ausgabe von 1948, hier S. 7.

38 Ebd., S. 65.

39 Ebd., S. 54–55.

WILHELM WORRINGER

Abstraktion und Einfühlung

SAMMLUNG PIPER

*Abb. 7: Wilhelm Worringer,
Abstraktion und Einfühlung, Cover,
Neuauflage von 1964*

Diese Zeilen scheinen sich in das Werk Dieter Oesterlens eingeschrieben zu haben: Auch seine Antrittsvorlesung zielte ja darauf ab, möglichst objektivierende Merkmale – eben „absolute und nutzbare Werte"[40] – für architektonisches Handeln zu definieren, ohne die emotional geführte Wertedebatte der Denkmalpflege gänzlich abzulehnen. Es ging Oesterlen keineswegs – wie gelegentlich bemerkt[41] – allein um ein unverbundenes Nebeneinander von Vergangenheit und Gegenwart im Sinne progressiver Architekturprogrammatiken (Le Corbusier), in denen „das uneingeschränkte Vorrecht der Gegenwart"[42] gegenüber der Tradition formuliert wurde. Das zeigt sich in seiner dezidierten Analyse von Proportionssystemen und Teil-Symmetrien sowie von überkommenen Konstruktionssystemen im gebauten Bestand.[43]

40 Oesterlen, Bauten [wie Anm. 25], S. 233.
41 Frank Dengler, Bauen in historischer Umgebung. Die Architekten Dieter Oesterlen, Gottfried Böhm und Karljosef Schattner, Hildesheim 2003, S. 15. Vgl. Bernd Euler-Rolle, „Moderne Denkmalpflege" und „Moderne Architektur". Gemeinsame Wurzeln und getrennte Wege?, in: Österreichische Zeitschrift für Denkmalpflege 61 (2007), S. 145–163, hier S. 153.
42 Euler-Rolle, Moderne Denkmalpflege [wie Anm. 41], S. 154.
43 Hierzu weiter: Frederik Siekmann, Dieter Oesterlen. Das Hochhaus der Technischen Hochschule Braunschweig (1954–56), Diss. Braunschweig 2013, S. 96–127.

Abb. 8: Hannover, Marktkirche, Mittelschiff, Zustand nach Fertigstellung des Wiederaufbaus nach Entwürfen von Dieter Oesterlen 1946–1952

Es ging ihm um die Analyse von objektivierbaren Bedingungen, um seine (Neu-)Bau-Projekte im Sinne der „ästhetischen Betrachtung" Worringers in ein korrespondierendes Verhältnis zur Umgebung treten zu lassen. Nur dort, wo es keine substanzielle Überlieferung gab, propagierte er die kontrastierende Gegenüberstellung von Alt und Neu. Damit handelte er ganz im Sinne der „Charta von Venedig", jener internationalen Denkmalpflege-Vereinbarung, die erst 1964 das Verhältnis der Moderne zur Denkmalpflege festschrieb. Im Artikel 9 heißt es: „Wenn es aus ästhetischen oder technischen Gründen notwendig ist, etwas wiederherzustellen, von dem man nicht weiß, wie es ausgesehen hat, wird sich das ergänzende Werk von der bestehenden Komposition abheben und den Stempel unserer Zeit tragen."[44]

Heute, da viele Bauten der Wiederaufbau- und Boomjahre Objekte der Denkmalpflege geworden sind, stellt sich eine Wertedebatte von Neuem ein,[45] fragt nicht zuletzt die verun-

---

44 http://www.bda.at/documents/455306654.pdf (01.02.2013).

45 Gabi Dolff-Bonekämper, Gegenwartswerte. Für eine Erneuerung von Alois Riegls Denkmalwerttheorie, in: Hans-Rudolf Meier/Ingrid Scheur-

mann (Hg.), Denkmalwerte. Beiträge zur Theorie und Aktualität der Denkmalpflege. Georg Mörsch zum 70. Geburtstag, Berlin/München 2010, S. 27–40.

Abb. 9: Hannover, Leineschloss,
Westflügel nach Umbau zum
Niedersächsischen Landtag nach
Entwürfen von Dieter Oesterlen
1957–1962

sicherte Zunft der Denkmalpfleger – die im Europäischen Denkmalschutzjahr 1975 noch vielfach gegen die zeitgenössische Architektur wetterte – nach allgemeingültigen Kriterien für die Unterschutzstellung von Bauten der Nachkriegsmoderne. Oesterlens Antrittsvorlesung liest sich unter diesen Aspekten wie ein denkmalpflegerischer Ansatz und zugleich auch als ein 5-Punkte-Programm für zeitgenössische Architektur im Kontext von historischer Identität und Erinnerung.

NACHKRIEGSMODERNE WEITERGELESEN: FÜNF FRAGEN AN DIE DENKMALPFLEGE – FÜNF PUNKTE FÜR ARCHITEKTUR

In seiner Antrittsvorlesung entwickelte Oesterlen einen Katalog aus fünf Fragen zum Umgang mit Baudenkmälern. Dabei wandte er mit Blick auf die im Krieg stark beschädigten Bauten der Marktkirche und des Leineschlosses in Hannover (Abb. 8/9) ein analytisches Vorgehen an, das erstaunlicherweise noch heute bei Entwicklung und Durchführung von Bauprojekten im Bestand Gültigkeit besitzt.[46]

---

46 Vgl. hierzu z. B. Bert Bielefeld/Mathias Wirths, Entwicklung und Durchführung von Bauprojek- ten im Bestand. Analyse – Planung – Ausführung, Wiesbaden 2010.

Abb. 10: Max Dudler, Hambacher Schloss 2005–2011

Zunächst diskutiert Oesterlen die geschichtliche Bedeutung der Bauwerke und versucht sie einer vergleichenden Betrachtung zu unterziehen, um sich dann der Analyse der Bausubstanz zu widmen. Letztere ist nach Oesterlen untrennbar mit der Echtheit der Gebäude und ihrem baugeschichtlichen Wert verknüpft. Schließlich diskutiert Oesterlen die Funktion der Gebäude und verweist damit auf Nutzungspotenziale, die für jede denkmalgerechte Projektentwicklung unerlässlich sind. Aus diesen Kriterien leiten sich dann architektonische Entscheidungswege ab, die je nach Analyse der angeführten Punkte den „Grad der Restaurierung" oder den „Grad der Neugestaltung" bestimmen.

Bei allem Respekt vor historisch überlieferten Zeitschichten ergibt sich für Oesterlen dadurch auch eine Perspektive für architektonische Kreativität – für Neuerfindungen, deren Leistungen trotz vieler Vorbehalte heute als „nachkriegsmodern" im Fokus des Denkmalschutzes stehen.

Überträgt man Oesterlens Verfahren auf aktuelle Fragen zum Umgang mit dieser Nachkriegsmoderne, ergibt sich trotz der Unterschiede durch zeitbedingte Bewertungsmaßstäbe für historischen Baubestand ein breites Spektrum an möglichen Denkfiguren.[47] Selbst die

---

47 Vgl. Olaf Gisbertz (Hg.), Nachkriegsmoderne
   kontrovers – Positionen der Gegenwart, Berlin
   2012.

Fortschreibung der Moderne in der Rekonstruktion erscheint hierbei möglich, wenn die Entwicklung der architektonischen Idee das Potential hat, als authentisches Zeugnis der „Jetzt-Zeit" als „wahrhaftig echt" wahrgenommen zu werden. Was zur Zeit der Nachkriegsmoderne galt, kann auch im gegenwärtigen Diskurs um Abriss, Erhalt und Weiterbauen ihrer baukulturellen Zeugnisse von Nutzen sein. Wenn Traditionsbezüge und -brüche in einem (historischen) Gebäudeensemble sichtbar uncodiert offengelegt werden, dann steht das Identifikations- und Erinnerungsreservoir ihrer Architektur nur selten zur Debatte.

Für diese Richtung steht heute eine Reihe von Gebäuden der aktuellen Erinnerungskultur in Deutschland, die jüngst in der Architekturwelt für Aufsehen sorgten oder mit hochdotierten Preisen gewürdigt wurden, darunter die Arbeiten von Max Dudler für das Hambacher Schloss (Abb. 10) und von Volker Staab für das Museum der Bayerischen Könige. Beide Projekte meistern den Spagat zwischen Alt und Neu auf souveräne Weise: Altes wird in seiner materiellen Qualität herausgestellt und neu hinzugefügte Bauteile biedern sich dem Alten nicht an, sondern bilden gerade im „gebundenen Kontrast" mit dem Alten eine spannungsvolle Einheit. Das Neue ist aus dem vorgefundenen Bestand entwickelt, wie die Jury des DAM 2012 zum Hambacher Schloss meint: „weder kompromisslos am Jetzt orientiert, noch diskret zurückhaltend."[48]

Bei aller Kontinuität im architektonischen Denken bleibt es im Wertewandel der Generationen gleichwohl abzuwarten, wie lange die öffentliche Architekturkritik diesen Gebäuden als Zeugnisse architektonischer Meisterschaft für eine Erinnerungskultur der „Jetztzeit" Respekt zollt.

ABBILDUNGSNACHWEIS

Abb. 1 Universitätsarchiv Braunschweig, J II : 4–3 1 von 5

Abb. 2, 7 Universitätsbibliothek Braunschweig

Abb. 3 Merlin Bauer, Liebe deine Stadt, Köln / © VG Bild-Kunst, Bonn 2014

Abb. 4 Initiative Denkmalpflege in der Braunschweiger Landschaft e.V., Forum Architektur und Netzwerk Braunschweiger Schule e.V., Foto: Ulrich Knufinke, Braunschweig, 2013

Abb. 5 Foto: Sebastian Hoyer, Braunschweig

Abb. 6 Foto: Frederik Siekmann, Braunschweig

Abb. 8, 9 Foto: Heinrich Heidersberger, Wolfsburg, aus: Dieter Oesterlen, Bauten und Texte 1946–1991, Berlin 1992.

Abb. 10 Deutsches Architektur Jahrbuch 2012/13, München/London/New York 2013, S. 2

48 Roger Diener, zitiert nach: Deutsches Architektur Jahrbuch 2012/13, S. 4. Diener & Diener waren ein Jahr zuvor für ihr Projekt zum Wiederaufbau des Museums für Naturkunde, Berlin, mit dem DAM-Preis 2011 ausgezeichnet worden.

Gabi Dolff-Bonekämper

Ähnlichkeit erwünscht.
Zum sozialen und formalen Wert von
wiederaufgebauten Denkmalen

Dieser Artikel entstand im Jahre 2010, als die Fläche in der Mitte von Berlin, auf der derzeit das Schloss gebaut wird, noch als Bauerwartungsland dalag, bedeckt von einer leuchtend grünen Wiese, und als großstädtischer Freiraum zwischengenutzt wurde. Er entspricht in weiten Teilen dem Beitrag, den ich zu einer Konferenz des Bauministeriums und der Stiftung preußischer Kulturbesitz zum Thema Schlossrekonstruktion beigesteuert habe. Allein die Tatsache, dass ich dort mitredete und publizierte, konnte mir von Kollegen, mit denen ich, damals wie heute, gegen die Rekonstruktion untergegangener Baudenkmale eintrat bzw. eintrete, als Verrat ausgelegt werden. Mich interessieren, damals wie heute, der Umgang mit Denkmalverlust und die Hoffnung auf form- und sinngleichen Ersatz. Ich will im Einzelfall verstehen, was genau wem als verloren, was als erhalten galt oder gilt, wie Forderungen und Angebote der Wiederbeschaffung formuliert werden und wie Sinngebungsprozesse ablaufen. Dies bringt es mit sich, dass mich mal die Befürworter, mal die Gegner von Rekonstruktionsvorhaben als Verbündete oder als Gegnerin betrachten.

Grundsätzliches zur Frage der „Echtheit" von Ersatzbauten

Ein Denkmal-Wiederaufbau kann niemals identisch mit dem verlorenen Denkmal sein, weder in seiner Form noch in seiner Bedeutung, denn er wird von Anderen für Andere zu einer anderen Zeit und mit anderen Mitteln errichtet. Dennoch konstatieren wir, dass zahlreiche nach Zerstörungen wiederaufgebaute Denkmale für echt gehalten werden, paradoxerweise auch von denjenigen, die ganz genau wissen, dass es sich um Ersatzbauten handelt, weil sie die Zerstörung erlebt, Bilder vom zerstörten Zustand gesehen oder Berichte über den Verlust gehört haben. Wie kann man sich das erklären? Und was heißt hier Echtheit? Der Begriff steht, wie sich bei näherer Betrachtung erweist, nicht für einen Sachverhalt, sondern für eine Bewertung, für die es einen kulturellen Bezugsrahmen gibt, der gesellschaftlich definiert wird. Es handelt sich eben nicht um eine dem Denkmal eigene feststehende oder feststellbare Eigenschaft, sondern um eine soziale Zuschreibung und Inwertsetzung, d. h., Echtheit bzw. „für echt halten" ist Ergebnis einer sozialen Identifikation.[1] Und offenbar können das Wissen um die Zerstörung und den Verlust und das „für echt Halten", also die soziale Identifikation des Ersatzes mit dem Ersetzten, gleichzeitig bestehen. Wenn wir also mit Denkmalverlust und Denkmal-Wiederaufbau zu tun haben, sollten wir nicht grundsätzlich annehmen, dass der Wiederaufbau den Verlust vergessen macht oder machen soll.

Die nächste Frage ist die nach der formalen Ähnlichkeit. Was ist von dem Diktum der „formidentischen Rekonstruktion" zu halten? Wird der Wiederaufbau umso besser, je genauer er die Form des Verlorenen wiederholt? Oder wird er, im Gegenteil, umso besser, wenn an ihm auch der Verlust und dessen Bearbeitung erkennbar werden? Wie ähnlich muss am Ende der Ersatz dem Ersetzten in der Wirklichkeit sehen, um das Ersetzte zu ersetzen? Dies war lange Zeit meine eigene erste Frage. Bis mir klar wurde, dass es eben nicht allein um formale Un/Ähnlichkeit, mithin um Un/Verwechselbarkeit geht, sondern auch, wenn nicht vor allem, um soziale Identifikation. Ich schlage daher vor, grundsätzlich die Fragen der formalen Ähnlichkeit und die der sozialen Identifikation getrennt zu behandeln.

Wenn wir annehmen, dass ein Denkmal durch seinen Ort, seinen Namen, seine Form, seine Substanz und die ihm sozial zugewiesene Bedeutung definiert wird, wird es leichter, zu bestimmen, was bei seiner Zerstörung unterging und welche Parameter für die formale und die soziale Qualität eines Ersatzbaus entscheidend sein können. Zunächst zur Verlust-bestimmung: Gibt es noch den Ort? Den Namen? Ist die Form bzw. ein Teil der Form noch erkennbar? Gibt es noch Substanz, und sei es ein Schutthaufen aus – immerhin originalen – Bruchstücken? Und, noch wichtiger: Wird das Denkmal auch nach seiner materiellen Zerstörung wertgeschätzt, ist seine frühere Bedeutung im Bewusstsein der Menschen vor Ort oder andernorts noch präsent? Gibt es noch lebende Menschen, die persönlich vom Denkmal berichten können oder ist die Bedeutungsweitergabe nur mehr durch Schrift- und Bildzeugnisse möglich? Wie viele Jahre sind seit dem Verlust vergangen? Ist irgend-wann „der Faden der Zeit" abgerissen?

Die Ergebnisse dieser – nennen wir es Restwertbestimmung – werden für die Wünsch-barkeit, die Machbarkeit und den sozialen Erfolg eines Wiederaufbaus entscheidend sein. Die erreichbare formale Ähnlichkeit wird besonders stark von den Faktoren (topographi-scher) Ort, Form und Substanz abhängen. Für die soziale Identifikation des Ersatzes mit dem Verlorenen werden zusätzlich die Faktoren Name, (sozialer) Ort und die Verankerung der sozialen Bedeutung im Bewusstsein einer über die Zeit bestehenden oder ggf. neu kon-stituierten Verlustgemeinschaft relevant.

Ein Beispiel: Meine Mutter, die in Münster in der Nachbarschaft des Prinzipalmarktes und des Rathauses in einem der alten Giebelhäuser aufgewachsen war, erzählte oft von der Zerstörung ihrer Heimatstadt im Bombenkrieg und sprach dann darüber, wie froh sie über

---

1 Diese Eigenart hat der Begriff Echtheit mit dem Begriff Authentizität gemeinsam. Beide bezeich-nen kulturelle Konzepte, nicht Sachverhalte. Zum Begriff Authentizität und seiner kulturellen Prägung vgl. Knut Einar Larsen (Hg.), Nara Con-ference on Authenticity in Relation to the World Heritage Convention, Trondheim 1995.

den raschen Wiederaufbau des Stadtzentrums gewesen war. Ihr wichtigster Satz lautete: „Der Prinzipalmarkt stand wieder." Als ich sie eines Tages fragte, ob sie damals nicht bemerkt hätte, dass die neuen Prinzipalmarkthäuser doch nur sehr allgemein westfälisch aussähen und gar nicht so, wie die verlorenen, antwortete sie: „Kind, das war nicht wichtig."

Im Folgenden sollen vier historische Beispiele von Denkmalzerstörung und -wiederaufbau verdeutlichen, wie sich Orts-, Form-, Substanz-, oder Sinnverlust im Einzelfall bestimmen und wie sich daraus Parameter zur Bewertung von Wiederaufbauten entwickeln lassen. Am Schluss steht eine Übertragung der Methode auf den Fall des Berliner Schlosses.

1. DAS RATHAUS IN MÜNSTER[2]

Das Rathaus von Münster wurde 1944 durch Bomben schwer getroffen und brannte aus. Der Stufengiebel der Hauptfassade stürzte auf den Prinzipalmarkt. Bereits 1948, zum 300. Jubiläum des am Ende des Dreißigjährigen Krieges in Münster und Osnabrück unterzeichneten Westfälischen Friedens, wurde der rückwärtig gelegene Friedenssaal aufgebaut. Das Inventar des Saales, das 1942 vorsorglich nach Schloss Wöbbel im Norden Westfalens ausgelagert worden war, konnte in den im gleichen Raumvolumen wiedererrichteten neuen Friedenssaal eingebaut werden. Die Decke wurde aus Beton konstruiert, darunter hängte man die neue hölzerne Deckenkonstruktion, für die man alte Balken von anderswo verwendete. Ist dies nun der Friedenssaal? Ist er es noch, ist er es wieder? Hat der neue Saal damals, 1948, oder, wenn nicht gleich, dann doch im Laufe der seitdem vergangenen Jahre, die Bedeutung des alten übernommen und trägt sie weiter?

Das wirft eine grundlegende Frage auf: Wo war die historische Bedeutung des Friedenssaals während der Abwesenheit des Rathauses? Verblieb sie, kaum noch erkennbar, in der formlos gewordenen Substanz am Ort – im Schutt, in der Ruine? Steckte sie in den Möbeln, die auf Schloss Wöbbel ausgelagert waren und kehrte sie mit jenen von dort zurück? Oder schwebte sie gewissermaßen körperlos in dem Raum, den der Saal umgrenzt hatte, der aber nun keine Wände und kein Dach hatte? Das Ereignis, dem der Saal seinen Namen verdankte, hatte – vorübergehend – kein Obdach. Wurde dessen historische Bedeutung deswegen ortlos? Und, noch wichtiger in unserem Zusammenhang: Wie und warum wurde die historische Bedeutung nach dem Wiederaufbau wieder mit dem Haus verbunden?

Prüfen wir den Verlust und den „Restwert" des Rathauses nach den oben genannten Parametern: Es gab nach der Zerstörung noch immer den Ort und den Namen. Die Fassade war in Teilen bis zum oberen Hallengeschoss stehen geblieben, mithin waren Reste der

---

2 Zum Wiederaufbau des Münsteraner Rathauses und zum Goethehaus vgl. Gabi Dolff-Bonekämper, Histoires sans abri – abris sans histoires. La valeur historique et sociale des monuments reconstruits, in: Nicholas Bullock/Luc Verpoest (Hg.), Living with History, 1914–1964. Rebuilding Europe after the First and Second World Wars and the Role of Heritage Preservation. La reconstruction en Europe après la Première et la Seconde Guerre Mondiale et le rôle de la conservation des monuments historiques, Leuven 2011 (KADOC-Artes, 12), S. 200–215.

Form erkennbar, die Substanz war zu einem sehr großen Anteil zu nicht wieder verwendbarem Schutt geworden, die Keller und Teile der Nordwand standen noch aufrecht und konnten auch stehen bleiben. Der Friedenssaal bestand nicht mehr, nur noch sein Fußboden war vorhanden, darauf lag meterhoch der Schutt. Die Erinnerung an das alte Rathaus – und an den Friedensschluss als wichtigstes historisches Ereignis – war und blieb freilich im Bewusstsein der Bevölkerung lebendig. Welche soziale Bedeutung der Ruine zugewiesen wurde und wie diese von dem Wunsch nach dem bzw. der Aussicht auf den Wiederaufbau beeinflusst wurde, wäre noch zu erforschen.

Im Zuge des Wiederaufbaus, zunächst des Gehäuses für den Friedenssaal (bis Herbst 1948) und dann des gesamten Rathauses (bis 1961), ließ der beauftragte Dombaumeister Heinrich Benteler die stehen gebliebene Fassade abtragen und, um eine Steinlage erhöht und damit dem aufgewachsenen Bodenniveau angepasst, wiedererrichten. Das Innere wurde, bis auf den Friedenssaal, modern gestaltet. Die soziale Erinnerung an den Westfälischen Frieden fand im neuen Saal, gestützt durch die wieder eingebrachten originalen Möbel und Gemälde, ihren Ort. Jedem Besucher wird bei der Besichtigung des Saals die Geschichte der Friedensverhandlungen und die der Zerstörung und des Wiederaufbaus erzählt. Die Zerstörung ist unvergessen.

Das neue Rathaus von Münster ist, obwohl Ort, Name, Form, Substanz und Bedeutung vom verlorenen Bauwerk in den Ersatzbau eingegangen sind, weder in seiner Form noch in seiner Bedeutung identisch mit dem alten. Es wurde von Anderen für Andere mit anderen Mitteln zu einer anderen Zeit errichtet als das alte, das mit seiner Fassade von 1335 als das schönste gotische Rathaus Deutschlands bezeichnet worden war. Das heutige Rathaus verweist auf die alten Zeiten und zugleich auf deren Bruch, auf die Gründe und die Geschichte seiner Wiederbeschaffung. Es ersetzt das alte, es ist an seine Stelle getreten und wird von den Münsteranern und den Besuchern für echt gehalten. Und es ist echt – ein echter Wiederaufbau.

2. DAS GOETHEHAUS IN FRANKFURT

Das Goethehaus in Frankfurt, in dem der Dichter 1749 geboren wurde und die ersten 26 Jahre seines Lebens verbrachte, wurde 1863 durch den Goethe-Verehrer Otto Volger genannt Senckenberg für das Freie Deutsche Hochstift gekauft und in den darauf folgenden Jahrzehnten als Goethe-Forschungsstätte und Erinnerungsort mit Sammlungen und Möbeln ausgestattet. Nach dem Beginn des Bombenkrieges wurden die Sammlungen ausgelagert, das Haus brannte nach einem Angriff im März 1944 vollständig nieder. Nach 1945 begann ein heftiger Streit um die Zukunft des Ortes. Sollte man das Haus überhaupt wiederaufbauen und wenn ja, sollte es eine Kopie des alten („so wie es war") werden oder ein neues, modernes Goethehaus, wie es Otto Bartning, der gern Heinrich Tessenow als Architekten an diesem Werk gesehen hätte, stellvertretend für die Architektenschaft forderte?

Was war verloren, was noch erhalten? Es gab den Ort noch, die Adresse am Großen Hirschgraben, es gab die Bezeichnung Goethehaus auch in Abwesenheit des Gebäudes, dazu sehr spärliche Relikte von Form und Substanz (Türschwelle, Fenstergitter, Fenster-pfeiler, Wandbrunnen im Hof, Schutt), es gab die ausgelagerten Sammlungen und eine sehr große Wertschätzung des untergegangenen Denkmals, aus der allerdings sehr unter-schiedliche Konsequenzen gezogen wurden. Der damalige Direktor des Freien Deutschen Hochstiftes, der Germanist Ernst Beutler, sah im Wiederaufbau des so sehr geschätzten Hauses ein Medium der moralischen Wiedererstarkung der Deutschen. Für Walter Dirks, Publizist und Theologe und einer der Herausgeber der *Frankfurter Hefte*, sollte sich hinge-gen der große kulturelle Wert des Goethehauses für die Nachkriegsgesellschaft im Verzicht auf den Wiederaufbau artikulieren. Dabei ging es ihm weniger um die Unwiederholbarkeit des Gebäudes als um die Unumkehrbarkeit des Verlustes und um dessen Verwobenheit mit der Kriegsschuld und der Verantwortung der Deutschen für die Naziverbrechen. Nach Dirks' Überzeugung hatte das deutsche Volk, hatten „wir" das Goethehaus nicht mehr ver-dient.[3] Die soziale Wertschätzung des Goethehauses sollte sich für ihn im Akzeptieren seiner fortgesetzten Abwesenheit realisieren. Ich schlage vor, hier von einer Moralisierung des Verlustes zu sprechen.

Das Haus wurde schließlich ab 1947 als durchkonstruiertes Fachwerkhaus auf einem Erdgeschoss aus Mainsandstein neu gebaut, mit Holzdielen und Fensterbeschlägen nach altem Muster. Die geretteten Möbel wurden hineingestellt, die Sammlungen im angrenzen-den Neubau untergebracht. War dies jetzt wieder das Goethehaus? Die formale Ähnlich-keit der Fassade ist, vergleicht man die Vor- und Nachkriegsfotos, verblüffend. Die Innen-räume sind in Form und Volumen den verlorenen soweit angeglichen, dass man sagen könnte, die heutigen Zimmer nähmen denselben Raum ein wie die alten. Insofern ist es durchaus verständlich, warum Ernst Beutler in seinem Führer durch das wiederaufgebaute Goethehaus schreiben konnte, dass in der Giebelstube, in der man sich eben befindet, Goethe seinen Clavigo und den Urfaust schrieb. Es ist in der Tat derselbe Raum, wenn auch die Raumhülle neu hergestellt wurde.

Wenn also das heutige Goethehaus in seiner Form dem alten so sehr ähnlich ist, wie steht es mit seiner Bedeutung? Sie kann nicht identisch sein mit der des verlorenen Hau-ses, denn die Geschichte des Verlustes und des Wiederaufbaus ist ihm unablösbar mitge-geben. Auf jeden Schritt in jedem neuen Raum, den die Besucher betreten, teilen die Aufsichtspersonen mit, dass man sich in einem Ersatzbau befinde. Die soziale Identifika-tion des Ersatzes mit dem Ersetzten wird durch den Hinweis auf den Bruch allerdings nicht unterbunden. So berichtet ein Besucher aus den frühen 1960er-Jahren, dass er, trotz aller Hinweise auf die Neubeschaffung des Hauses, mit der Empfindung, für seine Vorstellung vom Dichter einen Ort gefunden zu haben, davonging.[4] Ich hingegen, durch-aus bereit, mich im Haus von Goethes Geist erfassen zu lassen, empfand gar nichts. Viel-leicht war mir alles zu komplett, nichts blieb für eigene Projektionen offen. Das einzige, das mir am Ende „echt" vorkam, war das Knarzen der Dielen unter meinen Füßen. Als

---

3 Vgl. Walter Dirks, Mut zum Abschied. Zur Wiederherstellung des Frankfurter Goethehauses, in:
   Frankfurter Hefte 2 (1947), S. 819–828.

4 Diesen Hinweis verdanke ich Peter Bonekämper.

Ersatzbau ist das heutige Goethehaus dennoch echt. Es ist überdies, wie das neue Münsteraner Rathaus, inzwischen historisch geworden und beide sind nunmehr bereits Denkmale im eigenen Rechte.

3. DIE FRAUENKIRCHE IN DRESDEN

Die Zerstörung der Frauenkirche im Februar 1945 ist heute fast jedem präsent. Die Schilderungen der Augenzeugen vom Einsturz der ausgebrannten Ruine erschrecken bis heute. Was erhalten blieb: der Ort, der Name, einige aufrecht stehende Bauteile in ihrer Form und reichlich Substanz in Gestalt eines großen Schutthaufens, in dem Quader und Architekturbruchstücke unterscheidbar geblieben waren und bleiben sollten. Dass darunter noch große Teile der Unterkirche erhalten waren, konnte erst im Zuge der Bauarbeiten in der Mitte der 1990er-Jahre festgestellt werden. Die unversehrte Frauenkirche blieb als Bild im Bild vom alten Dresden unvergessen. Der Schutthaufen an ihrem Platz wurde über die Jahrzehnte nach dem Ende des Zweiten Weltkrieges sorgfältig gehütet und entfaltete eine starke Wirkung als Ruine und Mahnmal – die Ruine verwies also nicht nur auf den verlorenen Bau, sondern besaß eine ihr eigene Bedeutung. Dabei handelte es sich nicht einfach um eine neue Sinnschicht, die der alten hinzugefügt worden wäre, sondern um eine konkurrierende Deutung des Bestandes. Ich schlage daher vor, von einer semantischen Verschiebung zu sprechen.

Diese wirkte sich nicht nur auf die Breite und Tiefe der Debatten um die Angemessenheit des Wiederaufbaus aus. Sie hat auch Auswirkungen auf die Bedeutung, auf den semantischen Status des schließlich von 1994 bis 2005 errichteten Ersatzbaus: Das Bild der untergegangen Kirche und das Bild ihrer Ruine gingen gleichermaßen in die sozial vermittelte Sinnkonstruktion der neuen Frauenkirche ein. Mahnen, Gedenken und Versöhnen sollten in der Schönheit des Wiederaufbaus verschmelzen. Diese Botschaft hatte das Potenzial, weltweit Anteilnahme und Spendenbereitschaft zu mobilisieren. Der soziale Wirkungsraum der neuen Frauenkirche ist damit ungleich weiter gespannt als es der der alten Kirche je sein konnte. Der Ersatz übertrifft in dieser Hinsicht das Ersetzte. Die Frauenkirche George Bährs war die Kirche der protestantischen Bürger der Stadt. Der neuen Frauenkirche – auf die Form- und Konstruktionsunterschiede zwischen beiden soll hier nicht näher eingegangen werden – gehört eine weltweite Bauherren- und Erbengemeinschaft aus Spendern, Bauherren und Bewunderern an.

Spätestens an diesem Beispiel wird für mich deutlich, dass Formgleichheit und Bedeutungsgleichheit im Wiederaufbau eines verlorenen Denkmals nicht nur unerreichbar sind, sie sind auch falsche Ideale und können keine Gradmesser für die Echtheit eines Ersatzbaus sein. Gerade die formalen und semantischen Abweichungen und Verschiebungen, in der Wirklichkeit ohnehin unvermeidbar, machen, so denke ich, den Ersatzbau zum echten Werk seiner Gegenwart.

4. DIE BRÜCKE VON MOSTAR

Die Brücke von Mostar, die den Fluss Neretva in einem einzigen hohen Bogen überspannte, wurde 1566 von dem Architekten Hajrudin errichtet. Auftraggeber war Sultan Suleiman, damals Herrscher über das osmanische Reich, dem Bosnien und Herzegowina einverleibt waren. Die Brücke überdauerte viele Jahrhunderte und viele Regierungswechsel und territoriale Zugehörigkeiten. Die Bewohner von Mostar – das waren Bosnier, Serben, Kroaten und andere – liebten die schöne alte Brücke. Im Zuge der neuzeitlichen Entwicklung der Stadt entstanden mehrere neue Brücken, so dass die alte, „Stary Most", schon lange nicht mehr der einzige Übergang über den Fluss war. Im Bürgerkrieg, der nach dem Zerfall des Staates Jugoslawien die Stadt erschütterte, zerfiel die soziale Erbengemeinschaft, die sich bis dahin um die Brücke gebildet hatte. In der ersten Phase des Krieges vertrieben die Kroaten und Bosnier gemeinsam die Serben, in der zweiten Phase, 1993, beschossen kroatische Truppen die Brücke so lange, bis sie zusammenstürzte. Sie identifizierten die Brücke, die als Werk muslimischer Herrschaft und Baukultur bekannt war, mit dem Feind, den muslimischen Bosniern.[5]

Wenn wir in diesem Falle nochmals die eingangs vorgestellten Parameter zur Bestimmung eines Denkmals heranziehen, also nach Ort, Ortsnamen, Form, Substanz und sozial zugewiesener Bedeutung fragen, dann wird erkennbar, dass in Mostar, anders als in Münster, Frankfurt oder Dresden, nicht zuerst die Form und die Substanz des Denkmals zerstört wurden, sondern zuerst die soziale Bedeutung. Das Gebäude mochte noch stehen, die soziale Bedeutungskonstruktion als Erbe aller Mostarer, egal welcher ethnischen oder religiösen Zugehörigkeit, war bereits zertrümmert.

Und damit ist auch schon das Problem des Wiederaufbaus benannt. Die Zerstörung hatte weltweite Anteilnahme erweckt, die Weltbank und die UNESCO machten den Wiederaufbau der Brücke zu ihrer Sache. Die UNESCO berief eine internationale Expertenkommission ein, der ich von 2003 bis 2004 selber angehörte, mit dem Ziel, die Brücke genau so wieder zu errichten, „wie sie war". Die Beschaffung des richtigen Gesteins, die richtige innere Geometrie des Brückenbogens, die richtige Zusammensetzung des Mörtels, die richtige Legierung des Stahls für die Dübel und Krampen der Metallarmierungen – alles wurde sorgfältig ermittelt, diskutiert und schließlich auch umgesetzt. Die neue Brücke von Mostar, 2004 im Sommer eingeweiht, ist der alten in Form, Material und Konstruktion so ähnlich, wie es nur irgend denkbar war. Nur eines fehlte im Jahre 2004 und fehlt, wie gelegentlich berichtet wird, noch immer: die von allen Mostarern getragene soziale Bedeutung. Die Bosnier und Kroaten, an den Wiederaufbauarbeiten beteiligt, aber doch nur am Rande der internationalen Experten- und Akteurs-Gemeinschaft, haben sich durch oder über den Wiederaufbau der Brücke nicht versöhnt. Die neue Brücke hat, bei aller Formähnlichkeit, nicht entfernt dieselbe Bedeutung wie die

---

5 Vgl. Gabi Dolff-Bonekämper, Mostar: Un pont suspendu dans l'histoire, in: Les cahiers de science et vie 91 (2006), S. 100–103.

Abb. 1: Die 2004 eingeweihte neu errichtete Brücke von Mostar. Blick vom Ostufer der Neretva

alte. Sie ist kein Sinnbild der Versöhnung zwischen den am Ort verbliebenen Volksgruppen. Ihre formale Perfektion verdeckt den fortbestehenden Bruch in der Stadtbevölkerung. Sie ist (nur) echt als das, was sie ist: ein Werk der internationalen Organisationen, die sie finanziert und den Bau organisiert haben. Sie hat indes, bei alledem, das Potenzial, später, in zukünftigen Zeiten, als Zeugnis der post-jugoslawischen Geschichte des Balkans eine neue lokale Erbengemeinschaft um sich zu versammeln.

Und das Berliner Schloss?

Über die Geschichte des Berliner Schlosses und seinen Untergang ist in populären Darstellungen und auch in der Forschung ausführlich berichtet worden. Meine eigene Position in dieser Sache habe ich an anderer Stelle ausführlicher dargestellt.[6] Daher will ich hier nur fragen: Was ging bei bzw. nach der Sprengung 1950/51 verloren? Der Ort, der Name, die Form und die Substanz, sieht man von den durch das wissenschaftliche Aktiv unter Gerhard Strauß ausgebauten und gesicherten Fragmenten ab, die, über die Zeit in Zahl und Substanz reichlich dezimiert, noch immer in den unterschiedlichen Depots der Stadt lagern.[7] Der Ort wurde leer geräumt, umbenannt und in den 1970er-Jahren mit dem ausdrücklich als Gegenbau zum Hohenzollernschloss zu deutenden Palast der Republik bebaut. Dabei ist nicht zu vergessen, dass das Schloss seit dem Ende des Kaiserreiches zwar noch genau so ausgesehen hatte wie vorher, aber ohne König und Kaiser längst zu einem Schloss der (Weimarer) Republik geworden war. Diese Sinnverschiebung, wenn nicht Neubesetzung, hatte also schon gewissermaßen zu Lebzeiten des Gebäudes stattgefunden – wie dies mit vielen Schlössern im postfeudalen Zeitalter geschehen ist.

Blieb die Erinnerung an das untergegangene Denkmal im Bewusstsein der Bevölkerung auch während der bald 60-jährigen Abwesenheit des Schlosses und der immerhin gut 30-jährigen Anwesenheit des Palastes der Republik lebendig? Dies ist schwer zu ermessen, da öffentliche Äußerungen oder Publikationen über das Schloss in Ost-Berlin nicht erlaubt waren. Wenn nicht über das Bauwerk geschrieben werden durfte, muss das aber nicht bedeuten, dass niemand darüber sprach. Und gesprochen wurde, sowohl über das Schloss als auch über seine Sprengung, und das nicht nur von den unmittelbaren Zeugen, sondern auch von denen, die später hinzutraten, und das nicht nur im Osten, sondern auch im Westen der Stadt.[8] Man darf allerdings damit rechnen, dass in weiten Kreisen der Berliner Bevölkerung nicht nur das Bild des gewesenen Schlosses über die Jahre verblasste, sondern auch das Wissen um seine Bedeutung.

Zu Beginn der Kampagne für den Wiederaufbau waren mithin am Ort weder Form noch Substanz der Schlosses vorhanden, der Platz war anderweitig besetzt, niemand hatte Anlass, den Namen auszusprechen. So könnte man behaupten, dass die Kampagne für den Wiederbau des Schlosses von einem materiellen und semantischen Nullstatus aus startete. Über die Jahre gelang es den Befürwortern des Wiederaufbaus, den Ort wieder bzw. neu zu

---

6 Vgl. Gabi Dolff-Bonekämper, Denkmalverlust als soziale Konstruktion, in: Adrian von Buttlar u. a. (Hg.), Denkmalpflege statt Attrappenkult. Gegen die Rekonstruktion von Baudenkmälern – eine Anthologie, Gütersloh/Berlin/Basel 2010 (Bauwelt Fundamente, 146), S. 134–165.

7 Vgl. Anja Tuma, Die Bauplastik-Fragmente des Schlosses. Dokumentation erhaltener Fassadenelemente und denkmalpflegerische Zielstellung, unveröffentl. Abschlussarbeit des Aufbaustudi-

ums Bauforschung und Denkmalpflege an der TU Berlin im Jahrgang 2007/2008; Dies., Das Wissenschaftliche Aktiv am Schloss Berlin. Rekonstruktion der Forschungsarbeit und Auswertung der Bergungsdokumentation von 1950. Mit einem Katalog der geborgenen Fragmente, unveröffentl. Diss., TU Berlin 2012.

8 Für diesen Hinweis danke ich Frau Sibylle Badstübner-Gröger.

besetzen, umzubenennen, die Form in allen erdenklichen Ansichten und Formaten abzubilden und präsent zu machen und auch die bewahrte Substanz – also die eingelagerten Fragmente – in die Aufbauüberlegungen einzubeziehen. Bei all der Aufmerksamkeit und Sorgfalt, die der angestrebten Formgleichheit des Ersatzes mit dem Ersetzten gewidmet wurde, konnte eines leicht übersehen werden: Die Bedeutung des neuen Schlosses würde nicht allein durch die Form zu bestimmen sein. Immerhin war der Ort nicht nur der des Schlosses, sondern auch der des Palastes der Republik, der gegen den Willen Vieler abgerissen wurde. Bau und Gegenbau waren nun gleichermaßen abgeräumt. Aber ihre Schatten waren noch präsent, der Raum war nicht leer. Er war, ganz im Gegenteil, mit einer doppelten Abwesenheit[9] besetzt und warf in seiner ganzen Weite und Tiefe einen geradezu immensen Sinnbedarf auf. Ob dieser durch das mittlerweile in der Umsetzung begriffene Bauprojekt gedeckt werden wird, muss sich noch erweisen.

Das bringt mich zur Frage nach der Bedeutung der vom Wissenschaftlichen Aktiv unter Gerhard Strauß 1950/51 geborgenen und noch immer erhaltenen Fragmente. Allein schon die dramatische Geschichte ihrer Rettung macht sie allesamt kostbar, unabhängig davon, wie groß, wie komplett, wie schön und wie stark sie künstlerisch bearbeitet sind. Die Stücke sind ohne Zweifel ein kostbares Gut. Sie hätten, quasi als überlebende Sachzeugen, als Reliquien ins neue Bauwerk übertragen werden können. Dort hätten sie den Untergang des alten Gebäudes beglaubigt und die Neuheit des Neuen betont, eine ästhetische und semantische Irritation, das hätte mir persönlich gefallen. Davon wird nun abgesehen. Die geborgenen Skulpturen und die Bruchstücke sollen, begleitet von einer didaktischen Ausstellung, in einem allen Besuchern offenstehenden Skulpturensaal gezeigt werden, der vom neuen Schlüterhof aus zugänglich sein wird. Im Westflügel wird eine Galerie der Geschichte des Ortes eingerichtet, im Untergeschoss darunter ein archäologischer Keller. Damit ist immerhin für die Weitergabe der Verlustgeschichte des alten Schlosses gesorgt.

Das neue Schloss wird echt sein als das, was es sein wird: ein Neubau, der äußerlich einem 1951 am selben Ort untergegangenen Altbau ähnlich sieht. Sein Inneres wird dem eines 2008 am selben Ort untergegangenen neueren Altbaus ähnlich sein. Mehr kann ich dazu gegenwärtig nicht sagen.

ABBILDUNGSNACHWEIS

Abb. 1 Foto: Kai Kappel, Berlin

---

9 Zur Bedeutung von Abwesenheit vgl.: Verena Pfeiffer, Platz der Abwesenheit. Analyse der Gestaltungsdebatte 2009/10 um den Teil der historischen Mitte Berlins zwischen Spree und Alexanderplatz, Diplomarbeit am Institut für Stadt- und Regionalplanung der TU Berlin, September 2010.

Godehard Hoffmann

Rekonstruktionen? Beispiele aus der Praxis in Nordrhein-Westfalen (Landesteil Rheinland)

In der Denkmalpflege gibt es einen breiten Diskurs darüber, ob stark beschädigte oder verlorene Denkmäler rekonstruiert werden sollten. Für das geschichtsbegeisterte 19. Jahrhundert waren Rekonstruktionen noch eine Selbstverständlichkeit und unverzichtbarer Aspekt nationaler Identität. Die Wiederherstellungen der Marienburg in Danzig und der Hohkönigsburg im Elsass wurden als Manifestationen politischen Selbstverständnisses des 1871 gegründeten Deutschen Reiches verstanden. Die historisch und kulturpolitisch äußerst komplexe Vollendung des Kölner Domes kann in diesem Zusammenhang nur erwähnt werden.

Um 1900 begann sich das Selbstverständnis der Denkmalpflege zu wandeln. Dabei wurde der Denkmalbegriff erweitert, Alltags- und bald sogar Industriebauten gerieten in das Blickfeld. Und an dem Wunsch nach einem Wiederaufbau des Heidelberger Schlosses entzündete sich eine folgenreiche Debatte über Sinn oder Unsinn von Rekonstruktionen. Mit einer programmatischen Entscheidung wurde der Wiederaufbau des Ottheinrichsbaus in Heidelberg schließlich verhindert. Seither werden Rekonstruktionen kritisch gesehen und gelten im Prinzip als nicht wünschenswert. Andererseits wurden auch weiterhin Bauten rekonstruiert, vor allem nach den flächendeckenden Zerstörungen historischer Bausubstanz während des Zweiten Weltkrieges. Die Residenz in München oder der Prinzipalmarkt in Münster seien beispielhaft genannt.

Rekonstruktionen gibt es sogar bis in die jüngste Zeit, wie die Frauenkirche in Dresden, der Marktplatz in Hildesheim, die Alte Waage in Braunschweig und viele andere mehr. In jedem Fall gab es im Vorfeld Meinungsverschiedenheiten, wobei sich die Kontroversen der Zeit um 1900 zu wiederholen schienen. Aktuell zeichnen sich diesbezüglich zunehmend differierende Auffassungen zwischen dem Denkmalverständnis der zuständigen Fachbehörden einerseits und der Erinnerungskultur der Gesellschaft andererseits ab. Bei genauerem Hinsehen werden sogar gar nicht selten Meinungsverschiedenheiten zwischen Denkmalpflegern erkennbar. Diese Konfliktzone ist in Bewegung, aber man ist noch weit von einem Konsens entfernt.

In der konservatorischen Praxis zeigt sich, dass eine Antwort auf die Frage nach einer Rekonstruktion gar nicht immer so eindeutig gegeben werden kann, wie theoretische Abhandlungen es regelmäßig einfordern. Die Grenze zwischen denkmalpflegerischen Maßnahmen und Teil-Rekonstruktionen ist häufig fließend. Außerdem üben fachfremde

Interessen immer wieder einen erheblichen Einfluss aus. Im Rheinland war hinsichtlich Rekonstruktionen stets große Zurückhaltung geübt worden. Darum lohnt es sich gerade hier, dieser Frage nachzuspüren, ohne dabei einen Anspruch auf eine repräsentative oder gar vollständige Darstellung zu erheben.

Begleitet von ausführlichen fachinternen sowie öffentlichen Diskussionen wurde am Nordturm des Kölner Domes die „Domplombe", eine Reparaturmaßnahme mit Backsteinen aus der Zeit des Zweiten Weltkrieges, vor zehn Jahren durch eine Rekonstruktion verlorener gotischer Bau- und Zierformen ersetzt. Die Denkmalpflege hatte sich im Vorfeld für den jüngeren Zeugniswert stark gemacht, während seitens der Eigentümer sowie der Dombauhütte die Integrität des mittelalterlichen bzw. historischen Bauwerks als bedeutender eingeschätzt wurde. Dieser Fall zeigt nebenbei, wie vielschichtig die Entscheidungsfindung ablaufen kann, denn die beharrlich durch das Fachamt, das LVR-Amt für Denkmalpflege im Rheinland, vorgetragene Meinung konnte sich im denkmalpflegerischen Erlaubnisverfahren letztlich nicht durchsetzen.

Starke Eigentümerinteressen haben wiederholt zur Rekonstruktion von im Krieg verlorenen Bauteilen geführt, wobei wirtschaftliche Aspekte – vorzugsweise die Vermehrung des Bauvolumens – häufig im Vordergrund stehen. Unter diesen Vorzeichen wird derzeit der Umbau der ehemaligen Eisenbahndirektion in Köln (1906–1913) am Rheinufer vorangetrieben. Das ursprüngliche Mansarddach war nach schweren Kriegsschäden durch ein flaches, zurückspringendes Dachgeschoß ersetzt worden; von der historischen Binnenstruktur und Ausstattung ist nichts erhalten. Derzeit wird ein mehrgeschossiges Flachdach aufgebaut, das über der großen Gebäudefläche einen enormen Raumgewinn verschafft. Das ist ein Kompromiss, denn eine Rekonstruktion des ursprünglichen Daches ist von der Denkmalpflege verhindert worden.

Im Umfeld des Kölner Domes ist jüngst die Diskussion um die Wiederherstellung des Domhotels erneut entbrannt. Die fast völlig zerstörte Domumgebung war nach 1945 durch die Wiederaufbaukommission unter Leitung von Rudolf Schwarz und Willy Weyres schlicht und bewusst mit flachen Dächern wiederaufgebaut worden.[1] Damit wurden Bestrebungen der Zwischenkriegszeit realisiert, in der man sich bereits kritisch mit der städtebaulichen Inszenierung der Kathedrale im Geist des 19. Jahrhunderts durch prunkvolle Häuser in neugotischen und neubarocken Formen auseinandergesetzt hatte. Die Flächenbombardierungen hatten schließlich den Weg bereitet, die ohnehin angestrebten Vereinfachungen konsequent umzusetzen.

Die Denkmalpflege hat seither an der schlichten Nachkriegsumgebung des Domes mit ihren flachen Dächern festgehalten. Im Zusammenhang mit der Sanierung des Domhotels wird nun in der Presse kolportiert, die Denkmalpflege wolle auf diese Weise der Bevölkerung die Kriegsfolgen bis heute vor Augen führen. Nichts wäre falscher, denn moralische Kriterien gibt es im Denkmalschutz nicht. Das praktische Interesse bei der in Vorbereitung

---

1 Godehard Hoffmann, Köln – Das Kurienhaus
  und der Wiederaufbau der Domumgebung, in:
  Denkmalpflege im Rheinland 30 (2013), S. 4–13.

Abb. 1: Köln, Domhotel mit Blau-Gold-Haus im reduzierten Nachkriegszustand

befindlichen Sanierung des Domhotels zielte ganz konkret auf die Unterbringung technischer Installationen im Dachbereich. Auf dem Wege eines Wettbewerbes wurde dafür nun ein niedriges Dachgeschoß mit flachem Dach gefunden, das sich gut in die Domumgebung integriert. Dennoch wird in zahlreichen Leserbriefen weiterhin eine Rekonstruktion des neubarocken Daches mit seinen Kuppeln gefordert. Diese ist jedoch aus architektonischen Gründen so gut wie unmöglich, weil die zugehörigen Altane an den Fassaden gar nicht mehr existieren.

Ungeachtet aller theoretischen Diskussionen können statische Gründe zu einer nahezu vollständigen Rekonstruktion eines Denkmales führen. Dafür ist die Schwebebahn in Wuppertal ein Beispiel. Hier musste die gesamte Tragkonstruktion mit der in großer Höhe durch die Stadt geführten Schiene in verstärkten und damit etwas vergrößerten Dimensionen neu errichtet werden. Weil überdies viele Bahnhöfe konstruktiv mit dem Tragwerk verbunden waren, mussten auch diese in der vorgefundenen Erscheinung neu wiederaufgebaut werden. Obwohl dadurch der Umfang der Originalsubstanz wesentlich reduziert worden ist, steht die Schwebebahn weiterhin unter Denkmalschutz.

Die Denkmalpflege wird bei Diskussionen über Rekonstruktionen stets als selbstverständlich beteiligte Instanz wahrgenommen. Sie hat ihre Sicht auch fast durchweg eingebracht. Aber nicht in allen Fällen ist es ihr verfahrensgemäß möglich, auf den Verlauf in wirksamer Weise Einfluss zu nehmen. Ein Beispiel dafür ist die Rekonstruktion der Fassade des im Zweiten Weltkrieg vollständig zerstörten spätgotischen Rathauses in Wesel am Niederrhein. Diese entstand zwischen Neubauten aus den 1990er-Jahren; der denkmalgeschützte Willibrodi-Dom steht ein Stück entfernt. Deshalb konnte eine gesetzlich abgesicherte Einflussnahme über den „Umgebungsschutz" eines unter Denkmalschutz stehenden Gebäudes nicht erreicht werden. Der Wiederaufbau war – wie in vielen anderen Fällen auch – formal als ein Neubau zu behandeln, weshalb das Amt für Denkmalpflege im Rheinland sich zwar kritisch geäußert hat, aber nicht beteiligt werden musste. [2]

In Wesel spielten die Wünsche der Bürgerschaft eine ausschlaggebende Rolle. Das war beispielsweise bei der Rekonstruktion des Hildesheimer Marktplatzes in den 1980er-Jahren ganz ähnlich. Am Standort des rekonstruierten Knochenhaueramtshauses stand zunächst noch das Hotel Rose (1962) von Dieter Oesterlen. Es konnte abgerissen werden, weil es nicht unter Denkmalschutz stand. Möglicherweise hätte eine Prüfung seines Denkmalwertes aus heutiger Sicht eine Chance auf eine positive Bewertung gehabt. Heute sind dafür die an drei Seiten um den Marktplatz rekonstruierten Gebäude bzw. Fassaden bereits in die Hildesheimer Denkmalliste eingetragen.

ABBILDUNGSNACHWEIS

Abb. 1 LVR-Amt für Denkmalpflege im Rheinland, Viola Blumrich 2013

---

2 Die Denkmalpflege 66 (2008), S. 79f. sowie S. 181.

Reflexivität und
Erinnerung heute

Hauke Horn

Die Aura authentischer Orte.
Zur architektonischen Verortung von
Erinnerung am Beispiel der Varusschlacht

Die Schlacht im Teutoburger Wald

„Der Ort bedeutet bei dieser Aufgabe mehr als nur Bauplatz und Umgebung – er stellt das eigentliche Thema der Bauaufgabe dar."[1] Mit diesen Worten leiten die Architekten Annette Gigon und Mike Guyer eine Beschreibung ihres Museumsbaus in Kalkriese (Abb. 3) ein, der dort vor wenigen Jahren an einem Ort errichtet wurde, an dem im Jahr 9 n. Chr. die berühmte Varusschlacht stattgefunden haben soll, in welcher die Germanen unter Führung des Cheruskers Arminius, auch Hermann genannt, drei römische Legionen vernichtend geschlagen haben.[2]

Als Ereignis von weltpolitischer Tragweite brannte sich die herbe Niederlage, von den antiken Schriftstellern als *clades variana* bezeichnet, traumatisch in das kulturelle Gedächtnis der Römer ein, geriet im Laufe des christlichen Mittelalters aber weitgehend in Vergessenheit. Erst im 15. Jahrhundert flammte die Erinnerung an den militärischen Konflikt zwischen Germanen und Römern wieder auf, als deutsche Gelehrte wie ihre europäischen Kollegen zu jener Zeit mit gesteigertem Interesse die antike Literatur, ein besonders wirkungsmächtiges Medium der Erinnerung, studierten, und dabei die seither auch als Schlacht im Teutoburger Wald bekannte *clades variana* wiederentdeckten, die es den Deutschen nach eigenem Verständnis ermöglichte, eine den Italienern ebenbürtige antike Vergangenheit zu konstruieren.[3] Hier liegt der Beginn des neuzeitlichen Hermannsmythos.

1 Mike Guyer/Annette Gigon, Museum und Park Kalkriese. Architektur und Landschaftsarchitektur, in: Varusschlacht im Osnabrücker Land. Museum und Park Kalkriese, hg. von der Varusschlacht im Osnabrücker Land GmbH – Museum und Park Kalkriese, Mainz 2009, S. 232–241, hier S. 233.

2 Als sich die Varusschlacht 2009 zum 2000. Mal jährte, erschien eine nahezu unüberschaubare Fülle von Publikationen, die auf unterschiedlichem Niveau einen Überblick zum Forschungsstand geben. Von den eher wissenschaftlich orientierten Werken seien exemplarisch angeführt:

Günther Moosbauer, Die Varusschlacht, München 2009; Michael Sommer, Die Arminiusschlacht. Spurensuche im Teutoburger Wald (Kröner Taschenbuch 506), Stuttgart 2009; Ralf-Peter Märtin, Die Varusschlacht. Rom und die Germanen, Frankfurt am Main 2008; Reinhard Wolters, Die Schlacht im Teutoburger Wald. Arminius, Varus und das römische Germanien, München 2008.

3 Werner M. Doyé, Arminius, in: Etienne François/Hagen Schulze, Deutsche Erinnerungsorte, Bd. 3, München 2001, S. 587–602, hier S. 587–590.

Im hiesigen Untersuchungskontext ist von Interesse, dass mit der Wiederentdeckung der Schlacht im Teutoburger Wald der Wunsch nach der Verortung des Ereignisses aufkam, was insofern zunächst irritieren mag, als ein Ort der Schlacht einen Namen gab. Tacitus, dessen *annales* die primäre Schriftquelle für das Ereignis darstellen, lokalisierte die Schlacht nämlich in „*teutoburgiensis saltus*".[4] Die Ortsbezeichnung erwies sich in der Neuzeit jedoch als problematisch, weil niemand wusste, welche Region Tacitus mit „Teutoburger Wald" meint. Das waldreiche Mittelgebirge, das heute unter diesem Namen bekannt ist, wurde jedenfalls bis in das 17. Jahrhundert hinein als „Osning" bezeichnet und erst 1669 vom Paderborner Bischof Ferdinand von Fürstenberg in „Teutoburger Wald" umbenannt,[5] eben weil er die Varusschlacht im Einklang mit anderen Gelehrten im Osning verortete.

DAS HERMANNSDENKMAL BEI DETMOLD

Im späten 18. Jahrhundert wird schließlich die Idee greifbar, ein Denkmal für die Schlacht im Teutoburger Wald zu errichten, einen materiellen Erinnerungsträger, welcher das Ereignis sinnlich nachvollziehbar werden lässt und zugleich einen Kulminationspunkt der Erinnerung schafft.[6] Entwürfe dafür lieferten so renommierte Persönlichkeiten wie Karl Friedrich Schinkel und Christian Daniel Rauch.[7] Verwirklicht wurde ein monumentales Denkmal schließlich in den Jahren 1838–1875 von Ernst von Bandel (Abb. 1).[8] Ernst von Bandel errichtete einen monumentalen Rundbau, dessen Gestalt an einen antiken Tholos mit Kuppeldach erinnert, dessen Detailformen allerdings hochmittelalterlicher Architektur entlehnt sind. Die begehbare Architektur dient als großmaßstäblicher Sockel einer ko-

---

4 P. Cornelius Tacitus: Annalen, hg. von Erich Heller, Darmstadt 1982, Buch I, 60.

5 Doyé, Arminius [wie Anm. 3], S. 596.

6 Zu den frühen Projekten für ein Hermannsdenkmal: 2000 Jahre Varusschlacht. Mythos, hg. vom Landesverband Lippe, Kat. Ausst. Lippisches Landesmuseum Detmold 2009, Stuttgart 2009, S. 351f; Erich Sandow, Vorläufer des Detmolder Hermannsdenkmals. Unter besonderer Berücksichtigung des Hermannsdenkmals im Seifersdorfer Tal bei Dresden, in: Günther Engelbert (Hg.), Ein Jahrhundert Hermannsdenkmal 1875–1975 (Sonderveröffentlichungen des naturwissenschaftlichen und historischen Vereins für das Land Lippe 23), Detmold 1975, S. 105–127; Gerd Unverfehrt, Ernst von Bandels Hermannsdenkmal. Ein ikonographischer Versuch, in: Günther Engelbert (Hg.), Ein Jahrhundert Hermannsdenkmal 1875–1975 (Sonderveröffentlichungen des naturwissenschaftlichen und historischen Vereins für das Land Lippe 23), Detmold 1975, S. 129–149, hier S. 130–133.

7 Einen ersten Entwurf für ein monumentales Hermannsdenkmal erarbeitete Karl Friedrich Schinkel bereits um 1814. Gemeinsam mit Christian Daniel Rauch legte er 1839 kurz nach Beginn der Fundamentierungsarbeiten für das Detmolder Denkmal eine Alternative zu Ernst von Bandels Entwurf vor (Kat. Detmold [wie Anm. 6], S. 351f; Unverfehrt, Hermannsdenkmal [wie Anm. 6], S. 132–135).

8 Erste Entwürfe zu einem Hermannsdenkmal fertigte Ernst von Bandel schon 1819 als Student der Architektur an (Ernst von Bandel 1800–1876. Bildhauer in Hannover, Kat. Ausst. Historisches Museum am Hohen Ufer Hannover 1976, Hannover 1976, S. 11). 1838 erfolgte die Grundsteinlegung bei Detmold, 1846 wird der Unterbau fertiggestellt, erst 1862 beginnen die Arbeiten an der Figur des Hermanns, 1875 wird das Denkmal schließlich eingeweiht (Frank Huismann, Ernst von Bandel und der Bau des Hermannsdenkmals, in: Das Hermannsdenkmal. Daten, Fakten, Hintergründe, Marsberg/Padberg 2008, S. 35–65).

Abb. 1 Hermannsdenkmal auf der Grotenburg bei Detmold (Ernst von Bandel, 1838–1875)

lossalen Statue des germanischen Anführers Hermann aus Kupferblech, die im Inneren von einem bautechnisch fortschrittlichen Skelett aus Stahlrohren getragen wird.

Als Standort des Denkmals wählte man die Grotenburg im Teutoburger Wald bei Detmold, eine markante Erhebung mit frühgeschichtlichen Wallanlagen, deren Umfeld im 19. Jahrhundert als Ort der Hermannsschlacht diskutiert wurde, infolgedessen die Grotenburg selbst als Festung Hermanns gedeutet wurde.[9] Nach aktuellem Kenntnisstand datieren die Wallanlagen, welche der Erhebung ihren Namen gaben, allerdings in die ersten drei Jahrhunderte vor Christus und werden als keltische Verteidigungsanlagen angesehen.[10]

---

9 Die Lokalisierung des Winfelds südlich der Grotenburg als Feld der Hermanns-Schlacht geht wohl auf Bischof Ferdinand von Fürstenberg 1669 zurück (Sandow, Vorläufer [wie Anm. 6], S. 112). In der ersten Hälfte des 19. Jahrhunderts fand diese Theorie noch viele Anhänger (Huismann, Ernst von Bandel [wie Anm. 8], S. 42f.).

10 Michael Zelle: Die Wallanlage auf der Grotenburg, in: Das Hermannsdenkmal. Daten, Fakten, Hintergründe, Marsberg/Padberg 2008, S. 31–33.

Ernst von Bandel ging es bei der Standortwahl jedoch nicht primär um historische Authentizität, sondern um einen Ort mit besonderen Qualitäten,[11] denn er erwog auch die Externsteine bei Horn als Standort.[12] Neben den frühzeitlichen Relikten vor Ort spielten bei der Standortwahl konkrete topographische Vorzüge wie Fernwirkung und Fernsicht ebenso eine Rolle wie die zeittypische, romantische Verklärung der Natur. Gesucht und gefunden wurde demnach ein Ort, dessen Aura die Erinnerung stimulierte, wohingegen die Authentizität unterstellt wurde. Faktisch entstand eine Tradition des Ortes aber erst mit der Setzung des Denkmals.

Das 1875 eingeweihte Hermannsdenkmal entwickelte sich im späten 19. und frühen 20. Jahrhundert zu einem Pilgerort der jungen deutschen Nation. Die Schlacht im Teutoburger Wald rief seit ihrer „Wiederentdeckung" durch die deutschen Humanisten unter anderem deshalb so viel Interesse hervor, weil man die jeweils aktuelle politische Situation im Reich in sie hinein projizierte. Als visuelle Repräsentation des Ereignisses war das Hermannsdenkmal deshalb seit den ersten Entwürfen im 18. Jahrhundert stets auch in hohem Maße ein politisches Symbol. Analog zum Wandel des Hermannsmythos in den letzten zweihundert Jahren wandelte sich folglich auch die Rezeption des Hermannsdenkmals,[13] das somit ein Paradebeispiel dafür bietet, dass Symbolik nicht im Artefakt liegt, sondern in Abhängigkeit von dessen Interpreten entsteht.

In diesem Rahmen soll der Hinweis genügen, dass das Denkmal in der ersten Hälfte des 19. Jahrhunderts als Monument einer Freiheitsbewegung verstanden wurde, welche die Überwindung der alten herrschaftlichen Strukturen mittels der Vereinigung der deutschen Partikularstaaten zu einem demokratischen deutschen Nationalstaat anstrebte. Dass Einheit eine Bedingung der Freiheit sein kann, hat man in Deutschland 1990 wieder erlebt. Hingegen litt die deutsche Einheit 1871 an einem Defizit an Freiheit und Demokratie. Das Hermannsdenkmal wurde von dieser Zeit an zunehmend von antidemokratischen und nationalistischen Kräften vereinnahmt.

Tatsächlich hat sich die politische Dimension der Varusschlacht weitgehend abgeschwächt und ist einer Mischung aus wissenschaftlich geprägtem Interesse einerseits und Kommerzialisierung andererseits gewichen. Das Hermannsdenkmal hat sich zu einem Ausflugsziel mit Freizeitangeboten gewandelt, das von musealen Angeboten flankiert wird, welche das Entstehen und die Rezeption des Hermannsdenkmals ebenso wie die keltischen

---

11 Zur Standortwahl siehe: Charlotte Tacke, Denkmal im sozialen Raum. Nationale Symbole in Deutschland und Frankreich im 19. Jahrhundert (Kritische Studien zur Geschichtswissenschaft 108), Göttingen 1995, S. 63–73; Unverfehrt, Hermannsdenkmal [wie Anm. 6], S. 141f.

12 Huismann, Ernst von Bandel [wie Anm. 8], S. 43f.; Tacke, Denkmal [wie Anm. 11], S. 64.

13 Zur wechselhaften Rezeptionsgeschichte des Hermannsdenkmals zuletzt: Dirk Mellies, „Symbol deutscher Einheit". Die Einweihungsfeier des Hermannsdenkmals 1875, in: 2000 Jahre [wie

Anm. 6], S. 222–228; Frank Huismann, Die Geschichte des Hermannsdenkmals seit 1875, in: Das Hermannsdenkmal. Daten, Fakten, Hintergründe, Marsberg/Padberg 2008, S. 67–93; Doyé, Arminius [wie Anm. 3]; Dirk Mellies, Die Bau- und Forschungsgeschichte des Hermannsdenkmales – ein Resümee, in: 125 Jahre Hermannsdenkmal. Nationaldenkmale im historischen und politischen Kontext, Symposium Detmold-Hiddesen 2000, bearb. von Stefanie Lux-Althoff, Lemgo 2001, S. 41–57; Tacke, Denkmal [wie Anm. 11], S. 201–244.

Abb. 2 Gedächtnis-stein an der Stelle, wo Kaiser Wilhelm 1875 bei der Eröffnung des Hermannsdenk-mals stand

Anlagen thematisieren. Die Erinnerungsfunktion des Denkmals blieb erhalten, jedoch hat sich ihre gesellschaftliche Wirkung stark verändert. Auf der Grotenburg zeigt sich das sinnfällig an einem Erinnerungsstein, der anlässlich der Einweihungsfeiern 1875 gesetzt wurde und den Ort, an welchem Kaiser Wilhelm I. bei den Feierlichkeiten stand, memo-riert (Abb. 2). Anstelle der Logen für die adligen Ehrengäste befindet sich heute ein Klet-ter-Parcours, ein Spaß für die ganze Familie, welcher die Ehrfurcht erzeugende Aura des kaiserlichen Erinnerungsmales stark relativiert.

KALKRIESE ALS ORT DER VARUSSCHLACHT

Mittlerweile hat die Grotenburg als Erinnerungsort der Schlacht im Teutoburger Wald Konkurrenz bekommen. Zu den 700 Orten, die in den letzten Jahrhunderten als Schau-platz der Varusschlacht vorgeschlagen wurden,[14] zählt seit dem 19. Jahrhundert auch ein Landstrich bei Kalkriese in der Nähe von Osnabrück.[15] Doch erst seit 1987 beflügeln neue archäologische Funde die These, dass sich dort die *clades variana* ereignet habe.[16] Die

14 Wilhelm Winkelmann, Auf den Spuren des Varus. 700 Theorien – doch keine führt zum Schlacht-feld, in: Westfalenspiegel 32/3 (1983), S. 41–46.

15 Der Vorschlag geht auf den Althistoriker Theo-dor Mommsen zurück und basiert auf der Datie-rung von Münzfunden (Theodor Mommsen: Die Örtlichkeit der Varusschlacht, in: Sitzungsbe-richte der Preußischen Akademie der Wissen-

schaften 1885, S. 63–92.). Zur Forschungsge-schichte vor 1987: Joachim Harnecker, Arminius, Varus und das Schlachtfeld von Kalkriese. Eine Einführung in die archäologischen Arbeiten und ihre Ergebnisse, Bramsche 2002, S. 30–32.

16 Der englische Offizier Anthony Clunn rückte die Umgebung von Kalkriese 1987 wieder in den Fokus der Wissenschaft, indem er dort Funde

postulierte Lokalisierung der berühmten Schlacht bei Kalkriese löste nicht nur eine kontroverse Diskussion in der Fachwelt aus, sondern wurde aufgrund eines großen medialen Echos auch einer breiten Öffentlichkeit bekannt.[17] Seither wird das Areal bei Kalkriese systematisch archäologisch erschlossen. Zu Tage gefördert wurden bisher über 5000 Fundstücke, hauptsächlich römische, kaum germanische, die auf Kampfhandlungen hinweisen, welche sich in den Zeitraum zwischen 7–16 n. Chr. datieren lassen.[18]

Während die These zunächst zahlreiche Befürworter fand, mehren sich mittlerweile die kritischen Gegenstimmen.[19] Es bleibt festzuhalten, dass Argumente für und gegen die Gleichsetzung des Gefechts bei Kalkriese mit der bei Tacitus erwähnten Schlacht im Teutoburger Wald sprechen, so dass die These bisher weder bewiesen noch widerlegt werden konnte. Dennoch setzte bald nach der Entdeckung der Funde eine Bewegung ein, die offensiv darauf hinarbeitete, in Kalkriese einen zweiten Erinnerungsort an die Varusschlacht zu etablieren. Als Legitimation diente die vermeintliche Authentizität des Ortes.

MUSEUM UND PARK KALKRIESE

Nur wenige Jahre nach der Popularisierung der These, in Kalkriese den authentischen Ort der Varusschlacht gefunden zu haben, kam die Idee auf, den Ort architektonisch zu markieren und somit ein sichtbares Zeichen der Erinnerung zu setzen. Die Varusschlacht bietet damit die seltene wie aufschlussreiche Möglichkeit, Architektur aus verschiedenen Jahrhunderten zu vergleichen, die in Erinnerung desselben Ereignisses geschaffen wurde und jeweils den Anspruch hat bzw. hatte, am authentischen Ort zu stehen. Den Kristallisationspunkt des Kalkrieser Areals bildet mittlerweile ein Bauwerk mit impliziter Erinnerungsfunktion, ein Museumsbau, der von 1998–2002 vom Züricher Architektenpaar Annette

---

machte, welche die Theorie von Theodor Mommsen erhärteten. Die Fundstücke gaben wiederum den Anlass zu systematischen Grabungen, die ab 1989 unter der Leitung von Wolfgang Schlüter durchgeführt wurden. Zur Forschungsgeschichte seit 1987: Susanne Wilbers-Rost, Hinterhalt zwischen Berg und Moor. Ein archäologischer Zwischenbericht zur Varusschlacht in Kalkriese, in: Varusschlacht im Osnabrücker Land. Museum und Park Kalkriese, hg. von der Varusschlacht im Osnabrücker Land GmbH – Museum und Park Kalkriese, Mainz 2009, S. 71–87, hier S. 73f.; Harnecker, Kalkriese [wie Anm. 15], S. 33–41.

17 Das mediale Interesse an den Grabungen bei Kalkriese ist mittlerweile selbst Gegenstand von Untersuchungen: Yvonne Jürgens, Von „blutgetränkten Böden" und „ungelösten Rätseln". Die Varusschlacht in den überregionalen Printmedien, in: Varusschlacht im Osnabrücker Land. Mu-

seum und Park Kalkriese, hg. von der Varusschlacht im Osnabrücker Land GmbH – Museum und Park Kalkriese, Mainz 2009, S. 223–231.

18 Günther Moosbauer/Susanne Wilbers-Rost, Kalkriese und die Varusschlacht. Multidisziplinäre Forschungen zu einem militärischen Konflikt, in: 2000 Jahre Varusschlacht. Konflikt, hg. von der Varusschlacht im Osnabrücker Land GmbH – Museum und Park Kalkriese, Stuttgart 2009, S. 56–67.

19 Zur Diskussion u. a.: Stephan Berke, „haud procul". Die Suche nach der Örtlichkeit der Varusschlacht, in: 2000 Jahre Varusschlacht. Mythos, hg. vom Landesverband Lippe, Kat. Ausst. Lippisches Landesmuseum Detmold 2009, Stuttgart 2009. S. 133–138; Moosbauer/Wilbers-Rost, Kalkriese [wie Anm. 18]; Wilbers-Rost, Zwischenbericht [wie Anm. 16].

Abb. 3 Museum Kalkriese (Gigon/ Guyer, 1999–2002)

Gigon und Mike Guyer realisiert wurde.[20] Die extravagante Gestalt des Bauwerks offenbart auf den ersten Blick, dass über die museale Funktion hinaus ein Zeichen gesetzt werden sollte, ein Zeichen, das die Aura des Ortes signalisiert und somit die Erinnerung visuell verankert (Abb. 3). Ein eingeschossiger, horizontaler Riegel, welcher die Ausstellung beherbergt, schwebt scheinbar über dem Gelände, bis er in die Vertikale umknickt, so dass sich an der Stirnseite ein 40 Meter hoher Turm erhebt.

GEGENÜBERSTELLUNG HERMANNSDENKMAL – MUSEUM KALKRIESE

Das Hermannsdenkmal bei Detmold wurde nachweislich auf seine Fernwirkung hin konzipiert und bildet eine weithin sichtbare Landmarke. Dazu platzierte man das Bauwerk auf dem höchsten Punkt der Grotenburg, was es zudem ermöglichte, den Aufgang zu zelebrieren.[21] Anfänglich wollte Ernst von Bandel lediglich eine Statue realisieren, doch die Vorplanungen ergaben, dass sich die gewünschte Fernwirkung trotz des exponierten Standorts nicht einstellen würde.[22] Das Bauwerk, auf dessen Dach Hermann seither steht, wurde also

---

20 Der Entwurf ging 1998 aus einem Wettbewerb unter Vorsitz von Meinrad von Gerkan als Sieger hervor. Die Eröffnung fand 2002 im Beisein des damaligen niedersächsischen Ministerpräsidenten Sigmar Gabriel statt. Zur Bauchronologie: Guyer/Gigon, Kalkriese [wie Anm. 1], S. 241; www.gigon-guyer.ch/de/museumsbauten-038_ kalkriese.html [16.9.2012].

21 Am Fuße des Berges umkreist man das Denkmal zunächst, bevor man axial nach oben hinauf schreitet. Ein kleiner Schönheitsfehler ist dabei, dass man sich dem Hermann von hinten nähert, was wohl in Kauf genommen werden musste, weil die Figur nach Westen zum Rhein blicken sollte, wo die Römer herkamen.

22 Huismann, Ernst von Bandel [wie Anm. 8], S. 46f.

primär als Sockel konzipiert, um den Recken weiter empor zu heben. Schließlich trägt auch die markante Geste des erhobenen Schwertes zur Fernwirkung des Monuments bei und verstärkt noch einmal die ohnehin schon dominierende vertikale Ausrichtung des Denkmals.

Der Erinnerungsbau von Gigon und Guyer in Kalkriese greift das vertikale Moment des Hermannsdenkmals in Form des Turmes auf, der sich über die Höhe der umgebenden Bäume erstreckt und auf diese Weise den Ort von Weitem sichtbar markiert, auch wenn die Fernwirkung aufgrund der topographischen Begebenheiten hinter dem Detmolder Denkmal zurückbleibt. Der Turm in Kalkriese ist begehbar und fungiert insofern nicht nur als Landmarke, sondern auch als Luginsland, wie das Hermannsdenkmal, dessen Sockelbau über eine Aussichtsplattform am Fuß der Kuppel verfügt. Während der Besucher in Detmold somit ehrfürchtig unterhalb der Hermannsfigur verharrt, vermittelt der Turm in Kalkriese dem Besucher hingegen die zeitliche Distanz der Varusschlacht, indem man den 40 Meter hohen Turm über 200 Treppenstufen erklimmt, die jeweils für ein Jahrzehnt stehen. Der Museumsbetreiber hat den Aufstieg durch 2000 Jahre Historie pädagogisch anschaulich aufbereitet, indem markante Daten der Weltgeschichte wie auch der Rezeptionsgeschichte der Varusschlacht vor die entsprechende Stufe geklebt wurden.

Ferner bildet auch die Konstruktion des Museums in Kalkriese als Stahlskelettbau mit vorgehängten Metallplatten eine überraschende Entsprechung zur Detmolder Hermannsfigur. Im Gegensatz zu dessen schwerem architektonischen Sockel scheint das Kalkrieser Pendant, der horizontale Ausstellungsflügel, jedoch über der Erde zu schweben, was vielleicht auch als Referenz an den Ort als Bodenarchiv gelesen werden kann.

Es stellt sich die Frage, ob in Kalkriese ein bewusster Rekurs auf oder zumindest eine Auseinandersetzung mit dem Detmolder Denkmal vorliegt, dessen vertikale Komposition folglich stark abstrahiert in eine zeitgenössische Form übersetzt worden wäre. Oder waren es die ähnlichen Anforderungen, welche die Erbauer zu ähnlichen architektonischen Mitteln greifen ließen, wenngleich sich diese formal wie inhaltlich völlig unterschiedlich artikulieren?

Das Denkmal des 19. Jahrhunderts fokussiert die Erinnerung zeittypisch auf die historische Person des Arminius und hebt folglich dessen Bild hervor, das die Vorstellungen der Zeit spiegelt und mit einer Ikonographie ausgestattet wurde, welche die damalige Sicht auf die Varusschlacht zum Ausdruck bringt. Der Erinnerungsbau des 21. Jahrhunderts verzichtet hingegen auf Figuratives wie Schmückendes und wird stattdessen aus klaren geometrischen Körpern gebildet. Durch den Verzicht auf die bildlich-ikonografische Kommunikationsebene treten die architektonischen Qualitäten und damit die Architektur selbst stärker in den Vordergrund. Geometrie und Materialität des Gebäudes erzeugen einen starken Kontrast zur umgebenden Natur und verstärken damit die Zeichenhaftigkeit des Gebäudes, ohne jedoch das Ereignis so dezidiert zu interpretieren, wie es das Hermannsdenkmal tut.

Das markante Material des Kalkrieser Museumsbaus, die braunroten Cortenstahlplatten, mit denen nicht nur die Fassaden, sondern auch die Dächer einheitlich überzogen sind, weisen indes auf die explizite Erinnerungsfunktion des Gebäudes schon in der Außenansicht hin. Corten ist eine spezielle Stahlsorte, deren Oberfläche entgegen den sonst

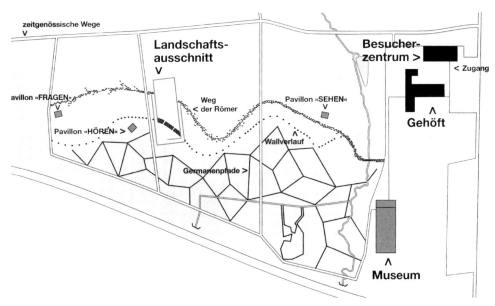

Abb. 4 Lageplan des archäologischen Parks Kalkriese (Gigon/Guyer mit Zulauf, Seippel, Schweingruber, 2002)

üblichen Regeln des Stahlbaus ohne weiteren Korrosionsschutz der Witterung ausgesetzt werden kann, denn die prägnante Rostschicht, welche den typischen Rotbraunton verursacht, soll im Gegensatz zu anderen Sorten eine schützende Patina bilden, die eine weitere Durchrostung des Stahls verhindert.[23]

Mit der Verwendung des Cortenstahls gelang es den Architekten, dem Gebäude ein zeitgemäßes Antlitz zu verleihen und trotzdem eine Brücke in die Vergangenheit zu bauen, indem der Prozess des Alterns, das Verstreichen der Zeit, mittels des korrodierten Materials sinnfällig in Erscheinung tritt. Dieser Kunstgriff zieht sich wie ein roter Faden durch die Gestaltung des archäologischen Parks Kalkriese, den Gigon und Guyer in Zusammenarbeit mit den Landschaftsarchitekten Zulauf, Seippel und Schweingruber entwickelten (Abb. 4).

Drei kleine Pavillons, welche die Besucher zum Nachdenken anregen sollen, greifen die Materialität und auch die Formensprache des Museums erkennbar auf (Abb. 5). Zierliche Stelen aus Cortenstahl veranschaulichen den Verlauf einer vergangenen Wallanlage, die vermutlich von den Germanen errichtet wurde. Den mutmaßlichen Weg der Römer zeichnen Cortenplatten, auf die zum Teil antike Texte zur *clades variana* eingraviert wurden, auf dem Boden nach.

---

23 Einführung in die Technologie des Baustoffs: Manfred Fischer, Wetterfester Stahl, Merkblatt 434 des Stahl-Informationszentrums Düsseldorf, Düsseldorf 2004.

Abb. 5 Pavillon des Fragens im archäologischen Park Kalkriese, im Vordergrund Stelen aus Cortenstahl an der Stelle eines ehemaligen Walls (Gigon/Guyer mit Zulauf, Seippel, Schweingruber, 2002)

CORTENSTAHL ALS MATERIAL FÜR ERINNERUNGSOBJEKTE

Der Einsatz von Cortenstahl als symbolisches Material für Erinnerungsobjekte hat sich in den letzten Jahrzehnten zu einer gängigen Metapher entwickelt. Ein Vorreiter, der die künstlerischen Möglichkeiten des Materials in zahlreichen Arbeiten auslotete und somit zur Verbreitung des Materials wesentlich beitrug, ist Richard Serra. Die memorative Metaphorik beschäftigte Serra allerdings weniger, so dass Werke, die in einem derartigen Sinne verstanden werden können, wie zum Beispiel die Bramme für das Ruhrgebiet von 1998, erst in jüngerer Zeit entstanden, wohingegen andere Künstler, wiederum inspiriert von Serra, sich schon früher mit der Materialsymbolik beschäftigten. Die spanische Künstlerin Susana Solano realisierte beispielsweise 1987 im Rahmen der Skulpturen-Projekte Münster eine Arbeit, bei der sie an den mittelalterlichen Buddenturm Cortenstahlplatten in einer Art und Weise anfügte, die unweigerlich Assoziationen an eine ehemalige Stadtmauer hervorrufen, welche früher auch tatsächlich dorther verlief.[24]

Eine ausgeprägte skulpturale Qualität entfaltet auch der Eingangsraum zu einer Grotte bei Niaux in Frankreich (1988–1993, Massimiliano Fuksas), der an der Schnittstelle von Skulptur und Architektur steht. Neben der zeichenhaften Wirkung spielte die Metaphorik des Vergangenen bei der Materialwahl eine Rolle, denn die Grotte ist eine bedeutende Stätte von steinzeitlichen Höhlenmalereien.

Beim 1994 fertiggestellten T-House in Wilton (Abb. 6), US-Bundesstaat New York, handelt es sich zwar nicht um einen Erinnerungsbau, sondern um das Refugium eines Schrift-

---

24 Zeitgenössische Skulptur im Öffentlichen Raum. Das Beispiel Münster, hg. von Hans Galen, Kat. Ausst. Stadtmuseum Münster 1991/92, Münster 1991, S. 48f. (Jürg Meyer zur Capellen/Violeta Reicich).

*Abb. 6 T-House, US-Bundesstaat
New York (Simon Ungers und
Tom Kinslow, 1988–1994)*

stellers, doch weist das von Simon Ungers mit Tom Kinslow entworfene Gebäude über seine homogene Cortenstahlhülle hinaus deutliche Parallelen zum Kalkrieser Museumsbau auf. Neben der klaren Komposition aus einem horizontalen und vertikalen Kompartiment fällt der Kontrast von architektonischer Form und Material zum umgebenden Naturraum auf, welcher das T-House wie eine Land Art-Skulptur wirken lässt. Das Museum von Gigon und Guyer greift dieses Konzept erkennbar auf und entwickelt es weiter.

DIE GEDENKSTÄTTE BERLINER MAUER

Mit seinem gelungenen Zusammenspiel von skulpturaler Syntax und memorialer Semantik erweist sich das Kalkrieser Museum seinerseits als wegweisend für Erinnerungsbauten. Offensichtlich von Kalkriese inspiriert wurde die Neugestaltung der Gedenkstätte Berliner Mauer an der Bernauer Straße in Berlin, wo ein authentischer Teil des ehemaligen Todesstreifens erhalten blieb. Nachdem man in den Jahren kurz nach der Wende zunächst einmal bemüht war, die unerträgliche Teilung der Stadt zu überwinden, hat sich in den letzten Jahren zunehmend ein Bewusstsein dafür entwickelt, dass Erinnerung am wirkungsvollsten am authentischen Ort mit seinen erhaltenen Relikten stattfinden kann.

Für die Konzeption einer die bestehenden Kompartimente integrierenden Erinnerungslandschaft zeichnen sich die Architekten Mola und Winkelmüller in Zusammenarbeit mit dem Landschaftsarchitekturbüro Sinai verantwortlich.[25] Das neue Besucherzentrum, das anlässlich der 20-Jahrfeier des Mauerfalls am 9.11.2009 eingeweiht wurde, präsentiert sich

---

25 Zum Wettbewerb: Bauwelt 99/3 (2008), S. 10–12.

Abb. 7 Besucherzentrum der Gedenkstätte Berliner Mauer (Mola und Winkelmüller, 2009)

als skulpturaler Baukörper, gebildet aus klaren Geometrien, in einer einheitlichen Cortenstahlhülle (Abb. 7). Ganz deutlich tritt die Anlehnung an das Kalkrieser Konzept bei der Gestaltung der Außenanlagen hervor. Dort, wo eine Lücke in den authentischen Resten der Mauer klafft, markieren Stelen aus Cortenstahl den ehemaligen Verlauf (Abb. 8). Die in den Boden eingelassenen Cortenstahlplatten mit Textgravur greifen gleichfalls eine Idee aus Kalkriese auf. In Berlin markieren die rostigen Bodenplatten allerdings Orte, an denen bestimmte Ereignisse stattfanden oder sich bestimmte Dinge befanden, welche mit der Geschichte des Mauerbaus im Zusammenhang stehen. Neue Elemente sind die multimedialen Infostelen sowie ein „Fenster der Erinnerung" genanntes Denkmal für die Maueropfer, die jeweils auch aus Cortenstahl konstruiert wurden. Völlig neu ist das rostige Material im Kontext der Gedenkstätte Berliner Mauer nicht. Bereits das 1998 fertiggestellte Mahnmal von Kohlhoff und Kohlhoff schließt den letzten, in seiner ganzen Breite erhaltenen Teil des Todesstreifens an der Bernauer Straße mit Wänden aus Cortenstahl, welche die authentische Betonmauer an Wuchtigkeit übertreffen, hermetisch ab.[26]

Ohne Cortenstahl kommt hingegen ein anderer Erinnerungsbau an der Mauergedenkstätte aus. Die Versöhnungskirche der Berliner Sophiengemeinde (1999, Reitermann und Sassenroth) besteht aus einem eiförmigen Kern aus Lehm, den ein hölzernes Lamellen-

---

26 Zum Wettbewerb: Bauwelt 85/43 (1994), S. 2370f. – Der ursprüngliche Sinn des Entwurfs, nämlich den erhaltenen Grenzstreifen in polierten Edelstahlplatten zu spiegeln und somit virtuell zu erweitern, ist mit der Entscheidung für die kürzlich fertiggestellte Erinnerungslandschaft und dem damit einhergehenden Erhalt eines längeren authentischen Mauerstückes eigentlich obsolet geworden (Vgl. Bauwelt 88/29 [1997], S. 1616). Weil die Stahloberflächen zudem stumpf geworden sind und nicht mehr spiegeln, führt das Mahnmal eher zu Missverständnissen, als zu mahnen.

Abb. 8 Corten-stahl-Stelen, die den ehemaligen Verlauf der Berliner Mauer nachzeichnen (Mola und Winkelmüller mit Sinai, 2009), im Hintergrund ein Rest der Mauer

gitter wie ein luftiger Vorhang umfängt. Dem Sakralbau liegt eine tief greifende memoriale Konzeption zugrunde.[27] In diesem Untersuchungsrahmen interessiert primär, dass der neue Kirchbau am authentischen Ort der historistischen Vorgängerkirche erbaut wurde, die beim Ausbau des menschenverachtenden Grenzstreifens in den 1980er-Jahren abgerissen wurde. Im Altarraum gibt eine Glasplatte im Boden den Blick auf Fundamentmauern der Vorgängerkirche frei, so dass die Geschichte des Ortes gegenwärtig bleibt. Mit dieser sinnstiftenden räumlichen Überlagerung ihrer Vorgängerin steht die Versöhnungskirche übrigens in einer mittelalterlichen Tradition, die zunehmend in den Fokus der Forschung rückt.[28]

AUTHENTISCHE FUNDORTE

In Folge des Museum in Kalkriese entstanden auch an anderen spektakulären archäologischen Fundorten Erinnerungsbauten in freier Landschaft, von denen sich zwei hinsichtlich der Aura des authentischen Ortes als besonders aufschlussreich erweisen. Beide Bauwerke entsprechen dem Kalkrieser Konzept insofern, als jeweils mittels einer extravaganten und

---

27 Kerstin Wittmann-Englert, Site-specific architecture. Kontextsensibles Bauen an historisch besetzten Orten, in: Kai Kappel/Matthias Müller/Felicitas Janson (Hg.), Moderne Kirchenbauten als Erinnerungsräume und Gedächtnisorte (Bild – Raum – Feier. Studien zu Kirche und Kunst 9), Regensburg 2010, S. 165–177, hier S. 173–176; Petra Bahr, Die Kapelle der Versöhnung, Lindenberg im Allgäu 2008.

28 Hauke Horn, Die Tradition des Ortes. Ein formbestimmendes Moment in der deutschen Sakralarchitektur des Mittelalters, Diss. Mainz 2012.

skulpturalen Gestaltung deutliche architektonische Zeichen in eine freie Landschaft implementiert wurden, die scharf mit der natürlichen Umgebung kontrastieren.

Zum einen handelt es sich um die sog. „Arche Nebra" (Abb. 9), die 2007 am Fundort der berühmten keltischen Himmelsscheibe in Nebra errichtet wurde (Holzer Kobler Architekturen).[29] Der obere, mit gelb eloxiertem Aluminium verkleidete und leicht gebogene Gebäudeteil rekurriert in Form und Farbe auf die sog. Sonnenbarke, eine Figur auf der Himmelscheibe, und verweist damit bildhaft auf den Zusammenhang von Ort und Artefakt. Das ist umso interessanter, als die Himmelsscheibe gar nicht vor Ort präsentiert wird, sondern im Landesmuseum für Vorgeschichte in Halle a. d. Saale, wohingegen die Arche Nebra als reines Informationszentrum am Fundort fungiert. Offenkundig ist die Aura des authentischen Fundortes in diesem Fall so stark, dass der Ort unabhängig von dem symbolisierten Artefakt mit einem Erinnerungsbau markiert wurde.

Das zweite aufschlussreiche Vergleichsbeispiel liefert das archäologische Museum Keltenwelt am Glauberg in Hessen (Abb. 10), das 2008–2011 anlässlich des dort aufgedeckten keltischen Fürstengrabes gebaut wurde (kadawittfeldarchitektur).[30] Beim teilweise schwebenden, mit Cortenstahl verkleideten Riegel, in dem die teils spektakulären Fundstücke am Fundort präsentiert werden, lassen sich formale und funktionale Ähnlichkeiten mit dem Museum Kalkriese nicht verkennen. Ungewöhnlich ist hingegen die Relation des Gebäudes zum authentischen Fundort. Kada und Wittfeld markierten nicht den Ort selbst, sondern konzipierten das Gebäude wie ein Fernrohr, das den keltischen Grabhügel anvisiert. Der authentische Ort wird auf diese Weise nicht überlagert, sondern durch den Ausblick dorthin inszeniert.

Synthese der Beobachtungen

Betrachtet man die vorgestellten Bauwerke vergleichend, so lässt sich als erstes Ergebnis festhalten, dass dem Material eine Schlüsselstellung für das Verständnis der zeitgenössischen Erinnerungsarchitektur zukommt. Das Denkmal des 19. Jahrhunderts wird durch seine figurative Darstellung und Ikonographie als Erinnerungsmonument des konkreten Ereignisses verständlich. Die neutralen Körper der vorgestellten Erinnerungsbauten des frühen 21. Jahrhunderts werden hingegen durch ihre Materialsymbolik als Erinnerungsbauten gekennzeichnet. Durch die vielfache Verwendung von Cortenstahl in diesem Kontext entstand offensichtlich eine international verständliche Symbolsprache, eine allgemeingültige memoriale Konnotation des Materials, die vor allem in Deutschland zu einer Konvention geworden zu sein scheint. Man könnte geneigt sein, Cortenstahl in Erinnerungsstahl umzubenennen.

---

29 http://www.holzerkobler.ch/de/thema/architektur/post/40 [15.9.2013].

30 http://www.kadawittfeldarchitektur.de/projekte/projekt-aktion/show/projekt-titel/keltenmuseum-am-glauberg.html [15.9.2013].

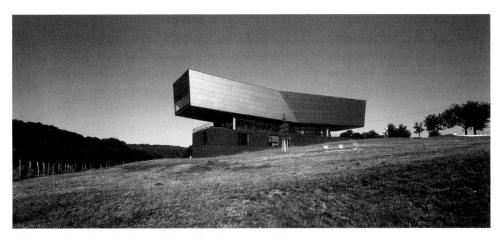

Abb. 9 Arche Nebra (Holzer Kobler Architekturen, 2007)

Prinzipiell ließe sich die grüne Patina der Kupferplatten des Hermannsdenkmals bei Detmold genauso gut wie der Rost des Stahls als Symbol vergangener Zeit verstehen – wird sie aber in der Regel nicht. Es zeigt sich, dass die Materialsymbolik interpretationsbedingt ist, die Interpretationen wiederum maßgeblich von Konventionen geprägt werden.

Die allgemeine, materialbezogene Symbolsprache zeitgenössischer Erinnerungsarchitektur birgt jedoch die Gefahr, dass das Spezielle des Erinnerungsortes in den Hintergrund gerät. Um dem entgegenzutreten, offerieren Architekten wie Architekturkritiker eine zusätzliche, ortsspezifische Interpretationsebene für die Wahl des Cortenstahls. In Kalkriese verweisen Gigon und Guyer auf die archäologischen Fundstücke aus Metall,[31] an der Berliner Gedenkstätte dient der rostige Bewehrungsstahl der Betonmauer als Referenz,[32] beim ebenfalls mit Cortenstahl gebauten Haus der Essener Geschichte,[33] um ein weiteres Beispiel zu nennen, lässt sich ein Bezug zur industriellen Vergangenheit der Ruhrgebietsmetropole herstellen.[34] Am Hermannsdenkmal wäre eine derartige Interpretationsakrobatik ironischerweise nicht notwendig, denn der Tempelsockel wurde aus Steinen gefertigt, die vor Ort auf der Grotenburg gebrochen wurden und den Ort somit authentisch repräsentieren.

Andererseits bietet die allgemeine Symbolik des Cortenstahls einen Spielraum für spätere Veränderungen. Sollte sich herausstellen, dass der Hauptschauplatz der Varusschlacht doch nicht bei Kalkriese liegt, könnten Museum und Park ohne Abstriche weiterhin als archäologisches Museum eines zweifellos bedeutsamen Grabungsareals dienen. Das

31 Guyer/Gigon, Kalkriese [wie Anm. 1], S. 238; diese Deutung findet sich auch auf der Homepage von Museum und Park Kalkriese (www.kalkriese-varusschlacht.de/varusschlacht-architektur [23.9.2012]).

32 Bauwelt 99/3 (2008), S. 11 (anscheinend zitiert aus den Wettbewerbserläuterungen der Architekten).

33 2005–2010, Scheidt und Kasprusch.

34 www.baukunst-nrw.de/objekte/Haus-der-Essener-Geschichte--1824.htm [18.9.2012]

Abb. 10 Keltenwelt am Glauberg, Hessen (kadawittfeldarchitekten, 2008–2011)

Detmolder Denkmal bleibt demgegenüber für immer ein Hermannsdenkmal, dessen Gestalt obendrein eine bestimmte Sichtweise spiegelt, die des 19. Jahrhunderts im Allgemeinen und die des Erbauers Ernst von Bandel im Speziellen. Insofern stellt es heute in erster Linie ein Erinnerungsmal an den Hermannsmythos und dessen Wandlungen dar, was vielleicht den angesichts der Debatte um Kalkriese wieder offen zu Tage getretenen Makel abmildert, nicht am authentischen Ort errichtet worden zu sein.[35] Das Hermannsdenkmal ist somit auch ein Denkmal für die politische Vereinnahmung von Erinnerung und ein Beispiel dafür, wie verschiedene Parteien um die Deutungshoheit über die Vergangenheit ringen, um die Erinnerung in ihrem Sinne zu färben.

Demgegenüber ist die Erinnerung im Museum und Park Kalkriese stärker von einer wissenschaftlichen Perspektive auf das Ereignis geprägt, welche von den Funden vor Ort ausgeht. Anstelle einer politisch konnotierten und romantisch verklärten Botschaft an die Betrachter tritt die didaktische Aufarbeitung der Fundstücke und des Geschehens im Museum. Allein die imaginierte Aura des authentischen Ortes lässt manch einen vom wissenschaftlichen Weg der sachlichen, objektiven Faktenanalyse abkommen. Obgleich es nüchtern betrachtet für das Verständnis und den Aussagegehalt der Funde nur eine geringfügige Rolle spielt, ob der militärische Konflikt bei Kalkriese mit der Schlacht im Teutoburger Wald des Tacitus gleichgesetzt werden kann, generiert genau diese Frage im Wesentlichen das Interesse am Kalkrieser Museumspark.

35 „Das Hermannsdenkmal steht am falschen Ort"
titelte z. B. die Frankfurter Rundschau am
13.4.1991.

An dieser Stelle wird ein weiterer Aspekt zeitgenössischer Erinnerungskultur erkennbar, nämlich die Kommerzialisierung der Erinnerung. Die Aura des authentischen Ortes wird in diesem Fall zum entscheidenden Wirtschaftsfaktor. Prinzipiell spricht nichts dagegen, wenn versucht wird, aus Wissenschaft Kapital zu schlagen, insbesondere wenn das Kapital auch den Forschungen wieder zu Gute kommt. Äußerst fragwürdig ist es jedoch, wenn ein Marketing einsetzt, welches die noch zu erarbeitenden Ergebnisse der Forschungen bereits vorwegnimmt und damit den wissenschaftlichen Anspruch konterkariert. Die Trägerin des archäologischen Parks und Museums Kalkriese nennt sich beispielsweise „Varusschlacht im Osnabrücker Land GmbH" und publiziert unter diesem Namen. Sogar von öffentlicher Seite wird auf Autobahnschildern für Kalkriese als Ort der Varusschlacht geworben. Vielleicht wird in ähnlicher Weise, wie das Hermannsdenkmal heute primär als Zeugnis der Politisierung des Hermannsmythos im 19. Jahrhundert gilt, Kalkriese einmal als Musterbeispiel für die Vermarktung von Erinnerung im 21. Jahrhundert in den Geschichtsbüchern stehen.

Dass Kalkriese kein Einzelfall für die Kommerzialisierung von Erinnerung darstellt, belegt, Ironie der Geschichte, das Hermannsdenkmal bei Detmold, das in jüngerer Zeit vermehrt als Werbeträger und Werbemittel herhalten musste.[36] Mit der Kommerzialisierung einher geht der zunehmende Ausbau von Erinnerungsorten zu Touristenattraktionen. Beispielsweise erhöht in Kalkriese wie in Detmold ein Kletterpark den Spaßfaktor (Abb. 2). Man mag darin eine Entgeistigung und Aushöhlung der Erinnerungsfunktion sehen. Man kann das Phänomen aber auch als Zeichen der Entpolitisierung und Entkrampfung im Umgang mit der Varusschlacht verstehen. An der Berliner Mauergedenkstätte sind derartige Freizeitvergnügungen nicht – oder sollte man besser sagen: noch nicht – denkbar. Es lässt sich kaum übersehen, dass schon heute der Großteil der Besucher die Gedenkstätte in erster Linie als Touristenattraktion auffasst.

Die Nähe zeitgenössischer Erinnerungskonzepte zur Wirtschaft verdeutlicht zudem die Umsetzung umfassender, vereinheitlichender Gestaltungskonzepte im Sinne eines *Corporate Designs*, welches dem jeweiligen Ort eine unverwechselbare Identität mit hohem Wiedererkennungswert verleiht. Die vorgestellten Erinnerungsbauten zeigen, dass *Corporate Design* mittlerweile zum Anforderungsprofil von Erinnerungsarchitektur gehört. Auch in dieser Hinsicht bietet der extravagante Cortenstahl unabweisbare Vorzüge.

Resümee

Es bleibt zu resümieren, dass Architektur und Erinnerung in Relation zum Ort stehen können, so dass sich eine Dreiecksbeziehung entwickelt. Diese Konstellation stellt sich immer dann ein, wenn ein Erinnerungsbau und der Anlass seiner Errichtung räumlich kongruent liegen. Die Gründe, welche Orte zu Erinnerungsorten machen, lassen sich differen-

---

36 Beispiele: Kat. Mythos [wie Anm. 6], S. 389.

zieren. Das Beispiel der Varusschlacht hat gezeigt, dass ein besonderes, folgenschweres Ereignis einen Erinnerungsort begründen kann. Die Tatsache, dass Ereignisse notwendigerweise einen Raum zur Entfaltung brauchen, macht den betreffenden Ort zu einem Teil des Ereignisses. Die zeitliche Dimension vergeht und kann nur noch erinnert werden, die räumliche Dimension aber bleibt erhalten, auch dann, wenn sich das Gesicht des Ortes im Laufe der Zeit verändert.

Obgleich es theoretisch betrachtet keine Rolle spielt, wo man sich eines vergangenen Ereignisses erinnert, so scheint der authentische Ort des Ereignisses die Erinnerung zu stimulieren und zu potenzieren, mitunter überhaupt erst zu begründen und zu legitimieren. Das entscheidende Kriterium ist dabei die Authentizität. Der authentische Ort beansprucht Vorrang vor den anderen Erinnerungsorten, da er selbst einen integralen Teil des Ereignisses darstellt und die Erinnerung somit bereits in sich trägt. Für die Aura des Erinnerungsortes spielt es dabei keine Rolle, ob die Authentizität tatsächlich gegeben ist oder ob sie lediglich unterstellt oder sogar bewusst konstruiert wird, entscheidend ist, dass an die Authentizität geglaubt wird. Seine spezielle Aura verliert der Erinnerungsort erst, wenn die Authentizität nachweislich nicht gegeben ist. Architektur fungiert in diesem Kontext als Zeichen, das den Ort sichtbar markiert und darüber hinaus als Katalysator des Erinnerns dient. Die Suche nach dem Ort der Varusschlacht mag ein gutes Beispiel für die Aura authentischer Orte geben.

Abbildungsnachweis

Abb. 1, 2 Hauke Horn, 2009
Abb. 3, 5 Hauke Horn, 2008
Abb. 4 aus: Guyer, Mike/Gigon, Annette: Museum und Park Kalkriese. Architektur und Landschaftsarchitektur, in: Varusschlacht im Osnabrücker Land. Museum und Park Kalkriese, hg. von der Varusschlacht im Osnabrücker Land GmbH – Museum und Park Kalkriese, Mainz 2009.
Abb. 6 aus: Jodidio, Philip: Contemporary American Architects. Volume II, Köln 1996, S. 167
Abb. 7, 8 Hauke Horn, 2012
Abb. 9 Arche Nebra (Foto: J. Lipták)
Abb. 10 kadawittfeldarchitekten (Foto: Werner Huthmacher, 2010)

Matthias Müller

Die Rückkehr der monumentalen Achsen. Das neue ThyssenKrupp Quartier in Essen und die Reflexion von Geschichte in der zeitgenössischen Architektur

1. Problem und Chance: Der Neubau der Firmenzentrale auf historisch „kontaminiertem" Gelände als Herausforderung

Als sich der ThyssenKrupp-Konzern vor wenigen Jahren dazu entschloss, seine Firmenzentrale von Düsseldorf nach Essen zu verlegen und damit, zumindest was den einen Teil der Firma betrifft, wieder an den Ausgangsort seiner Firmengeschichte zurückzukehren, sollte diese weitreichende Entscheidung zwei Signale an die Öffentlichkeit senden: Zum einen das Bekenntnis des Konzerns zum Firmenstandort Deutschland und zum anderen das Bekenntnis des Konzerns zur Region Essen und des Ruhrgebiets, dessen überkommene industrielle Struktur wesentlich durch die ehemaligen Kruppschen Stahlwerke geprägt worden ist.[1] Mit dem zweiten Bekenntnis war zugleich die Bereitschaft verbunden, von der Ertragskraft des Konzerns auch die vom industriellen wie ökonomischen Strukturwandel betroffene Stadt Essen und ihr Umland profitieren zu lassen und das riesige, 230 ha umfassende und weitgehend brachliegende Firmengelände der ehemaligen Stahlwerke Krupp (Abb. 1) zum Standort der neuen Firmenzentrale sowie zum Mittelpunkt eines großangelegten Programms einer Re-Urbanisierung und Re-Naturierung dieses heute mitten in Essen gelegenen Areals zu bestimmen. Doch der Anspruch des Unternehmens reichte noch weiter und umfasste auch die historischen Aspekte des wieder in Besitz genommenen ehemaligen Standorts der Krupp-Werke in Essen-Altendorf,[2] wo am 18. Oktober 1819 von

---

1 Thyssen Krupp Quartier, Berlin 2011, S. 8–9; ThyssenKrupp Magazin, 1/2010: Architektur, Cover-Innenseite sowie S. 49–50.

2 Die offiziellen Formulierungen des Konzerns lauten: „Als Kernstück eines neu entstandenen Stadtteils verkörpert der offene Campus das dynamische Wechselspiel zwischen historischer Standortverbundenheit und gelebter Internationalität genauso wie den Wunsch nach Dialog und Bewegung" (ThyssenKrupp Magazin, 1/2010: Architektur, Cover-Innenseite). „In Es-

sen hat 1811 die Konzerngeschichte mit einer kleinen Gussstahlfabrik namens Krupp begonnen und hier wird sie jetzt fortgeschrieben. Das ist etwas Besonderes. […] Ich denke, ich spreche für alle Konzernmitarbeiter, wenn ich sage, dass wir uns dieser historischen Dimension bewusst sind. (Ralph Labonte, Personalvorstand der ThyssenKrupp AG, in: ThyssenKrupp Magazin, 1/2010: Architektur, S. 50). „Auf diesem historischen Gelände ‚geerdet', steht unser neues Quartier damit genauso für die Wahrung des Bewähr-

Abb. 1: Die Krupp-Stahlwerke auf einer Ansichtskarte von ca. 1913

Friedrich Krupp das erste Gussstahlwerk der Firma eröffnet worden war. Denn der Konzernleitung der ThyssenKrupp AG und ganz besonders dem mit ihr verbundenen Vorsitzenden des Kuratoriums der Alfried Krupp von Bohlen und Halbach-Stiftung, Berthold Beitz, war sehr wohl bewusst, dass sie den Neubau der Konzernzentrale nicht nur auf dem einstigen Produktionsgelände der Firma Krupp errichteten, sondern auf einem Gelände, das durch seine Nutzung für die Waffenproduktion im Ersten und Zweiten Weltkrieg und die Bombardierung durch die Alliierten zugleich die politischen und geschichtlichen Verwerfungen Deutschlands seit dem ausgehenden 19. Jahrhundert markiert.

Mit dem Wissen, dass der neue Firmensitz auf industriegeschichtlich bedeutendem, aber auch in Teilen historisch kontaminiertem Boden stehen würde, dessen Kontamination noch dazu in erheblichen Maße durch die Firmengeschichte von Krupp selbst und damit von einem wichtigen Teil des heutigen ThyssenKrupp-Konzerns verursacht worden war, ist es offensichtlich vor allem für den altgedienten, ehemaligen Konzernlenker Berthold Beitz (Abb. 2) ein besonderes Anliegen gewesen, dieses spannungsreiche geschichtliche Moment des neuen Firmenstandorts auch in dessen Architektur gespiegelt zu sehen. Der Geschichte des Standorts sollte bei den Bauplanungen ein großes Gewicht zukommen und das ansons-

ten wie für neuen Schwung, für die Verwirklichung von Visionen" (Ralph Labonte, Vorwort, in: Thyssen Krupp Quartier, Berlin 2011, S. 9).

Abb. 2: Berthold Beitz
(1913–2013)

ten den Planungsprozess überwiegend bestimmende Leitbild eines zukunftsgerichteten, international, interkulturell und global agierenden Technologie-Konzerns mit dem Bekenntnis zur eigenen Firmenvergangenheit mit ihren sowohl hellen als auch dunklen Stellen verbinden. Auf diese Weise gehörte das historische Moment bzw. das Moment der Historizität von Anfang an mit zu den konstitutiven Parametern des Planungsgeschehens und des vom Konzern ausgelobten Architekturwettbewerbs. Allerdings, und dies sei an dieser Stelle kritisch vermerkt, erschließt sich diese inhaltliche Dualität aus globaler Zukunftsorientiertheit und historischer Verantwortung nur in geringem Maße über die publizistisch aufbereitete Selbstdarstellung des Konzerns und seines Bauprojektes. Denn sowohl in der aus Anlass der Fertigstellung der neuen Konzernzentrale herausgegebenen Sondernummer des Thyssen-Krupp-Magazins zum Thema „Architektur" als auch in dem opulent ausgestatteten Buch „ThyssenKrupp Quartier" (2011) wird die Vorgeschichte des Bauplatzes nahezu ausschließlich im Sinne einer Werksgeschichte im Kontext einer rasanten Industrialisierung gewürdigt, an deren abruptes Ende durch die Bombardierung im Zweiten Weltkrieg es nun unter neuen Vorzeichen anzuknüpfen gilt. Dabei werden jedoch die alten, von Rüstungspolitik und Militarismus geprägten Vorzeichen nicht mit der nötigen Klarheit benannt. Ohne weitere Hintergrundinformationen vermittelt sich so dem Leser das Selbstbild eines Konzerns, der sich zwar zum historischen Standort Essen bekennt und dafür seine Firmenzentrale sogar wieder zurück auf das historische Firmengelände der Firma Krupp verlegt, der sich aber ansonsten nicht allzu lange mit der Vorgeschichte des Standorts aufhalten möchte, um sich umso zielstrebiger der Schaffung einer von Aufbruch, Dynamik und Innovationskraft kündenden neuen Firmenarchitektur zuzuwenden. Diese kritischen Bemerkungen sollen nicht die Ernsthaftigkeit in Zweifel ziehen, mit der offenkundig das äußerst aufwendige Projekt einer Wiederbelebung und Neugestaltung des verwaisten Krupp'schen Werksgeländes betrieben wurde, jedoch auf einen problematischen Widerspruch verweisen, der letztlich auch das Ergebnis des Architekturwettbewerbs bestimmen sollte.

Abb. 3: Philippe Chaix am 22. März 2010 während der Veranstaltung „Schauspielhaus: Neubau oder Sanierung. BDA Montagsgespräch zum aktuellen Stand der Planung" im Domforum Köln

Diesem bewusst offen durchgeführten Wettbewerb, bei dem internationale Stararchitekten und unbekannte Architekturbüros miteinander konkurrieren sollten, kam die Aufgabe zu, den besten Entwurf für das künftige architektonische Erscheinungsbild der neuen Konzernzentrale zu entwickeln, bei dem sowohl die Verweise auf die Firmengeschichte als auch auf das neue, von technologischer Innovation und ökologisch-sozialer Nachhaltigkeit bestimmte Leitbild des Konzerns durch ein ästhetisch wie intellektuell anspruchsvolles Architekturkonzept sichtbar gemacht werden. Als eine wichtige Vorgabe war den Teilnehmern aufgegeben, keine Hochhausarchitekturen zu konzipieren, sondern sich an der lockeren Struktur eines Campus zu orientieren, um so die gewünschte Offenheit und Transparenz der neuen Firmenzentrale zu erreichen.[3] Die Entscheidung der Jury bot eine Überraschung. Denn als Sieger ging aus dem Wettbewerb keiner der großen Namen hervor, sondern das bis dahin außerhalb Frankreichs wenig bekannte Architekturbüro Chaix & Morel (Abb. 3), das seinen Entwurf gemeinsam mit dem in Köln ansässigen, erst im Jahr 2000 gegründeten Kölner Büro JSWD Architekten entwickelt hatte. Die herausragenden Fähigkeiten von JSWD nicht zuletzt auf dem Gebiet der Fassadengestaltung zeigten sich 2010, dem Jahr der Fertigstellung des ThyssenKrupp Quartier, auch in dem Neubau des Transferzentrums für Adaptronik (Abb. 4) für das Darmstädter Fraunhofer-Institut für Betriebsfestigkeit und Systemzuverlässigkeit. Hier thematisiert die Fassade auf geradezu bildhafte Weise die Komplexität des Wissenschaftsgebiets Adaptronik, das sich mit dem Aufbau selbstanpassender Struktursysteme befasst. Dabei wird das Forschungsgebiet der Adaptronik in der architektonischen Fassadengestaltung auf die Grundaspekte von Aktion und Reaktion reduziert und durch Form, Funktion, Materialwahl und Materialbehandlung in eindrucksvoller

---

3 Siehe hierzu auch die Aussage von Martin Grimm, Vorsitzender Geschäftsführer der ThyssenKrupp Real Estate GmbH, in: Corporate Architecture. Interview, in: Thyssen Krupp Quartier, Berlin 2011, S. 23.

Abb. 4: JSWD: Transferzentrum für Adaptronik des Fraunhofer-Instituts für Betriebsfestigkeit und Systemzuverlässigkeit in Darmstadt (2010)

Abb. 5: JSWD: Hotel Quai de Seine, Paris (2008)

Weise der Fassade eingeschrieben. Mit einem anderen, zwei Jahre zuvor, 2008, gemeinsam mit Chaix & Morel realisierten Projekt konnten beide Architekturbüros bereits ihre Kompetenz bei der Beachtung vorgegebener historischer Dispositionen unter Beweis stellen. Damals konzipierten sie am Hafenbecken des Pariser Stadtteils La Villette für ein brandzerstörtes historisches Speichergebäude einen Ersatzbau, das sog. Hotel Quai de Seine (Abb. 5), das durch sein Gebäudevolumen nicht nur wieder die Symmetrie zum stehengebliebenen gegenüberliegenden Speichergebäude herstellen sollte, sondern überdies die ehemalige Umrissform des zerstörten Altbaus in kreativer Weise paraphrasierte.

2. Historizität als Ordnungsstruktur und Materialästhetik: Der Siegerentwurf von Chaix & Morel und JSWD Architekten

2.1 Der Firmencampus als „Versailles"

In welcher Weise nutzten die befreundeten Architekturbüros diese solchermaßen vorgeführten Kompetenzen für die besondere Aufgabenstellung des ThyssenKrupp Quartiers,

Abb. 6: Modell des mit dem 1. Preis prämierten Entwurfs von Chaix & Morel und JSWD Architekten für das ThyssenKrupp Quartier

das zugleich ihr bis dahin größtes Projekt war? Betrachtet man die Grundstruktur des Entwurfs (Abb. 6), so fällt als erstes die strenge Axialität auf, mit der das vorgegebene Campus-Modell einem strikten Ordnungssystem unterworfen wurde. Anders als etwa bei Mies van der Rohes Entwurf für den Campus des Illinois Institute of Technology in Chicago (Abb. 7), wo die Gebäude in ebenfalls strenger Anordnung einen zentralen Platz umstehen, bilden die Gebäude auf dem ThyssenKrupp-Campus eine richtungsbetonte Achse aus, deren eines Ende sich in Richtung der Stadt Essen öffnet, während sich am anderen Ende der alles überragende Bau der Konzernverwaltung und -leitung, das sog. Gebäude Q1 (Abb. 8), erhebt. Durch diese richtungsbetonte Achse sowie das nahezu 50 Meter emporragende Hauptgebäude der Konzernzentrale vermittelt der Campus des ThyssenKrupp Quartiers weniger das für das IIT in Chicago charakteristische Bild einer Konzentration auf die Mitte der zentralen Platzanlage, als vielmehr das für vormoderne Repräsentationsarchitekturen des 17. und 18. Jahrhunderts charakteristische Bild einer Konzentration auf ein zurückliegendes, erhabenes Zentrum, dem sich die übrigen an der Mittelachse liegenden Gebäude, darunter auch das längsgestreckte Empfangs- und Konferenzgebäude Q2, unterordnen. Die damit zwangsläufig einhergehende Monumentalisierung wird in Essen noch zusätzlich durch die Besetzung der zentralen Achse mit einem rechteckigen, sich über nahezu die gesamte Fläche erstreckenden Wasserbecken gesteigert, auf dessen Wasseroberfläche sich das Hauptgebäude Q1 spiegelt und dadurch seine optische Verdoppelung erfährt (Abb. 9). Es ist nicht zu weit hergeholt das von Chaix & Morel und JSWD Architek-

Abb. 7: Mies van der Rohe: Illinois Institute of Technology Chicago (Fotomontage der projektierten Gebäude in das Stadtbild) (1947)

ten für Essen entwickelte Campus-Konzept mit einer barocken Schlossanlage wie der von Versailles (Abb. 10) zu vergleichen, womit der ThyssenKrupp-Campus unweigerlich eine architekturhistorische Rückkoppelung erfährt, die dem von den Bauherren gewünschten Architekturbild einer Dynamik, Offenheit und Transparenz vermittelnden Struktur durchaus widerspricht. Selbst wenn es weder dem Willen der Bauherren noch dem der Architekten entsprochen haben wird, mit ihrem Konzept an die historisch bedeutenden und in ihrer Repräsentationslogik eindeutig absolutistisch besetzten Ordnungsstrukturen des französischen Ancien Régime anzuknüpfen, so ist genau dies zumindest formal geschehen. Die Grunddisposition der Firmengebäude, die in ihrer Gesamtheit das Bild einer zukunftsoffenen Firmenarchitektur vermitteln sollen, wurde somit in das geschichtsträchtige Muster einer zentralisierenden Ordnungsstruktur eingeschrieben, die eher die Vergangenheit als die Zukunft evoziert und erkennbar einer auf Außenwirkung zielenden Repräsentationsabsicht dient.

Das zentrierende und zugleich repräsentative Moment der axialen und auf ein überhöhtes Zentrum ausgerichteten Campus-Struktur ist damit Teil einer aus der Geschichte geborgten architektonischen Autoritäts- und Würdeform, die die alte, allmählich gewachsene industrielle Ordnungsstruktur des ehemaligen Fabrikgeländes der Krupp'schen Eisenwerke radikal überschreibt und dadurch auch jede Erinnerung an die einstige industrielle Nutzung auslöscht. Seine Entsprechung findet dieser Vorgang einer strukturellen Überschreibung und Auslöschung in der weitreichenden Ausräumung und Tiefenent-

Abb. 8: Ansicht der Gesamtanlage des ThyssenKrupp Quartiers Essen mit dem Hauptgebäude Q1 am Ende der Mittelachse

Abb. 9: ThyssenKrupp Quartier Essen mit dem Hauptgebäude Q1 am Ende der durch das Wasserbassin geprägten Mittelachse

Abb. 10: Schloss Versailles im Ausbauzustand von 1668 (Gemälde von Patel Pierre, 1668, Versailles)

trümmerung des brachliegenden Fabrikgeländes, in dessen Folge nicht nur sämtliche oberirdisch noch vorhandenen baulichen Zeugnisse, sondern auch der historische industriearchäologische Untergrund restlos verschwanden.[4] Wenn nicht noch in Campusnähe das 1961 aus Anlass des 150-jährigen Firmenjubiläums rekonstruierte ehemalige Aufseherhaus (Abb. 11) aus dem frühen 19. Jahrhundert (errichtet 1818) stünde, das der Familie Krupp von 1824 bis 1861 als erstes Wohnhaus unmittelbar auf dem Werksgelände diente und heute als sog. Stammhaus eine geradezu reliquienhafte Inszenierung erfährt, und wenn nicht an der Altendorfer Straße das bereits 1935 in Auftrag gegebene Tiegelgussdenkmal des Berliner Bildhauers Artur Hoffmann erhalten geblieben wäre, das Szenen der Entstehung des Kruppschen Tiegelstahls zeigt und am 13. Juni 1955 von Alfried Krupp von Bohlen und Halbach am heutigen Standort enthüllt wurde,[5] wir hätten keinerlei sichtbare Anhaltspunkte, aus denen sich die Vorgeschichte des Firmengeländes erschließen ließe.

Zumindest den Architekten muss diese ‚auslöschende' Überschreibung einer historisch vorhandenen Struktur und der strukturelle Zusammenhang ihres Campus-Entwurfs mit einem Barockschloss bewusst gewesen sein. Denn in einem Gespräch mit dem Architekturkritiker Dieter Bartetzko, der die Assoziation eines „Château" ins Spiel bringt, weist einer der Architekten, Philippe Chaix (vgl. Abb. 3), darauf hin, dass bei einer Präsentation im Wettbewerb der Begriff des „Château" durchaus gefallen und „einmal kurz [das franzö-

---

4 „Außerdem haben wir das gesamte Gebiet mit Brecheranlagen durchpflügt, um Fundamente der Gussstahlfabrik abzuräumen und den Boden für die Umsetzung der Wasserachse absolut glatt einzuebnen (Ralph Labonte, Personalvorstand der ThyssenKrupp AG, in: ThyssenKrupp Magazin, 1/2010: Architektur, S. 54).

5 Delia Bösch, Krupp entdecken. Auf den Spuren der drei Ringe, Essen 2011.

Abb. 11: Das 1961 rekonstruierte Stammhaus der Familie Krupp auf dem ThyssenKrupp-Campus

sische Renaissanceschloss] Chenonceau erwähnt" worden sei (Abb. 12). Um keinen falschen Verdacht aufkommen zu lassen, fügt Chaix sogleich an, dass dieser Vergleich „aber nicht im Sinne eines Schlosses, sondern im Sinne der Einbindung der Architektur in die Natur, mit dem Wasser"[6] gemeint gewesen sei. Hier hätte der Architekturkritiker zurückfragen müssen, was er aber nicht tat. Denn es ist schon auffällig, wenn die Architekten zwar Chenonceau nennen, nicht jedoch Versailles bzw. eine vergleichbare Schlossanlage, mit der der ThyssenKrupp-Campus wesentlich mehr gemeinsam hat als mit dem am und über einem Fluss errichteten Schloss Chenonceau. Obwohl also im Diskussionsprozess des Wettbewerbsverfahrens für den Campus-Entwurf von Chaix & Morel sowie JSWD Architekten durchaus die historischen Gene des Entwurfs identifiziert wurden, blieb es am Ende bei einer halbernst gemeinten Assoziation, wodurch die historische Dimension der gewählten Ordnungsstruktur sogleich wieder ausgeblendet wurde. In den publizierten Statements reduziert sich das Motiv der zentralen Wasserachse und ihres monumentalen, vom Hauptgebäude Q1 gebildeten End- bzw. Ausgangspunktes auf ein rein gestalterisches Element, das – wie es Philippe Chaix im Gespräch mit Dieter Bartetzko formulierte – dem Gedanken eines „Herzstücks", „Mittelpunkts" und „Bindeglied[s] zwischen allen Elementen" Ausdruck verleiht.[7] Dadurch gerät jedoch vollkommen aus dem Blick, wie sehr die Struktur der neuen Firmenzentrale von ThyssenKrupp auch auf der zeichenhaften Ebene mit dem unprätentiösen Erscheinungsbild des alten Firmensitzes im sog. Dreischeibenhaus in Düsseldorf (Abb. 13) bricht und wie stark der Entwurf des Campus neben seinen

---

6 Corporate Architecture. Interview, in: Thyssen Krupp Quartier, Berlin 2011, S. 26.

7 Ebd., S. 27.

Abb. 12: Schloss Chenonceau (Indre-et-Loire), 16. Jahrhundert

Verweisen auf Repräsentationsmuster vergangener Epochen auch aktuelle Tendenzen in der Repräsentationsarchitektur aufgreift, wie sie maßgeblich durch die Neugestaltung des Défense-Viertels in Paris unter dem französischen Präsidenten François Mitterand und die Errichtung des Berliner Bundeskanzleramtes unter Bundeskanzler Helmut Kohl begründet wurden.

2.2 Stereometrische barocke Monumentalität und Zentralität im Repräsentationsbau der Gegenwart: Ein Vergleich mit dem Pariser Arche de la Défense und dem Berliner Bundeskanzleramt

Mit beiden Projekten, der 1989 eingeweihten Grande Arche de la Défense (Abb. 14) und dem 2001 eröffneten Berliner Bundeskanzleramt (Abb. 15), wird in der Repräsentationsarchitektur Frankreichs und Deutschlands ein Paradigmenwechsel anschaulich, der besonders für Deutschland zugleich den Bruch mit einem bis dahin weitgehend beachteten Tabu bedeutet. Dieses Tabu bezog sich grundsätzlich auf die Anwendung von Symmetrie, Axialität und Monumentalität für Repräsentationszwecke im Medium der Architektur, da diese Elemente für Bauherren wie Architekten nachhaltig vom totalitären Ungeist des Nationalsozialismus infiziert erschienen. Entsprechend wurden „Antisymmetrie, Antiaxialität und Antimonumentalität […] geradezu zum ‚demokratischen' Programm in der Architektur stilisiert", wie es der Architekturhistoriker Winfried Nerdinger formulierte.[8] An diesem

---

8 Winfried Nerdinger, Ein deutlicher Strich durch die Achse der Herrscher. Diskussionen um Sym- metrie, Achse und Monumentalität zwischen Kaiserreich und Bundesrepublik, in: Romana

Abb. 13: Dreischeibenhaus in Düsseldorf (Architekten: Helmut Hentrich und Hubert Petschnigg, 1957–1960)

Credo orientierten sich *grosso modo* sowohl der Staat als auch die Unternehmen und errichteten entweder mehr oder weniger elegante Hochhaustürme (wie beispielsweise das Bonner Abgeordnetenhochhaus „Langer Eugen"), die zudem ökonomisch eine maximale Ausnutzung der Bodenfläche ermöglichten, oder formal neutrale, bis zur Tristesse reichende Verwaltungsgebäude, zu denen auch das in dieser Hinsicht vielzitierte, 1976 eingeweihte Bonner Bundeskanzleramt (Abb. 16) der Planungsgruppe Stieldorf gehört. Dieses Gebäude hat der Kunsthistoriker und Architekturkritiker Heinrich Klotz als Bestandteil einer „Rechnungshofarchitektur" und als „schwarzen Tripelkatafalk" kritisiert, der den Ein-

---

Schneider/Wilfried Wang (Hg.), Macht und Monument, Ostfildern-Ruit 1998, S. 87–99, hier: S. 97.

Abb. 14: Paris: Grande Arche de la Défense (Architekten: Johan Otto von Spreckelsen und Paul Andreu, 1984–1989)

druck erwecke, „als müsse der gesamte stählerne Raumkäfig in schwärzester Seriosität eine anhaltende Schwermut ausbrüten".[9]

Spätestens nach der 1990 erfolgten Wiedervereinigung der beiden deutschen Staaten musste sich dieses immer deutlicher geäußerte Unbehagen an einem – wie es der Bonner Staatsrechtslehrer Josef Isensee 1992 formulierte – „Untermaß an Staatsrepräsentation"[10] in einer Gegenbewegung Bahn brechen und explizit ein neues Repräsentationsbewusstsein und eine neue Bildhaftigkeit in der Staatsarchitektur fordern. Dabei dürfen wir die

9 Heinrich Klotz, Ikonologie einer Hauptstadt – Bonner Staatsarchitektur, in: Martin Warnke (Hg.), Politische Architektur in Europa, Köln 1984, S. 399–416, hier: S. 400 und S. 403.

10 Josef Isensee, Staatsrepräsentation und Verfassungspatriotismus, in: Jörg-Dieter Gauger/Justin Stagl (Hg.), Staatsrepräsentation, Berlin 1992, S. 223–241, hier: S. 239.

Abb. 15: Berlin: Bundeskanzleramt (Architekten: Axel Schultes und Charlotte Frank, 1997–2001)

Forderung nach Bildhaftigkeit durchaus wörtlich verstehen, blieb doch das solchermaßen mit Verve vorgetragene Verlangen nach einer geradezu ikonischen Repräsentationsarchitektur nicht unbeeinflusst von der Wirkmächtigkeit der neuen Medien, die – bis heute anhaltend – gesellschaftliche, soziale, ökonomische und politische Kommunikationsprozesse zunehmend über das Medium des Bildes steuern und dabei auch inszenieren. Der seit den 1990er-Jahren in der Architektur verstärkt sichtbare „Hunger nach Bildern" (um einen bekannten Buchtitel des Kunsthistorikers Wolfgang Max Faust für die Baukunst zu verwenden[11]) speist sich somit maßgeblich durch die neue Bedeutung einer medialen Vermittlung politischer Inhalte (bzw. aus politischen, sozialen wie ökonomischen Geltungsansprüchen abgeleiteter Inhalte), was ein bezeichnendes Licht auf das bemerkenswerte Wechselverhältnis zwischen zeitgenössischer Repräsentationsarchitektur und einer das kommunikative Handeln bestimmenden Medienrezeption wirft.

Für die Verwirklichung dieses in Deutschland seit dem Ende des Dritten Reiches weithin verpönten und nun mit aller Macht wieder eingeforderten Anspruchs einer neuen ikonischen, inhaltlich argumentierenden Repräsentationsarchitektur stellt das Berliner Bundeskanzleramt (vgl. Abb. 15) von Axel Schultes und Charlotte Frank eine wichtige Inkunabel dar, die bei aller geäußerten Skepsis und Kritik doch zugleich auch den neuen Maßstab verkörperte, nach dem im wiedervereinigten Deutschland nicht nur der Staat, sondern auch die Wirtschaft ihren Wunsch nach einer bildhaft ,sprechenden', individualisierten Repräsentationsarchitektur, die sich nicht in der belanglosen gläsernen Monumen-

---

11 Wolfgang Max Faust, Hunger nach Bildern.
   Deutsche Malerei der Gegenwart, Köln 1982.

Abb. 16: Bonn: ehemaliges Bundeskanzleramt (Architekten: Planungsgruppe Stieldorf, 1973–1976)

talität von Wolkenkratzern erschöpft, ausrichten konnte.[12] An diesem 2001 durch das Berliner Bundeskanzleramt und damit durch ein demokratisches Staatswesen geschaffenen Maßstab orientiert sich auch noch das ThyssenKrupp Hauptquartier, selbst wenn dies keiner der Verantwortlichen offen zugeben würde. Dabei geht es weniger um die gestalterischen Details als vielmehr um die große Geste und ihre formale Disposition, die im Bundeskanzleramt gewissermaßen vorgeprägt wurde. Diese Disposition bestimmt im Wesentlichen eine strenge Axialität und Achsensymmetrie sowie die Monumentalität eines zentral am Ende der Achse platzierten, überhöhten Hauptgebäudes (in Berlin das Leitungsgebäude des Bundeskanzlers, in Essen das Leitungsgebäude der Konzernspitze). Dass das Bundeskanzleramt in Berlin darüber hinaus Teil einer übergreifenden „Achse des Bundes" ist, auf der auch die Bürogebäude der Bundestagsabgeordneten sowie das immer noch ausstehende Bürgerforum angesiedelt sind, verschafft eine zusätzliche Bedeutungsfacette, die für unsere Überlegungen aber vernachlässigt werden kann. Sowohl in Berlin als auch in Essen sind die Grundformen der Gebäude streng stereometrisch und öffnet sich der in beiden Fällen ebenfalls nahezu quadratische Kubus des Hauptgebäudes in seiner Mitte durch eine monumentale Verglasung für inszenierte Ein- und Ausblicke.[13]

---

12 Zum Berliner Bundeskanzleramt siehe Hans Wefing, Kulisse der Macht. Das Berliner Kanzleramt, Stuttgart/München 2001; siehe auch – mit Schwerpunkt auf einer Analyse der wichtigsten Wettbewerbsentwürfe – die vom Verfasser betreute unpublizierte Magisterarbeit von Christian Katschmanowski, Ein Zeichen der Macht? Die Entwürfe für den Neubau des Bundeskanzleramtes in Berlin, Johannes Gutenberg-Universität Mainz 2012.

13 Für die kubische, nahezu würfelförmige Grundform des Berliner Bundeskanzleramtes und seine Grundrissdisposition hat Axel Schultes als historischen Referenzbau im Übrigen die Hagia Sophia und damit die wichtigste Kirche des byzantinischen Reiches beansprucht (Wefing, Kulisse

Wie sehr dieses neue Denken in Achsensymmetrien und monumentalen Überhöhungen im Entwurfsprozess des Bundeskanzleramtes nicht nur das Büro von Axel Schultes und Charlotte Frank bestimmte, sondern auch einen Teil der Mitbewerber antrieb, belegt ein Blick auf den wichtigsten Konkurrenzentwurf, der von dem damals noch völlig unbekannten Berliner Büro Krüger, Schuberth und Vandreike (KSC) (Abb. 17) eingereicht wurde. Auch dieses Architekturbüro wählte eine streng axial ausgerichtete und selbst im architektonischen Detail noch vom rechten Winkel bestimmte Grundstruktur, an deren Hauptende sich als monumentaler, stereometrischer Kubus das Leitungsgebäude des Bundeskanzleramtes erheben sollte. Konkurriert, so ließe sich fragen, das neue ThyssenKrupp Hauptquartier damit am Ende mit der ikonischen Wirkungskraft des Berliner Bundeskanzleramtes, was ja – ein wenig zugespitzt zu Ende gedacht – die Aneignung einer die Bundesrepublik Deutschland repräsentierenden Architekturform durch ein in Deutschland angesiedeltes, jedoch global agierendes Privatunternehmen bedeuten würde?

Wenn man so weit nicht gehen möchte, kann man noch einen anderen Bezugspunkt ausfindig machen, der außerhalb Deutschlands liegt und auf den sich letztlich auch in seiner grundlegenden Intention der Entwurf des Berliner Bundeskanzleramtes bezieht. Diesen Bezugspunkt verkörpert die Grande Arche de la Défense (vgl. Abb. 14) in Paris, die absichtsvoll am 14. Juli 1989, rechtzeitig zum 200-jährigen Jahrestag der Französischen Revolution durch den französischen Staatspräsidenten Mitterand persönlich vor den Gästen des damals in Paris tagenden Weltwirtschaftsgipfels eingeweiht wurde.[14] Die Errichtung der Grande Arche im damals bereits bestehenden Pariser Geschäfts- und Bankenviertel La Défense, das eines der wichtigsten französischen Finanzzentren bildet, war von Mitterand mit einer vielschichtigen, in ihrer Kernaussage aber eindeutigen programmatischen Absicht verbunden: der kraftvollen architektonischen Vergegenwärtigung staatlicher Autorität aus dem Geist der Französischen Revolution wie der französischen Republik an einem Ort, der ansonsten eher den Gesetzen der Ökonomie bzw. eines liberalisierten

---

[wie Anm. 12], S. 213f.). In diesem Kontext gehören letztlich auch die den Kubus nach oben hin abschließenden monumentalen halbkreisförmigen Bögen. Der von ihm angestellte Vergleich mit der einstigen Hauptkirche von Byzanz bezieht sich allerdings nur auf die formale Gestaltung und die Raumwirkung der Hagia Sophia, nicht aber auf ihre ursprüngliche politische Bedeutung. Dennoch lässt sich die überwältigende Raumarchitektur der Hagia Sophia kaum von ihrer ursprünglichen historischen Bedeutung trennen, was wiederum ein bezeichnendes Licht auf ihre Rezeption im Berliner Bundeskanzleramt wirft. Zur grundlegenden Bedeutung der Hagia Sophia für die Raumkonzeptionen von Schultes siehe Wefing, Kulisse [wie Anm. 12], S. 169–171.

14 Zur Grande Arche de la Défense siehe vor allem die Analyse von Ernst Seidl, La Grande Arche in Paris. Form, Macht, Sinn (Schriften zur Kulturwissenschaft 17), Hamburg 1998. Siehe auch Ders., Monument im Dienst der Demokratie? La Grande Arche in Paris, in: Hermann Hipp/Ernst Seidl (Hg.), Architektur als politische Kultur – Philosophia practica, Berlin 1996, S. 311–326; Ders., Grand Axe – Paris, in: Helmut Engel/Wolfgang Ribbe (Hg.), Via triumphalis: Geschichtslandschaft „Unter den Linden" zwischen Friedrich-Denkmal und Schloßbrücke, Berlin 1997, S. 131–145; Ders., Grands Projets: Grande Nation? Mitterrands Kunst der Politik war seine Politik der Kunst, in: Andreas Pribersky/Berthold Unfried (Hg.), Symbole und Rituale des Politischen (Historisch-anthropologische Studien, Bd. 4), Frankfurt a. M. 1999, S. 239–254.

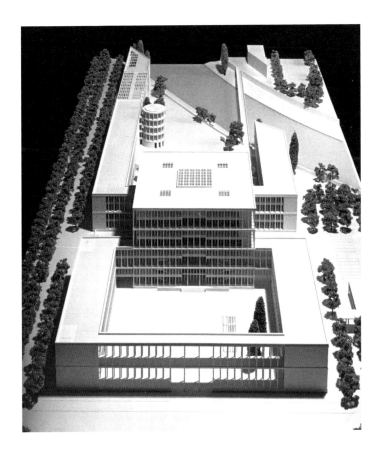

Abb. 17: Krüger, Schuberth, Vandreike: Entwurf für das Berliner Bundeskanzleramt (Wettbewerbsmodell, Ansicht von Osten)

Finanzkapitalismus gehorchte. Doch der Ort bot darüber hinaus noch auf andere Weise Gelegenheit für die Entfaltung symbolischer Gesten. Denn La Défense befindet sich in der Verlängerung der berühmten Pariser Königsachse, die beim Louvre bzw. den Tuilerien ihren Ausgangspunkt besitzt und über die Champs-Élysées und den Arc de la Triomphe hinaus ins Pariser Umland verläuft. Auf diese Weise konnte die wie ein großes Portal oder Fenster erscheinende Umrissform der Arche de la Défense auch wie das zeitgenössische Gegenstück zum historischen Triumphbogen auf der Pariser Place d'Étoile (heute: Place de Charles de Gaulle) verstanden werden. Für diese selbstbewusste Geste des französischen Staates und seines Präsidenten, der damit sowohl Bezüge in die triumphale Vergangenheit von Paris und Frankreich als auch zur modernen Gegenwart der Fünften Republik herstellte und nicht ohne Hintersinn das komplette Obergeschoss der Grande Arche einer internationalen Stiftung für Menschenrechte zur Nutzung überließ, war aber kein französischer, sondern ein dänischer Architekt verantwortlich: der Kopenhagener Akademieprofessor Johan Otto von Spreckelsen. Von Spreckelsen wählte für seinen Entwurf die Grundform eines riesigen, an jeder Seite 110 bzw. 106 Meter messenden Würfels, dessen Inneres unbebaut und somit hohl blieb, so dass der bereits erwähnte Eindruck eines monumentalen Durchgangs oder Fensters entstand, von dem aus die Passanten nach dem Willen des Architekten symbolisch entweder in Richtung des alten Stadtzentrums, d. h. in die Vergangenheit, oder in Richtung der sich neu formierenden Vororte, d. h. in die städtebauliche Zukunft von Paris gehen können.

Es darf davon ausgegangen werden, dass zumindest dem Büro Chaix & Morel die Grande Arche de la Défense nicht unbekannt gewesen ist, schließlich liegt sie sozusagen direkt vor ihrer Haustür. Von daher dürften auch die Parallelen zwischen der Grande Arche und dem ThyssenKrupp-Campus nicht zufällig sein. Sowohl die Grundform als auch das architektonische Konzept der Grande Arche lassen sich ohne weiteres mit dem Campus von ThyssenKrupp und dem ebenfalls würfelartigen Hauptgebäude Q1 vergleichen, dessen frei gelassene und durchfensterte Mitte nach Aussage der Verantwortlichen ebenfalls ein Fenster zur Stadt wie zum Umland verkörpern soll. Weiterhin sollte man auch davon ausgehen, dass zumindest Philippe Chaix und Jean-Paul Morel die semantischen, ikonologischen Implikationen der Arche de la Défense geläufig gewesen sind, als sie ihren ThyssenKrupp-Campus planten. Von daher ist es bemerkenswert, wie leichtfüßig sie ein Architekturkonzept, das ursprünglich für die Präsenz eines aus der Revolution hervorgegangenen republikanischen Staatswesens am Ort des Finanzkapitalismus entwickelt worden war, auf die Bedürfnisse des ThyssenKrupp-Konzerns übertrugen und dadurch die vorhin konstatierten Traditionsbezüge zu vormodernen absolutistischen Ordnungsstrukturen mit Verweisen auf die Adaption dieser tradierten Ordnungsstruktur durch einen sozialistischen französischen Staatspräsidenten anreicherten. Dieser spannungsvolle Dialog zwischen zwei streng axial ausgerichteten Ordnungssystemen aus einer vormodernen und einer modernen Epoche französischer Staatlichkeit mag dem Vorstand der ThyssenKrupp AG kaum bekannt und für das Architekturbüro Chaix & Morel vielleicht nur das Ergebnis einer willkommenen, in Paris vorgefundenen Gestaltungsanregung gewesen sein, doch ändert dies nichts an der Tatsache, das dem ThyssenKrupp-Campus genau diese geschichts- und bildmächtigen Traditionslinien wiedererkennbar eingeschrieben worden sind.

Welche Bedeutung eine solchermaßen subkutan und bildhaft in Anspruch genommene Historizität auf lange Sicht für die Firmenkultur und das Selbstbild des ThyssenKrupp-Konzerns haben wird, kann hier nicht entschieden werden. Bemerkenswert ist aber, wie dominierend die Anleihen an den symbolisch aufgeladenen, zeichenhaften Staatsarchitekturen sowohl der Vergangenheit als auch der Gegenwart erscheinen und wie gering der Anteil einer auf die eigene Firmengeschichte unmittelbar verweisenden Architektursprache ausfällt. Wenn es zu solchen Verweisen auf die eigene Geschichte kommt, dann fast nur im Medium der Materialästhetik. Hier haben Chaix & Morel und JSWD Architekten eine großartige und ausgesprochen kreative Entwurfsarbeit geleistet, indem sie die Forderung nach energetischer Nachhaltigkeit für die Gebäude des Campus nutzten, um raffinierte und materialästhetisch ausgesprochen kostbare Verschattungssysteme zu entwickeln. Diese wurden in Form von unterschiedlich zugeschnittenen Lamellen bzw. Sonnensegeln (Abb. 18) konzipiert, die allesamt aus Edelstahl von ThyssenKrupp bestehen und vom Konzern auch selbst produziert worden sind. Auf diese Weise hat sich der Konzern nicht

*Abb. 18: ThyssenKrupp
Quartier, Essen: Sonnen-
schutzsystem des
Gebäudes Q1*

nur ein technologisch herausragendes Sonnenschutzsystem spendiert, sondern darüber
hinaus durch das Material Stahl und die Verarbeitung im eigenen Konzern eine vollkommen eigenständige und originelle Fassadenikonographie entwerfen lassen, die einerseits
auf die historische Ära als weltweit führender Stahlfabrikant und andererseits auf die aktuelle und zukunftsorientierte Ära als global agierender Technologiekonzern verweist. Vor
allem die ca. 400.000 Sonnenlamellen des Hauptgebäudes Q1 (vgl. Abb. 18), die auf rotie-
rende Achsen montiert dem Sonnenstand folgen und dadurch das Fassadenbild dynamisch
verändern, werden so zu ikonischen Elementen einer modernen Form der *architecture
parlante* oder nüchterner formuliert: zu Bestandteilen einer firmenspezifischen corporate
identity. ThyssenKrupp spricht von der „optischen Visitenkarte des Gebäudes".[15] In gleicher

---

15 ThyssenKrupp Magazin, 1/2010: Architektur,
   S. 58.

Abb. 19: Wexner Center for the Visual Arts in Columbus (Ohio) (Architekt: Peter Eisenman, 1983–1989)

Weise werden auch die ausgesprochen edel in einem Champagnerton schimmernden und dennoch kostengünstig von ThyssenKrupp wiederum selbst hergestellten Feinblechpaneele gedeutet, die bestimmte Fassadenpartien an den Gebäuden verkleiden, darunter die gesamte Innenfassade des Hauptgebäudes Q1.[16]

Vor diesem anspruchsvollen Versuch einer über die Materialästhetik sich ereignenden architektonischen Zeichenhaftigkeit, die auf abstrakte Weise sowohl das geschichtliche Moment als auch das Moment von Gegenwart und Zukunft zu veranschaulichen versucht, vermag die Behandlung des einzigen wirklich historischen Relikts (oder zumindest seiner bildhaften, 1961 rekonstruierten Form), das Stammhaus der Familie Krupp (vgl. Abb. 11), am Ende nicht mehr zu überzeugen. Durch seinen Standort außerhalb des eigentlichen Campus wird es quasi ausgegrenzt und erscheint inmitten der Grünanlagen eher wie der „Folly" eines englischen Landschaftsgartens oder wie die liebevoll historisierende Kulissenarchitektur eines bekannten süddeutschen Freizeitparks. Die fehlende Einbindung des einzigen einigermaßen historischen Architekturrelikts aus der Gründungsgeschichte des Konzerns lenkt unser Augenmerk daher abschließend auf eine interessante Alternative, die zeigen kann, wie der Konzern seinen Campus und die Wiederinbesitznahme des geschichtsträchtigen Firmengeländes vom Prinzip her hätte auch gestalten lassen können.

---

16 Ebd., S. 59.

Abb. 20: Wexner Center for the Visual Arts in Columbus (Ohio) (Architekt: Peter Eisenman, 1983–1989): Passage durch und entlang des Hauptgebäudes in Form einer Gitterstruktur

3. DIE GESCHICHTE DES ORTES ALS RÄUMLICHE STRUKTUR UND ARCHÄOLOGISCHE REKONSTRUKTION: PETER EISENMANS KONZEPT FÜR DAS WEXNER CENTER OF VISUAL ARTS ALS ALTERNATIVE

Diese Alternative bietet – vom Prinzip her – das Konzept des Wexner Center for the Visual Arts (Abb. 19) in Columbus (Ohio), für das der amerikanische Architekt Peter Eisenman 1989 einen bemerkenswerten, da die topographischen und historischen Bezüge des Ortes sichtbar machenden Entwurf lieferte.[17] Dabei überschrieb er nicht nur Teile des Campus auf abstrakte Weise mit dem Straßenraster der nahe gelegenen Stadt Columbus, die er dadurch zeichenhaft (in Form einer das Straßenraster aufgreifenden Fußgängerrampe) bis auf den Campus verlängerte und dort mit dem Raster des Campus selbst (in Gestalt einer die Hauptgebäude durchquerenden Gitterstruktur, Abb. 20) in Beziehung setzte,[18] sondern öffnete vor den beiden historischen Gebäuden der Universität sprichwörtlich den Erdboden, um so die dort im Untergrund verborgen liegende Vorgeschichte des Campus-Geländes wie ein Archäologe freizulegen und ihr altes architektonisches Erscheinungsbild zumindest partiell zu rekonstruieren.[19] Seitdem erheben sich aus dem Untergrund vor den beiden alten Universitätsbauten die kulissen- und versatzstückhaft rekonstruierten Frag-

---

17 Zur Planungsgeschichte und Konzeption siehe Wexner Center for the Visual Arts, The Ohio State University, Hg. von Eisenman Architects and Richard Trott and Partners, New York 1989.

18 Alexander Tzonis/Liane Lefaivre/Richard Diamond, Architektur in Nordamerika seit 1960, Basel/Berlin/Boston 1995, S. 261.

19 James Steele, Architektur heute, München 1998, S. 203.

mente eines noch älteren Gebäudes (vgl. Abb. 19), das mit seiner angedeuteten historistischen Wehrarchitektur auf den Standort eines längst verschwundenen Zeughauses bzw. Militärmagazins aus dem 19. Jahrhundert hinweist. In seinen theoretischen Schriften hat Peter Eisenman dieses Konzept einer die vorgefundenen Orte und Strukturen sowohl beschreibenden als auch überschreibenden, rekonstruierenden und rekontextualisierenden Architektur mit den Begriffen der Überlagerung *(Superposition)*, der Dislozierung *(Dislocation)* sowie des Palimpsests verknüpft und mit der Sichtbarmachung von verborgen liegenden bzw. verdrängten *(repressed)* Textelementen einer sich permanent verändernden Bedeutungsgeschichte von Orten verglichen.[20]

Blicken wir von hier aus auf den ThyssenKrupp-Campus, so wird deutlich, wie wenig die an sich großartige und anspruchsvolle Architektur von Chaix & Morel und JSWD Architekten der vom Bauherrn – neben der Demonstration von Innovationskraft – auch beanspruchten Reflexion des historischen Ortes gerecht wird. Das sorgfältig rekonstruierte Stammhaus der Familie Krupp (vgl. Abb. 11), das nach der Errichtung des Campus und der Tilgung aller dort einstmals vorhandenen industriegeschichtlichen Spuren[21] jeden erkennbaren Ortsbezug verloren hat und nunmehr entkontextualisiert auf einer grünen Wiese steht, vermag das bestehende konzeptionelle Defizit jedenfalls nicht auszugleichen.

ABBILDUNGSNACHWEIS

Abb. 1, 2, 6-20 Archiv des Verfassers und des Instituts für Kunstgeschichte und Musikwissenschaft der Universität Mainz
Abb. 3 Raimond Spekking / CC-BY-SA-3.0; via Wikimedia Commons
Abb. 4 Fraunhofer-Institut LBF
Abb. 5 JSWD Architekten

---

20 Peter Eisenman, Architecture and the Problem of the Rhetorical Figure, in: Re:Working Eisenman, London/Berlin 1993, S. 54--57, hier: S. 56.

21 Den bis zum Neubau des Campus vorhandenen Reichtum an aussagekräftigen Überresten, die an die vergangene Industriegeschichte des Ortes erinnerten, beschreibt selbst der historische Abriss im ThyssenKrupp-Magazin auf fast schon poetische Weise: „So müssen versunkene Städte aussehen. Üppige Vegetation überwuchert ein unüberschaubares Gelände. Verlassene Straßen und Plätze verschwinden zunehmend unter wild wachsenden Büschen. Kaskaden von Efeu und wildem Wein bedecken Wälle und Mauern. Vereinzelt stehen noch verwitterte Backsteingebäude mit blinden oder zerbrochenen Fenstern. Anderswo sind von der ehemaligen Bebauung nur noch Fundamente, Grundmauern und Fußböden zu sehen. Schlanke Birkenstämme wachsen zwischen verrosteten Bahnschienen und Versorgungsleitungen…" (ThyssenKrupp Magazin, 1/2010: Architektur, S. 62).

Gebaute Geschichte oder posthistorische Beliebigkeit?

Wolfgang Pehnt

Rom hat mehr als sieben Hügel.
Der Städtebau des Zitierens

Es wirkt wie ein großes Verwirrspiel quer durch die Zeiten. Rom galt als das *caput mundi*, das Haupt der Welt. Auf sieben Hügeln gelegen, verkörperte es über zwei Jahrtausende hinweg den Inbegriff einer Metropole. Wie groß es gewesen sei, lehrten noch seine Ruinen, schrieb ein römischer Reiseführer im 16. Jahrhundert (Abb. 1).[1] *Nova Roma,* das Neue Rom, nannte Kaiser Konstantin seine neu gegründete Kapitale in der östlichen Hälfte des Römischen Reiches (Abb. 2). Nach dem Tode des Imperators erhielt sie seinen Namen, Konstantinopel. *Roma secunda* war ihr Ehrentitel in der zeitgenössischen Literatur. Die Legende will es, dass der Kaiser seinen Senatoren die Übersiedlung vom Tiber an den Bosporus erleichterte, indem er ihre Paläste und Villen am Goldenen Horn als Kopien ihrer römischen Heimstätten errichtete.[2] Man habe sogar römische Erde nach Konstantinopel transportiert, um sie dem Mörtel der Neubauten beizumischen.

Rom ist auch anderswo

Den Titel eines *dritten* Rom reklamierte Moskau; danach werde es ein viertes Rom nicht mehr geben. Der Anspruch ging auf das 15. Jahrhundert zurück, als Zar Iwan III. („der Große") die Nichte des letzten Kaisers von Byzanz heiratete, Schutzherr der orthodoxen Kirche wurde und die Verwirklichung des Gottesstaats durch das „Heilige Russland" zum Programm erhob.[3] Als „Rom des Nordens" empfahlen sich mehrere Städte: Bamberg, Bremen, Köln, Salzburg, Trier. Im 18. Jahrhundert wollte sogar ein namentlich nicht bekannter Kleriker die Prozessionswege, die sich im päpstlichen Rom zwischen den sieben Hauptkirchen der Stadt eingespielt hatten, auf die Sancta Colonia übertragen wissen.[4]

Solche Beziehungsspiele kannte man nicht nur im Abendland. Das Kongresshaus in Washington, bauliche Verkörperung republikanischer Tugenden, übertrumpfte das römische Capitol bei weitem mit dem eigenen Neubau und legte sich denselben Namen zu:

1 Francesco Albertini, Opusculum de mirabilibus novae et veteris urbis Romae (1510), dt. hg. v. August Schmarsow, Heilbronn 1886.

2 Jacob Burckhardt, Die Zeit Constantins des Großen, Basel 1853, Hamburg 2012, S. 413, unter Berufung auf den Anonymus des Banduri.

3 Günter Bandmann, Mittelalterliche Architektur als Bedeutungsträger, Berlin [10]1994, S. 239.

4 Jan Pieper, Das Labyrinthische. Über die Idee des Verborgenen, Rätselhaften, Schwierigen in der Geschichte der Architektur (Bauwelt Fundamente 127), Basel/Boston/Berlin [2]2009, S. 84.

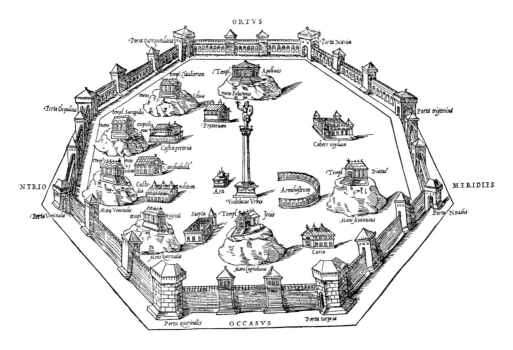

Abb. 1: Rom zur Zeit des Servius Tullius, Holzstich von 1527

Capitol. Ein Nebenflüsschen des Potomac, des Flusses nahebei, hieß Tiber, ein Stück Land unterhalb des Kapitolhügels sogar Rome. Obelisken wurden als prägende Markierungen aufgestellt, der höchste als Washington Monument nahezu im Schnittpunkt der beiden städtischen Hauptachsen – *cardo* und *decumanus*. Vorbild war die römische Stadtplanung unter Papst Sixtus V. Ende des 16. Jahrhunderts, deren Achsen auf die Hauptkirchen der Stadt zielten. Es blieb nicht bei Anspielungen. Man nahm den Vergleich ernst. 1901, als das Stadtbild Washingtons unansehnlich geworden war, schickte die US-amerikanische Regierung eine Expertenkommission über den Atlantik. In einer siebenwöchigen Studienreise erkundete sie Europa. Sie verständigte sich aber schnell darauf, die Probleme ihrer Kapitale „im römischen Sinne zu bearbeiten".[5] Rom am Potomac, ein neues *caput mundi*.

So geht es weiter durch die Stadtbaugeschichte der westlichen Welt: ein Zitat nach dem anderen. Städte folgten dem Vorbild von Städten. Chicago suchte sich um die vorletzte Jahrhundertwende von der Nachrede des geschäftstüchtigen Pragmatismus zu befreien, indem es sich in ein Paris des Mittleren Westens mit Boulevards und Schmuckplätzen

---

5 John Reps, Monumental Washington, Princeton, N.J. 1967.

der werlt   Blat CCXLIX

Von bestreitung der statt Constantinopel im .M.cccc.liii.iar bescheben.

Constantinopel die statt ein stůl des orientischen kaiserthumbs vnd ein einige behawßūg kriechischer weißheit ist in disem iar am andern tag des monats Junij von Machmeto dem fürsten d Tůrckē fünftzig tag belegeret mit gewalt vnnd waffen bestritten. verwüestet vnd besleckt worden im dritten iar des reichs desselben Machumets. der dañ dise statt zu land vnd wasser vmbschrencket vnd vil vnzallich körbe mit weyde gezeündt damit sich die feynd bedeckten an die graben rucket vnd den thurn bey sant Romans thor mit einer große mechtigen büchßen zertriedet vnd nyderschoße also das der einfal des erckers oder der worweere den grabe außfüllet vnd also ebnet/das die feind darüber einen weg haben mochten. Als aber der Tůrck die mawrn an dreyen orten mit staynen verletzet vnd schier verzweiflet do vnderstund er sich auß ertrachtung eins treflosen verheyten cristen schife von der höhe vber einen pühel abzelassen. Nw hett die statt ein lange vnd enge pforten gegen dem auffgang der sunnen aneinander gepundne schiff vnd mit einer ketten befestigt. daselb sthinein zekomen den feynde nicht müglich was. vnd auff das aber d Tůrck die statt noch mer einwendig vnd vmblegerij möcht so ließe er in der höhe auf dem pühel den weg ebnen vnd die schiff auß vnderlegten fassen wol bey.lrr.roßlawfen schieben vnd machet vom gestadt gegen Constantinopel ein pugk bey.rrr.roßlawffen lang von holtz mit weyn fassen vnderlegt/darauff das heer zu der mawrin lawssen mocht. Also wardt die statt Constantinopel vnnd auch Pera gestürmet. die mawr vnd die thor beschoßen. vnd die ôber mawr ersteigen. also das die feinnd die burger in der statt mit staynwerffen ser beschedigten vnd in dem einlawff der pforten bey achthunndert rittern auß den Lateinischen vnd Kriechischen ermôrten vñ erschlügen vnd eroberten die statt. Alda warde der Kriechisch kayser Constantins paleologus enthawbt. alle menschen sechs iar vnd darüber alt erschlagen. die briester vnd alle closterlewt mit mancherlay marter vnd peyn getôdt. vnd das ander volck mit dem schwert ermordt. vnd ein sôlchs plůtuergießen das plůtig beche durch die stat fluß. So warden die heilligen gotzhewser vnnd tempel erbermlich vnd grawsamlich besleckt vñ enteeret vnd vil vnmenschlicher boßheit vñ myßtat durch die wůetenden Tůrcken gegen dem cristenlichen plůt geübt. vnd das geschahe nach erpawung der statt Constātinopel M.c. rrr.iar. oder da bey.

Abb. 2: Konstantinopel in Hartmann Schedels Liber Chronicarum, 1493

verwandeln wollte: *Paris at the Lake,* des Lake Michigan nämlich. Paris, das antike Lutetia, das sich seinerseits zahlreiche Anregungen Roms zu eigen gemacht hatte, wurde schon unter Ludwig XIV. und erst recht im 19. Jahrhundert von der mondänen Welt als Muster zeitgenössischer Lebensart gefeiert. Berlin wiederum nahm den Wettbewerb mit der „Hauptstadt des 19. Jahrhunderts"[6] auf. Man ritt auf dem neu angelegten Kurfürstendamm in Richtung Grunewald wie die Pariser auf der Avenue Foch in den Bois de Boulogne. Historisch handelten die Berliner richtig, als sie vor ein paar Jahren bei Sanierungsarbeiten das Brandenburger Tor mit Kunststoffplanen verhängten, auf denen Eiffelturm und Arc de Triomphe abgebildet waren (Abb. 3). Paris war ein Kriegs- und Sehnsuchtsziel der Preußen gewesen. Es war die glanzvolle Stadt des 19. Jahrhunderts, aber auch des Erbfeinds, den es zu überflügeln galt.

Was brachte und bringt Städte dazu, sich auf andere Städte zu beziehen? Eine ansehnliche Ahnentafel verdeutlichte Machtansprüche. Für diesen Anspruch stand im Falle Roms die Erinnerung an das die damalige Welt umspannende Imperium Romanum. Später war es die Funktion als Sitz des Stellvertreters Christi auf Erden, die dauerhaft die Bedeutung der Stadt auch in den Jahrhunderten geltend machte, in denen die Bevölkerungszahl Roms weit unter der anderer europäischer Städte lag und der Papst anderswo im Exil lebte.[7] In allen Erneuerungsbewegungen der Kirche, in den Reformationen und Kirchenkämpfen stellte die Ewige Stadt eine Macht dar, die als beharrende Kraft oder als verhasster Gegner, in jedem Fall aber als stets präsente, im wörtlichen Sinn katholische, nämlich allumfassende Kirche, als Sitz der Kurie und ihrer Institutionen, als Wallfahrtsstätte und Gnadenort jedem in Europa gewärtig war. Rom war ein Synonym für geistliche Macht. *Roma locuta, causa finita.*

DIE STADT DAVIDS

In dieser Eigenschaft, als geistliche Kapitale Europas, hatte Rom *eine* Konkurrenz, die unschlagbar war, weil sie zur Hälfte nicht von dieser Welt war: Jerusalem. Im abendländischen Kulturkreis einschließlich des östlichen Mittelmeerrandes gab es keine Stadt von ehrwürdigerem Rang. Jerusalem war der erwählte Ort dreier Weltreligionen. Für sie stellte Jerusalem die Weltmitte dar (Abb. 4). Die Stadt Davids war und ist den Juden heilig. Sie ist die Stadt Jesu Christi: Der Felsen Golgatha bedeutete für die Christen das Zentrum der Welt.[8] Vom Tempelberg soll der Prophet Mohammed gen Himmel aufgefahren sein: So zählt Jerusalem auch zu den heiligen Stätten des Islam. „Jerusalem ist der Nabel der

---

6 Walter Benjamin, Die Hauptstadt des XIX. Jahrhunderts, in: Ders., Gesammelte Schriften, Bd. 5: Das Passagen-Werk, TeilBd. 1, Frankfurt 1982.

7 Um 1500 zählten nur vier europäische Städte mehr als 100 000 Einwohner: Konstantinopel, Neapel, Paris und Venedig.

8 Werner Müller, Die Heilige Stadt. Roma quadrata, himmlisches Jerusalem und die Mythe vom Weltnabel, Stuttgart 1961, S.179ff.

Abb. 3: Berlin, Brandenburger Tor, Kunststoffplane mit Darstellung Pariser Baudenkmäler, 2000

Länder, die königliche Stadt, in der Mitte der Welt gelegen", soll Papst Urban II. ausgerufen haben, als er im Jahre 1095 im auvergnatischen Clermont zum ersten Kreuzzug ins Heilige Land aufrief.[9]

Jerusalem war das Herz der Welt, die Burg Christi, die Mutter aller Städte, älter und ehrwürdiger selbst als Rom. Wer von Jerusalem sprach, konnte das himmlische Jerusalem meinen, wie es die Offenbarung des Johannes beschwor, oder die reale Stadt in Judäa, wie sie die Pilger und Kreuzfahrer des Mittelalters erlebten, oder beides. Denn für die Reisenden des Mittelalters legte sich das in den heiligen Schriften beschworene Idealbild, die Vision des vom Himmel herabfahrenden Jerusalem, über den Ort, den sie mit den eigenen Sinnen erlebten. Sie prägte die Wahrnehmung, prägte auch alle textliche oder bildliche Wiedergaben. Die Idee des Neuen Jerusalem übertrug sich auf den Kirchenbau, auf die Stadt, auf den ganzen Erdkreis. Auf den *mappae mundi*, den frühen Weltkarten wie der Ebstorfer, ist Jerusalem als Mittelpunkt der Welt eingetragen.

Auch dort, wo Plandarstellungen zugleich beobachtete Details wiedergaben, hielten sie sich an eines der Schemata, die sich in der Tradition der kosmologisch orientierten Kartographie herausgebildet hatten. Die Apokalypse des Johannes hatte das himmlische Jerusalem als quadratisch beschrieben, die Mauern aus kristallklarem Jaspis, die Stadt aus reinem Gold, versehen mit zwölf Toren. Tatsächlich besaß die historische Stadt zur Entstehungs-

---

9 Robertus monachus. Historia Jherosolimitana, in: Recueil des Historiens des Croisades. Historiens occidentaux, Bd. 3, Paris 1866, S.717ff.

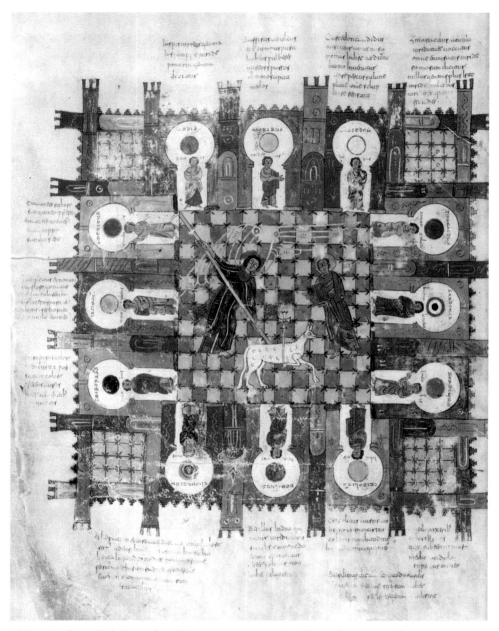

Abb. 4: Das himmlische Jerusalem. Miniatur aus einem Apokalypsenkommentar des Beatus von Liébana, dem sog. Beato de San Miguel de Escalada (10. Jh.). New York, Pierpont Morgan Library, M. 644

Abb. 5: Jerusalem. Das Heilige Grab in der Grabeskirche, Holzstich aus dem Nordisk Familjebok, Ende 19. Jh.

zeit des Alten Testamentes weder vier noch zwölf, sondern sieben Tore, und auch ihr Grundriss bildete eine Figur, in der nur guter Wille ein Quadrat, geschweige denn einen Kreis sehen konnte. Auch Augenzeugen, die jahrelang in Jerusalem gelebt hatten, gingen entgegen der jederzeit nachprüfbaren Wahrnehmung vor Ort von einer idealen geometrischen Gestalt der Stadt aus.[10]

Himmlisches und irdisches Stadtwesen überlagerten sich in den Köpfen. Die heiligen Stätten des irdischen Jerusalem wurden überall im alten Europa nachgebildet, die Grabeskirche, das Heilige Grab selbst (Abb. 5, 6), der Kalvarienberg, auch die Heilige Stiege vor dem Hause des Pilatus. Die an heilige Stationen gebundene Prozessionsliturgie, die sich in Jerusalem bis zu der zehn km entfernten Geburtsstätte Jesu in Bethlehem erstreckte, setzte sich in vielen anderen Bischofsstädten durch. Reiseberichte beflügelten die Vorstellungen der Bauherren und Baumeister, seit der Neuzeit auch mit verwertbaren Angaben. Doch das Himmlische Jerusalem konnte, wie sich versteht, niemand darstellen. Der Künstler konnte es nur in Hoffnung und Glauben vorwegnehmen. Es bot die metaphysische Dimension, die das Bild der heiligen Stadt jeder wörtlichen Nachahmung entrückte. Wenn Tore oder Türme die geheiligte Zwölfzahl erreichten wie an der Landseite der staufischen Stadtmauer in Köln, umso besser. Erforderlich war es nicht.

---

10 Müller, Die Heilige Stadt [wie Anm. 8], S. 56f.

Abb. 6: Florenz, San Pancrazio, Nachbildung des Heiligen Grabes von Leone Battista Alberti, 1467

Lehrreich ist die Geschichte, wie die Florentiner noch im Quattrocento Sachkundige nach Jerusalem schickten, um das Heilige Grab zu studieren und auszumessen, damit der berühmte Leone Battista Alberti es nachbilden konnte. Wer heute die Kirche San Pancrazio in Florenz betritt (meist ist sie leider geschlossen), sieht sich einem schatullenartigen Marmorgehäuse in reiner Florentiner Frührenaissance gegenüber. Hatten die Herren deswegen die beschwerliche Fahrt übers Mittelmeer auf sich genommen? Ihnen genügten einige wenige Kriterien, der Zentralraum, die Maßverhältnisse vor allem (aber nicht die absoluten Maße), um die Vergleichbarkeit ihrer Schöpfung mit dem heiligen Vorbild herzustellen. Vier Jahrhunderte zuvor war Abt Wino von Helmarshausen, den der Bischof von Paderborn nach Jerusalem geschickt hatte, im Prinzip ähnlich vorgegangen wie die Florentiner Abgesandten. Dass der Bau in San Pancrazio immerhin eine Laterne aufweist wie das Heilige Grab in Jerusalem, zeigt, dass der Blick auf Realien sich zu schärfen begann.

Abb. 7: Venedig, Piazzetta mit Turm S. Marco und Dogenpalast

Techniken der Imitatio

Mit den Nachbildern Roms verhielt es sich zunächst nicht anders. Dem vergleichenden Auge musste nicht Genüge getan werden. Schon in der originalen Metropole am Tiber fällt es nicht leicht, auf die – abermals heilige – Siebenzahl ihrer Hügel zu kommen, auch den Archäologen nicht. Gehört der Aventin dazu oder nicht? Und warum wurden die Hügel auf dem westlichen Ufer des Tiber nicht mitgezählt, der Monteverde, der Vatikan, der Gianicolo? In Konstantinopel, Moskau oder gar in Washington, dem Zweiten, Dritten, x-ten Rom, wird noch mehr Phantasie verlangt, um sieben Hügel zu identifizieren, damit die Analogie zum Vorbild einigermaßen nachvollziehbar bleibt.

Diese weite, für heutige Augen geradezu unfassbare Distanz zwischen dem historischen Modell und der nachfolgenden Ausführung war für die Entwicklung der Städte entscheidend. Denn sie gab den planenden Herrschern oder Bürgern die Freiheit, die profane Realität nach ihren eigenen Gesetzen auszubilden. So konnten sie den jeweils anderen topographischen Voraussetzungen folgen, den Verteidigungsnotwendigkeiten, den kulturellen Vorstellungen und der Wohlfahrt der Bewohner oder der technischen Realisierbarkeit der Baumaßnahmen. Diskrepanz zwischen Vor- und Nachbild gewährte den Spielraum, der für jede schöpferische Leistung unerlässlich ist. Dass also Rom mehr als sieben Hügel hatte, war geradezu eine Bedingung für die Adaptierbarkeit des Modells. Es stellte alle Nachahmer von der allzu wörtlichen Übernahme frei.

Mit anderen Worten: Diese Techniken der Imitatio unterschieden sich grundsätzlich von den Retrospektiven, die in späteren Jahrhunderten und erst recht in unserem Säkulum im Schwange sind. Vergleichbarkeit im Äußeren spielte noch keine Rolle und gewann erst in der Neuzeit an Wichtigkeit. Visuelle Ähnlichkeit, wo sie herstellbar war, setzte sich erst allmählich durch. Die behauptete Wesensgleichheit galt zunächst unendlich viel mehr als das Erscheinungsbild. Maße und die reale Präsenz von Spolien und Reliquien sicherten den Vergleich. Wesensgleichheit betraf die Substanz, das Erscheinungsbild den Augenschein. Die eine bediente das mythische Wissen, das andere den touristischen Blick.

VENEDIG, ERFOLG EINES MARKENSYMBOLS

Der Sachverhalt, der unsere Techniken der Rückholung grundsätzlich von denen älterer Zeiten unterscheidet, lässt sich verdeutlichen an den Nachwirkungen einer Stadt, die zur Nachbildung geradezu herausfordert, obwohl ihre strategischen und topographischen Voraussetzungen sehr besondere waren: Venedig (Abb. 7). Ihre prekäre Existenz in den unberechenbaren Lagunen, die Internationalität der „erlauchten Republik des heiligen Markus", ihre Mittlerposition zwischen Orient und Okzident, zwischen Levante einerseits und transalpinem Europa andererseits, ihre bis in die Neuzeit bestehende Machtposition und nicht zuletzt ihre triumphale Verklärung in Literatur, Architektur und Kunst übten jahrhundertelang Faszination auf Festlandeuropa aus.

Zudem spielte ihre republikanische, wenn auch von der Oligarchie großer Familien beherrschte Staatsform eine herausragende Rolle in den Diskussionen, die im 16. und 17. Jahrhundert über die ideale Staatsform geführt wurden. Die austarierten Machtverhältnisse zwischen ihren Verfassungsorganen, Räten und Ausschüssen bis hinauf zum Dogen, die wechselseitigen Kontrollmöglichkeiten der Instanzen und die elaborierten Wahlverfahren der Gremienmitglieder und Beamten hatten über mehrere hundert Jahre Bestand. Ungeachtet aller Missbrauchsfälle galt die Staatseinrichtung Venedigs daher weithin als Vorbild.

Auch die venezianischen Patriziergeschlechter legten – wie ihresgleichen in anderen italienischen Städten – Wert auf römische Herkunft, die mit Hilfe waghalsig konstruierter Stammbäume behauptet wurde. Die republikanische Verfassung des Stadtstaates diente als besonders überzeugender Beleg dafür, dass Venedig als *altera Roma,* als Neues Rom das Erbe der römischen Republik angetreten habe. Daher bevölkerte das Personal der antiken Sagen- und Historienwelt die Bildprogramme der Stadtpaläste am Rialto und der Villen auf der *terra ferma,* allen voran der römische Kriegsheld und Staatsmann Scipio Africanus. Der große Architekt Andrea Palladio ging so weit, Venedig als einziges Beispiel zu preisen, das von der Größe und Herrlichkeit der Römer übrig geblieben sei.[11]

Den Anspruch auf eine Nachfolge Roms bekräftigten in dieser Stadt, die über keinerlei Ruinen aus römischer Zeit verfügte, zwei an prominenter Stelle aufgestellte Statuengruppen. Die Quadriga an der Fassade von S. Marco, inzwischen zum Schutz der Originale

---

11 Andrea Palladio, I quattro libri dell'architettura, Venedig 1570. Dt.: Die vier Bücher zur Architektur, übers. u. hg. von Andreas Beyer und Ulrich Schütte, Zürich/München 1983, S. 18.

durch Kopien ersetzt, ist das einzige erhaltene antike Viergespann überhaupt. In Rom hatten die kupfernen Rösser ursprünglich auf dem Triumphbogen des Nero gestanden. Bei der Verlegung der Hauptstadt nach Konstantinopel führte Kaiser Konstantin sie mit. Die Venezianer raubten die Trophäe während des umgelenkten Kreuzzuges im Jahre 1204. Zugleich überführten sie die Porphyrfiguren der Tetrarchen, die aus der Zeit der vier Kaiser, dem ausgehenden 3. und beginnenden 4. Jahrhundert, stammen. Die Herrschergruppe wurde an der Ecke des Domes, an der Porta della Carta, eingebaut.

Sein über Jahrhunderte hindurch wichtigstes Emblem verdankte die Seerepublik aber der christlichen Überlieferung. Im Jahre 828 entführten in Alexandria zwei Kaufleute aus der Lagune den Leichnam des ersten Bischofs von Alexandria, des Evangelisten Markus, dem in der ägyptischen Metropole angeblich die Profanierung gedroht habe. Allerdings war auch der räuberische Transport, bei dem die Reliquien unter gepökeltem Schweinefleisch versteckt gewesen sein sollen, kein sehr respektvoller Umgang mit den sterblichen Resten eines Heiligen. In der Lagune eingetroffen, wurde ihm eine Kirche auf dem Grundstück der ehemaligen Palastkapelle errichtet.

Mit dieser Translatio des heiligen Markus, die unzählige Male auf Mosaiken und Gemälden dargestellt wurde, suchte sich die Aristokratenrepublik neben dem Rom des heiligen Petrus, dem Byzanz des heiligen Andreas und dem Frankenreich des heiligen Martin zu behaupten. Legenden bauten Venedigs staatstragenden Mythos weiter aus. Die Einführung des Markus-Patroziniums mit dem Emblem des Evangelisten, dem geflügelten Löwen, blieb eine der grandiosesten Erfolgsgeschichten eines städtischen Markensymbols.

Mit einem weiteren Ritus unterfütterte die Adelsrepublik ihren Anspruch auf Vorherrschaft in Adria und Mittelmeer, unterstrich damit aber auch ihre Abhängigkeit von der Gunst des Meeres. Seit dem 13. Jahrhundert beging der Doge an jedem Himmelfahrtstag die feierliche Vermählung Venedigs mit dem Meer, der *sposalizio del mare*. Zu diesem Zweck begab er sich auf die goldene Staatsgaleere Bucintoro (von der es im Laufe der Jahrhunderte nacheinander mehrere Exemplare gab), ließ sich, begleitet von zahlreichen Gondeln und Barken, zum Lido-Durchlass am Kastell Sant'Andrea fahren und warf dort einen goldenen Ring in die Fluten. Bei diesem Ritual hatte der Doge die Formel zu sprechen: „Wir vermählen uns Dir, Meer, zum Zeichen wahrer und beständiger Herrschaft."

Venedig selbst reihte sich unter die Städte ein, die sich einer Imitatio befleißigten: verbal der Nachfolge Roms, ungeachtet dessen, dass die Lagunengründung in situ über keinerlei authentische römische Reste verfügte, vom später erworbenen Raubgut abgesehen. In den ersten Jahrhunderten ihrer Existenz gehörte die Siedlung im Wasser zum byzantinischen Besitz. Auch nachdem die Serenissima de facto staatliche Selbständigkeit errungen hatte, nicht mehr auf das Wort des oströmischen Kaisers hören musste und sich vorübergehend sogar zu einer maritimen Schutzmacht für Byzanz entwickelte, blieb sie ein Vorort byzantinischer Architektur und Kunst. Hier stand das Tor zum Orient offen.

Der Mutter Ostrom gegenüber hat die Tochter Venedig sich wenig dankbar verhalten. Der vierte Kreuzzug 1202–1204, den die Kreuzritter, großenteils finanziert von der Seerepublik, zunächst gegen Byzanz statt gegen Palästina führten, wurde zu einer Plünderungsaktion großen Stils. Venedig verdankte dieser mehrjährigen Expedition neben dem

Beutegut ein Kolonialreich, das der Republik Flottenstützpunkte im östlichen Mittelmeer bot.[12] Oft markierten in Venetien und Dalmatien Kopien des mittelalterlichen Markusturms diese Abhängigkeitsverhältnisse.

Wenn Venedig zu einer der gern zitierten Ausnahmeerscheinungen westlicher Baukunst wurde, so weil die Stadt ihrerseits bereits ein Zitat des Ostens war. Venezianische Baukunst leitete sich in vielen Zügen von der byzantinischen ab. Darin spiegelten sich die realen politischen und kommerziellen Beziehungen wider, aber auch der Wunsch, die Andersartigkeit und Identität des Ortes im Vergleich zu allen Kommunen des italienischen Festlandes und des Heiligen Römischen Reiches Deutscher Nation zu behaupten. Patrozinien der Kirchen, sehr oft Personen des Alten Testaments, sind byzantinischer Herkunft. Mit den Kreuzkuppelkirchen griff die venezianische Architektur auf einen verbreiteten Typus der mittelbyzantinischen Kunst zurück.

Die Hauptkirche S. Marco, gleichfalls eine Kreuzkuppelkirche, variierte die Apostelkirche in Konstantinopel und übte mit ihren fünf Kuppeln und ihrem Mosaikenschmuck auf jeden Besucher einen fremdartigen Reiz aus. Manche Säulen und Kapitelle stammen aus Steinbrüchen des Ostens. Für eine Staatskirche der Republik – formal noch lange nicht Bischofskirche, sondern Palastkapelle des Dogensitzes – bedeutete die Wahl dieser Bau- und Dekorationsformen ein Bekenntnis zur diplomatischen Sonder- und Vermittlungsrolle der kosmopolitischen Stadt. Und sie bedeutete einen deutlichen Schritt in Richtung eines nachahmenden Bauens, das sich nicht nur auf symbolische Elemente stützte, sondern die Vorbild-Nachbild-Beziehung in die Sichtbarkeit zu heben begann.

„Diese wunderbare Inselstadt, diese Biberrepublik" (Goethe)[13] in gebauter Gestalt nachzubilden, wäre allerdings schon wegen der Einzigartigkeit ihrer Lage in den Lagunensümpfen, erst recht aber wegen der Exuberanz ihres Stadtbildes eine unmögliche Herausforderung. An Veduten, die den Ruhm der Stadt in die Ferne trugen und den Planern anderswo Hinweise gaben, fehlte es nicht. Maler und Stecher lieferten sich wechselseitig die Vorlagen.

DER TOURISTISCHE BLICK

Wenn es schon nie gelingen konnte, Venedig als Ganzes nachzubilden, gehörte diese Stadt doch – nach Rom – zu den meistzitierten Gemeinwesen. Es hat seine innere Logik, dass gerade dieser pittoreske, erzählerische, das Auge von Detail zu Detail verführende Ort die Vorlage für viele Nachahmungen abgab. Auf dem Weg zum touristischen Konzept, zur Herrschaft der Wahrnehmung auf Kosten des Wissens, trug Venedig sozusagen die Leuchte voraus. Vor allem Seestädte griffen das Bild Venedig auf, allen voran das neu gegründete

---

12 Vgl. Frederic C. Lane, Seerepublik Venedig, München 1980, S. 70ff.

13 Johann Wolfgang Goethe, Italienische Reise, 28.9.1786, in: Ders.: Werke [Hamburger Ausga-be], hg. von Erich Trunz, Bd. 11, München 1981, S. 64.

*Abb. 8: St. Petersburg, Newa zwischen Winterpalast und Akademie der Wissenschaften,
Kolorierter Kupferstich, Eremitage, 1753*

St. Petersburg (Abb. 8). Die topographische Lage der Neugründung legt den Vergleich nahe. Der bis zu 600 Meter breite Strom der Newa durchfließt auf 32 Kilometern das Weichbild der Stadt und teilt sich vor der Einmündung in den Finnischen Meerbusen der Ostsee in mehrere Arme. Ursprünglich, vor umfangreichen Aufschüttungen, lagen mehr als hundert Inseln im Delta der Newa. Wie Venedig ist St. Petersburg Überschwemmungen ausgesetzt, vor allem dann, wenn Westwind das Wasser der Ostsee in die Newa drückt und den Abfluss ins Meer verhindert: *acqua alta*. Wie in Venedig mussten die imposantesten Paläste auf Pfählen gegründet werden.

Was Zar Peter I. bewog, in diesem sumpfigen Morast bei ständiger Überflutungsgefahr, nebligen Wetterlagen und seuchenverdächtigem Klima das Abenteuer einer Stadtgründung zu betreiben, zudem noch der Gründung einer künftigen Hauptstadt, waren außen- wie innenpolitische, militärische wie schließlich auch volkspsychologische Gründe. Der Zugang zum offenen Meer versprach Öffnung nach Westen, Modernisierung der Gesellschaft, Weltoffenheit für das rückständige Reich. Mit der neuen Westorientierung riskierte der Zar die Verschärfung des Konflikts mit der benachbarten schwedischen Großmacht unter König Karl XII. Noch während der ersten Bauarbeiten fanden in unmittelbarer Nähe der entstehenden Stadt Kampfhandlungen statt. Nach der für Russland glücklichen Wende im Großen Nordischen Krieg siedelte die kaiserliche Familie 1712 nach St. Petersburg um. Senat und Kanzleien mussten auf die von Cholera, Ruhr, Pest und Skorbut heimgesuchte Baustelle folgen.

Unumstritten war die Rolle der neuen Hauptstadt nicht, vor allem in Moskau nicht. Es mag mit der Konkurrenz der beiden Hauptstädte zusammenhängen, dass die Zaren für ihre neue Stadt ein anderes Symbolrepertoire und Erscheinungsbild wählten. Petersburg sollte nicht wie Moskau ein neues Rom werden, sondern ein neues Venedig. Dafür sorgten die Uferpromenaden, deren Mauern mit Granit verkleidet wurden, die zahlreichen Brücken, die stuckierten Fassaden, die Kuppeln und Kuppeltürme von Kirchen und Repräsentationsbauten, hinter denen eine gemeinsame byzantinische Tradition stand. Die

Architekten des Zaren und seiner Nachfolger und Nachfolgerinnen kamen anfangs zum großen Teil aus Italien. Sogar die Zeremonie, die in der venezianischen Lagune zum Staatsritual gehörte, die Vermählung der Stadt mit dem Meer, der *sposalizio del mare*, wurde von Peter I. re-inszeniert. Der Zar mag sie als geistreiche Anspielung aufgegriffen haben, als beziehungsvolles Spiel. Die Allusionen bezogen sich auf sein Programm, dem riesigen Landstaat den Zugang zu den Meeren zu öffnen: zum baltischen Meer im Nordwesten, zum Schwarzen Meer im Süden.

VENEDIG IM NORDEN

Eigenartig ist, dass die Vorbilder Rom und Venedig sich nicht nur im Imperium aller Reußen Konkurrenz machten, sondern auch im Heiligen Römischen Reich Deutscher Nation. Es ist, als böte sich die Alternative eines neuen Venedig immer dann an, wenn der Titel eines neuen Rom bereits vergeben war. In Deutschland hatten die preußischen Herrscher ihrer Hauptstadt Berlin mancherlei Rom-Zitate eingebaut. Der Schlossbau des ersten Königs bezog sich auf römische Stadtpaläste, die Hedwigskathedrale auf das Pantheon, die städtebauliche Anlage der Friedrichstadt griff das dreistrahlige Layout des nördlichen Stadteingangs von Rom auf, die Piazza del Popolo mit dem Corso als Symmetrieachse und den drei spitzwinklig ausgreifenden Straßen. Was blieb Kurfürst August dem Starken, als er seiner Residenz Dresden womöglich noch größeren Glanz verleihen wollte? Venedig.

Dresden führt zwar heute den Beinamen „Elbflorenz", der ihm anscheinend erst von Johann Gottfried Herder verliehen worden ist. Aber nach der Anmutung seines Stadtbildes, wie es das 18. Jahrhundert ausgebildet hat, wie auch in Anbetracht des weiteren kulturpolitischen Engagements der Kurfürsten wäre das Attribut eines „Elbvenedig" passender. Die standesgemäße *grand tour* der sächsisch-wettinischen Kurprinzen, darunter auch der spätere Kurfürst Friedrich August I. (populär: August der Starke), führte selbstverständlich stets nach Italien und immer auch nach Venedig. Festliche Ereignisse, vor allem der Karneval, und amouröse Abenteuer bildeten auch nach dem ersten Besuch Gründe zu erneuten Reisen. Der venezianische Stadtadel erwies sich dabei als geduldiger Gastgeber der Reisegesellschaften aus dem Norden. Baukunst wie Kulturleben der Elbmetropole profitierten davon. Zahlreich sind die venezianischen Künstler, Architekten wie Maler, Komponisten, Orchestermusiker, Sänger und Komödianten, denen die Landesfürsten den Weg nach Dresden öffneten.[14]

Dresden besaß keinen Canal Grande. Aber es hatte die Elbe. Nach dem barocken Ausbau der Dresdner Neustadt durchfloss sie die Stadt zu beiden Seiten, wie der Canal Grande die Serenissima, wenn auch in größerer Breite, mit Uferwiesen und Flussauen. Vom Strom aus bot sich die Gelegenheit, die am Ufer gelegenen Bauten des Königs zu präsentieren.

14 Zu den Beziehungen zwischen Dresden und Venedig: Barbara Marx/Andreas Henning (Hg.), Venedig – Dresden. Begegnung zweier Kulturstädte, Dresden 2010.

Abb. 9: Dresden. Bernardo Bellotto (gen. Canaletto). Gemäldegalerie Dresden, 1748

Der Nachwelt überliefert wurde die kursächsische Pracht à la Venezia von einem Neffen des berühmten venezianischen Vedutenmalers Giovanni Antonio Canal, von Bernardo Bellotto, der sich wie der Oheim Canaletto nannte und in seiner berühmten „Königsserie" vierzehn Veduten aus Kursachsen anfertigte (Abb. 9).

Sogar Modelle venezianischer Prachtgondeln kamen nach Dresden, wo sie noch bis ins 19. Jahrhundert nachgebaut wurden. Sowohl an Schloss Pillnitz wie vor Schloss Übigau und dem Japanischen Palais wurden Anlegestellen eingerichtet.[15] Die Elbe wurde zu einem Verkehrsweg für die Beförderung von Personen, wie der Canal Grande. 1719 ließ der Kurfürst sogar durch einen venezianischen Architekten die Staatsgaleere des Dogen, den Bucintoro, nachbauen. Hinfort diente er als Prunkschiff der Könige von Polen und Kurfürsten von Sachsen.

Venedig als Vorbild wirkte erst recht auf die architektonischen Konzepte ein. Es ist schwer, angesichts der von Ecktürmchen umstandenen Kuppel der Frauenkirche und ihrer stadtbildprägenden Position nicht an Sta. Maria della Salute zu denken. Wie die Schöpfung des Ratsbaumeisters George Bähr übt auch das Werk Baldassare Longhenas dank seiner Lage an der Mündung des Canal Grande ins Bassin von S. Marco Fernwirkung über weite Wasserflächen aus. Jedes Jahr am 21. November stand sie im Mittelpunkt eines der großen venezianischen Feste. Beide barocke Kirchen sind Zentralbauten. Eigenartig ist hier wie dort die Ableitung der aus den Kuppeln resultierenden Kräfte. Bei der Salute erfolgt sie

15 Fritz Löffler, Das alte Dresden, Leipzig [16]2006.

Abb. 10: Gottfried Semper, Projekt Erweiterung des Zwingerforums in Dresden, 1842

durch die großen Voluten, die an eine durchgeschnittene Zwiebel erinnern (die *orecchioni*), bei der Frauenkirche scheinbar durch den glockenförmigen Auslauf der Tambourzone.

Die Tradition der Venedig-Zitate hielt und hält sich bis in unsere Tage hinein. Als Gottfried Semper im Zusammenhang mit dem Neubau einer Gemäldegalerie die Öffnung und Erweiterung des Dresdner Zwingerforums plante, sah er zunächst 1842 einen Museumsbau im Sinne von Sansovinos Libreria und eine Piazzetta vor, die wie in der Republik Venedig von zwei freistehenden Kolossalsäulen zum Wasser hin begrenzt werden sollte (Abb. 10). Für Semper, den politisch denkenden Planer, verband sich damit wahrscheinlich der Gedanke an die öffentlichen Freiräume der Biberrepublik, zumal er wenig später einen vergleichbaren Vorschlag für ein anderes „Venedig des Nordens", nämlich Hamburg, unterbreitete. Hier war sogar ein Turm vorgesehen, der unverkennbar dem Markusturm ähnelte.[16]

Es gab auch bereits in Sempers Zeiten Stimmen, die in derart wörtlichen Repliken das Kulissenhafte witterten. „Zu poetisch müssen wir der Heutewelt nicht kommen, dann verleiten wir sie zu einer Lüge, die so schlimm ist wie jede andere", schrieb ein Kollege Sempers, Alexis de Chateauneuf.[17] Wir sind nicht mehr weit von der Gegenwart entfernt, ihren Reproduktionswünschen – und der Kritik daran.

16 Winfried Nerdinger, Der Architekt Gottfried Semper, in: Ders./Werner Oechslin (Hg.), Gottfried Semper 1803–1879. Architektur und Wissenschaft, Ausstellungskatalog München und Zürich 2003, S. 19; Heidrun Laudel, Werkverzeichnis, in: ebd., S. 213.

17 Alexis de Chateauneuf an Gottfried Semper, 11.10.1842, in: Laudel, Werkverzeichnis [wie Anm. 16], S. 213.

Abb. 11: Kiel, Rathausmarkt, Architekt Hermann Billing, 1903–1911

Venedig-Nachfolger gab es im Norden mehrere. Sogar das nüchterne Kiel, das nach der Reichsgründung 1871 zum Reichskriegshafen erklärt wurde, paradiert mit einem Stadtforum am Kleinen Kiel, einer Wasserfläche, die früher ein Meeresarm der Ostsee gewesen war. Die eine Seite des Marktes, der „Piazzetta" von Kiel, nimmt das Jugendstil-Theater ein, den prominenten Fonds das Rathaus. Der Karlsruher Reformarchitekt und Shooting Star Hermann Billing durfte es nach zwei Wettbewerben 1903 und 1904 bauen (Abb. 11).[18] Sein Turm nahm im Laufe der Bearbeitung immer mehr den Charakter des venezianischen Vorbilds an: hoher Vierkant in rotem Backstein, Loggiengeschoß in hellem Naturstein, darüber ein weiterer Aufsatz in Ziegel, dann der spitze Pyramidenhelm. Zeitgleich mit der Rekonstruktion des zusammengebrochenen Campanile von S. Marco wuchs das Kieler Vergleichsstück in die Höhe. Merkwürdige Gleichzeitigkeit: 1911 wurden sie beide eingeweiht, die wiederhergestellte Torre di San Marco und das nördliche Pendant. Während der Bauzeit hatte Billing auf einer Italienreise Venedig besucht.

So weit bewegen sich Venedig-Anregungen zwar längst im Areal der visuellen Konkurrenzen und optischen Ähnlichkeiten, aber noch im Bereich der schöpferischen Aneignung. Ob Dresden, Stockholm oder Kiel, die Nachbildner hatten plausible Gründe, sich auf ihre Vorbilder zu berufen: Vergleichbarkeit in der Sache, Ansprüche im Auftritt, halbwegs plausible Erzählungen von Stadtgeschichten. Können die Erfinder heutiger retrospektiver

---

18 Gerhard Kabierske, Der Architekt Hermann Billing (1867–1946). Leben und Werk, Karlsruhe 1996. S. auch den Katalogtext von Gerhard Kabierske in: Hermann Billing. Architekt zwischen Historismus, Jugendstil und Neuem Bauen. Ausstellungskatalog Karlsruhe und München, Karlsruhe 1997, S. 198ff.

Stadtbilder, ob sie nun Poundbury in Dorset, Seaside in Florida oder Brandevoort in Brabant heißen, sich auf *diese* Tradition von Nachbildungen berufen, die zugleich noch Neubildungen waren? Am Ende der Reihe, vom Gewicht der Argumente her wie auch in der Chronologie, steht der touristische Aspekt, der Aha-Effekt, das Infotainment, die Kulissenschieberei. Nicht selten fühlt man sich an die pittoresken, aus Stuck und Leinwand produzierten „Dörfer" älterer Weltausstellungen erinnert, an Vieux Paris, Alt-Berlin, Pueblo Español. Hauptzweck dieser temporären Vergangenheitsrevuen war der nostalgische Spaß am Einst, während jeweils in den benachbarten Maschinenhallen die Produkte des rasanten Fortschritts in der Moderne gezeigt wurden.

Ein erstes wirkliches Venedig-Faksimile und damit einer der ersten Themenparks scheint 1895 im Wiener Prater angelegt worden zu sein: *Venedig in Wien*. Auf Kanälen, die sich über einen Kilometer erstreckten, konnten die Besucher in importierten Gondeln Imitate der Palazzi vom Canal Grande betrachten. Fast wirkt es, als ob die k. und k. Doppelmonarchie sich mit Hilfe des fiktiven Venedig über den Verlust des Veneto im Jahre 1866 hinwegzutrösten suchte, als die Seerepublik sich in einem Plebiszit für die Trennung von Österreich und den Anschluss an Italien entschieden hatte.

„Halb Märchen, halb Fremdenfalle", wie Thomas Mann formulierte,[19] stand Venedig dem Illusionsgeschäft der Unterhaltungsindustrie bereitwilliger zur Verfügung als jeder andere Ort. Seit dem Settecento verkörperte die Lagunenstadt ein Stück vorweggenommener Freizeitkultur. Auf der *grand tour* des europäischen Adels war Rom der unerlässliche Ort der Bildung gewesen, Venedig aber die Stätte des Vergnügens. Rom war Pflicht, Venedig Kür. Dass die Belustigungen sich vor einem makabren Hintergrund machiavellistischer Politik, der Inquisition, der Gewalttätigkeit und der Folter in den berüchtigten Bleikammern abspielten, scheint nicht gestört zu haben. Vielleicht steuerte es einen zusätzlichen makabren Reiz bei, ebenso wie die Morbidezza der verfallenden Stadt, die sich in so vielen Romanen der Weltliteratur spiegelte. An der Entwirklichung der Städte, am Rekonstruktionswesen mit dem Blick auf so nie gewesene Zustände, ist die „Herrscherin der Meere" nicht unschuldig. Zumindest lässt sich der Weg zur Disneyfizierung an ihrem Beispiel besser als an anderen verfolgen.

DAS FINGIERTE VENEDIG

Lang ist inzwischen die Liste der Pseudo-Venedigs. Venedig-Kulissen gehörten zu vielen Vergnügungs- und Ausstellungsparks der Welt.[20] Die Internationale Ausstellung von 1929 schmückte sich in Barcelona, einer anderen Hafenstadt am Mittelmeer, nicht nur mit einem, sondern gleich mit zwei Türmen (Abb. 12). Sie sind dem Vorbild von S. Marco

---

19 Thomas Mann, Tod in Venedig (1912), in: Ders., Ausgewählte Erzählungen, Frankfurt am Main 1954, S. 258.

20 Anna Viader Soler, Venedig – Las Vegas, in: Donata Valentien (Hg.), Wiederkehr der Landschaft. Return of Landscape, Ausstellungskatalog Berlin 2010, S. 132ff.

Abb. 12: Barcelona, Türme an der Plaza de España, Architekt Ramon Raventós, 1929

getreulich nachgearbeitet, nur die Turmloggien und die Helme fielen knapper aus.[21] An der Plaza de España markieren sie bis heute die ansteigende Esplanade, die damals den Haupteingang der Ausstellung bildete. Im Themenpark *Tokyo Disney Sea*, einem der größten der Welt, empfängt seit 2001 ein mediterraner Hafen die Besucher. Gondeln, Kanäle und Fassaden mit gotisierendem Spitzenwerk à la Ca' d'oro lösen venezianische Assoziationen aus. Die größte Publizität erhielt das falsche Venedig am Strip von Las Vegas. Hier ergänzt das Venetian Hotel samt überkuppeltem St. Mark's Square, St. Mark's Tower, Dogenpalast und Rialto Bridge die Sammlung imitierter Highlights von überallher (Abb. 13). Der kopierte Eiffelturm steht gleich nebenan. Die Kanäle sind, anders als die Originale, rattenfrei, dafür aber auch nur knietief. Bauherr Sheldon G. Adelson soll seine Geschäftsidee bei einer Hochzeitsreise auf dem echten Canal Grande gefasst haben.

Das Renommee des *fingierten* Venedig von Las Vegas konkurriert inzwischen mit dem des realen italienischen Vorbilds. Das Hotel *Venetian* im Zockerparadies Macao, der ehemals portugiesischen Kolonie und jetzigen chinesischen Sonderwirtschaftszone, inseriert seit 2007, dass es nicht nur den Charme von Venedig, sondern auch den Glamour von Las Vegas an die chinesische Südküste trage. Dem Umsatz nach übt die Kopie bereits mehr Attraktion aus als das ebenfalls fingierte „Original" in Nevada. Auch an Größe übertrifft der Hotel- und Kasinokomplex den in Las Vegas. Der Campanile, mit 99 Metern so hoch

---

21 Architekt: Ramon Raventós.

Abb. 13: Las Vegas, The Venetian Resort Hotel, 1999

wie das italienische Vorbild, steht wie verloren vor der gewaltigen, 225 Meter hohen, düster drohenden Wand des Hotelgebäudes. Auch eine Kopie der Kopie der Kopie gab es bereits: Ein Architekt namens Bryan Berg baute das Venetian Macao Resort Hotel aus 218.000 Spielkarten nach, eine Leistung, die ins *Guinness Book of Records* einging.

Die Eignung Venedigs zum Kopistenvorbild hängt mit seiner Bildhaftigkeit zusammen, seiner Neigung zum Szenischen. Die Insellage der Serenissima bringt es mit sich, dass die Stadt sich jedem, der sich ihr zu Schiff über die Lagune nähert, in einer Vielzahl ineinander gleitender Ansichten darstellt. Viele ihrer gefeierten Prospekte scheinen von Anfang an auf optische Wirkung hin komponiert. Die Perspektive entlang der Giardini und der Riva degli Schiavoni wird mit der Kuppel und den Voluten von Sta. Maria della Salute effektvoll abgeschlossen. Die Fahrt entlang des Canal Grande bietet in jeder Windung andere Bilder.

Diese Fassadenhaftigkeit der venezianischen Architektur ist von vielen Beobachtern formuliert worden. John Ruskin, einer der größten Bewunderer der Stadt, sprach von „Doppelzüngigkeit", korrigierte aber sofort, damit nicht „Unaufrichtigkeit" gemeint zu haben. Die Inkrustationen venezianischer Gebäudefronten seien so wenig unehrlich wie das Kettenhemd eines mittelalterlichen Kriegers, von dem man ja auch nicht erwarte, dass er aus massivem Stahl bestünde.[22] Georg Simmel, einer der schärfsten Venedig-Kritiker, sprach von einem „entseelten Bühnenbild", von der „lügenhaften Schönheit der Maske"

---

22 John Ruskin, Stones of Venice, Bd. 2, London 1853. Dt.: Steine von Venedig, Dortmund 1994 [Nachdruck der Ausgabe Dresden 1903–1906], S. 91.

*Abb. 14: Port Grimaud bei
St. Tropez, Architekt François
Spoerry, 1966–1983*

und meinte: „Fährt man aber den Canal Grande entlang, so weiß man: wie das Leben auch sei – *so* jedenfalls kann es nicht sein …".[23]

Bei der zeitgenössischen Neuerfindung des Vergangenen geht es nicht um die Idee einer Stadt, heilsversprechend wie Jerusalem, weltbeherrschend wie Rom oder glanzvoll wie das Paris des 19. Jahrhunderts. Es geht auch kaum um den didaktischen Versuch, den Zeitgenossen den einstigen historischen Zustand ihrer Stadtgemeinde vor Augen zu rufen. „Es

---

23 Georg Simmel, Venedig (1907), in: Ders., Jenseits der Schönheit. Schriften zur Ästhetik und Kunst- philosophie, ausgewählt von Ingo Meyer, Frankfurt am Main 2008, S. 24–28, hier S. 25.

sind moderne Rückprojektionen in eine Vergangenheit, von der wir, wenn wir ehrlich sind, gar nicht so viel wissen wollen" (Thomas Martin Buck).[24] Es geht um irgendetwas wie Wiedererkennung, Intimität und Entlastung von den Zumutungen der Moderne, Handhabbarkeit des im Originalzustand anstrengenden Erbes, zeitliche und räumliche Exotik, aber anstrengungslos. Manchmal gelang das gut wie im mediterranen Port Grimaud, einer der südfranzösischen Ferienkolonien schon aus den 1960er-Jahren (Abb. 14); meistens nicht.

Globalisierung heißt die drohende Furie, vor der die urbanistischen Traditionshüter ihre Stadttore schließen möchten. Was weder die allgegenwärtige Trivialarchitektur der Bürotürme und Wohnblocks vermitteln kann noch das Hochleistungsdesign allgegenwärtiger internationaler Architekturstars, nämlich die Unverwechselbarkeit des Ortes, soll die Kopie des Vergangenen bewirken. Doch auch der Versuch, lokale Identität über das Zitat wieder herbeizuzaubern, führt zu seinem Gegenteil. Denn die Vertauschbarkeit von allem und jedem über die Länder und Kontinente hinweg wäre ohne Globalisierung nicht möglich. Die Einmaligkeit des Ortes ist so nicht wiederherstellbar. Sie verliert sich in der jederzeit und überall möglichen Reproduktion.

ABBILDUNGSNACHWEIS

Abb. 1 Leonardo Benevolo, Die Geschichte der Stadt, Frankfurt/ New York 1983

Abb. 2, 4–6, 9–11 Archiv des Instituts für Kunstgeschichte und Musikwissenschaft, Mainz

Abb. 3, 7, 14 Fotos: Wolfgang Pehnt

Abb. 8 Wikimedia Commons: http://commons.wikimedia.org/wiki/File:Makhayev,_Kachalov_-_View_of_Neva_Downstream_between_Winter_Palace_and_Academy_of_Sciences_1753.jpg

Abb. 12 Josep Maria Montaner, Barcelona. A City and its Architecture. Köln 1997

Abb. 13 Wikimedia Commons: http://commons.wikimedia.org/wiki/File:Venetian_Las_Vegas,_NV.jpg

---

24 Thomas Martin Buck, Zwischen Primär- und Sekundärmittelalter. Annäherungen an eine ebenso nahe wie ferne Epoche, in: Ders./Nicola Brauch (Hg.), Das Mittelalter zwischen Vorstellung und Wirklichkeit. Probleme, Perspektiven und Anstöße für die Unterrichtspraxis, Münster/Westf. u. a. 2011, S. 57–72, hier S. 65.